文庫

増補　虚構の時代の果て

大澤真幸

筑摩書房

目次

第五章　虚構＝現実……191

【増補】虚構の時代の果て

第一章　妄想の相互投射

1　半世紀後の二つの戦争

半世紀後の戦争

世界最終戦争と見なされるべき戦争で日本が敗北してからちょうど半世紀を経た年に、すなわち一九九五年に、その日本で、二つの戦争が勃発した。

ここで世界最終戦争というのは、もちろん、第二次世界大戦のことである。第二次世界大戦は、第一に、初めて地球規模の真の「世界」戦争であったという点において（第一次世界大戦は、ヨーロッパが世界である――世界の代表＝表象である――限りにおいてのみ、世界大戦である）、第二に、人類が自らを死滅に追いやることが可能であることが、初めて確実なものとして示されたという点において、世界最終戦争と認定されるべきものであった。つまり、第二次世界大戦は、空間的規模と時間的展望の両方向からの特徴づけにおいて、世界最終戦争だったのである。われわれは最終戦争後の世界を生きているのだ。

それでは、この戦争の終結後五〇年を経たときに日本で生じた二つの戦争とは、どの戦争のことであろうか。その一つは、一九九五年一月一七日に、兵庫県南部に壊滅的な被害を与えた、震度七という未曾有の規模の地震のことである。他の一つは、この地震から約二ヵ月後の三月二〇日の朝、通勤客で混んでいた首都東京の地下鉄の三路線の五列車に、突然毒ガス・サリンをばらまくという、前代未聞のテロを核にした、「サリン事件」と総称されている一連の出来事である。これらの出来事が「戦争」であることの理由は、これらを同時代的に生きたものにとっては、おおよそ見当がつくだろう。二つの「戦争」を並列させてみたのは、たまたまこれらが同じ国で同じ年に起きたからだけではない。これらをまさに「戦争」として受けとめさせた経験の構造を追究してみるならば、両者の同時性に偶然以上のものを認めることができるからである。

地震は、言うまでもなく自然災害だが、兵庫県南部地震をここで「戦争」と呼んだのは、この地震が、マスコミによる報道の中で、あるいは私的な会話の中で、しばしば戦争の比喩によって語られたからである。つまり、地震が、一種の戦争として感覚されたのである。たとえば、地震への対処策として「危機管理」が問題にされ、また地震の被害が空襲の被害と比較されたりした。まぎれもない自然災害である地震に関して、人災の場合のように、その結果に全面的に責任を負う人物や集団を特定することはできない。にもかかわらず、兵庫県南部地震を天災であると言い切ってしまうと、なおその断定の内に回収されていない違和感が残るように感じられたのである。この違和感が、人をして、この地震を戦争の比喩で語らせたのだ。

もちろん、地震を原因とする災害のある部分は、ごく単純に考えてみても、人為的な災害としての側面をもっている。建物の耐震性が十分でなかったことなど、地震への対抗策があらかじめ準備されていなかったことが、災害をより深刻なものにしたのだから。とはいえ、災害のすべてを人為性に還元し尽くすことは、もちろんできない。にもかかわらず、兵庫県南部を襲った大震災は、全体としての特徴づけにおいて、人災であったかのような印象が、人々に共有されたのである。

たとえば、マスコミによって報道されることはなかったが、この地震と、被災地の近辺で地震の直前に行われた大規模な土木工事との間に因果関係があるのではないか、との噂が流れたことがある（地震学的にみてこのような因果関係に信憑性があるかどうかはともかくとして、少なくとも厳密な実証を経ることなくこのような噂が流布したという事実は、地震の原因を人間の行為に帰属させようとする強い志向が潜在していたことを、社会学的には示しているだろう）。あるいは、地震の究極の原因が、人間による地球生態系の破壊にあるのではないか、と示唆した者もいた（実際、このようなことが十分にありそうにも思う）。これらの言説は、次のことを示している。兵庫県南部地震は、本来は天災でありながら、天災には還元しきれないものとして、つまり人災と天災のいずれとも断定しがたい中間性を呈するものとして、多くの者に受け取られたということ、を。そして、地震に「人為性」を見出そうとするこれらの言説の最も極端なものとして、端的に「地震兵器」によって地震が引き起こされたとする、妄想的な推論があった。このような推論に立脚すれば、兵庫県南部地震は、比喩ではなく文字通り戦争だということになろう。

兵庫県南部地震が記憶に留められるのは、六三〇八人もの多数の人々が一挙に突然の死に襲われたからである。誰も予期していなかった、この大量の突発死は、われわれの生が、常に根本的な偶有性に隣接している、ということを教える。偶有性とは、「他でもありうる」という可能性が留保されている、ということである。われわれの生は、予期が及んでいない「他でありえた可能性」を潜在的に維持させる限りにおいて、成り立っているのだ。予期が届き難い偶有性の極点に、突如として生が全面的に否定されてしまう可能性が、要するに「死」が、置かれている。地震は、生が突然中断されてしまう可能性が本当はいつでもあったのだ、ということをあらためて想起させたのである。このような生の突然の中断は、定義上、「無念の死」である。しかし、各々の人生の中から何が「無念」の内に失われたかというその内容は、死があらかじめ予期されていなかったことがらである以上は、必然的に、記録や記憶にとどめることはできない。それゆえ、記憶の光が反射して来ないブラック・ホールのような極端な偶有性がありうるということの驚愕やとまどいに対する反作用として、地震の記憶は形成されることになるのである。

だが、それにしても、この地震が一種の戦争として感受されたのはなぜだろうか？　戦争であるということは、確認しておいたように、それが、単なる偶然の産物ではなく、〈他者〉の選択に帰しうる行為の結果だということである。したがって、地震を戦争の一種と見なす無意識の感受性が広範に見出されたという事実は、次のような推論を促すのではないか。地震が想起させたような極端な偶有性は、何らかの不確定で予期できない〈他者〉への感応という形態でのみ、実質化することができるのではないか、と。突然の死という偶有的な可能性は、われわれの生を突然中断させるかもしれない不確定で不気味な〈他者〉の存在を想定することの相関項として、設定されるのである。たとえば、宝塚で地震に遭遇した内田隆三によると、地震の後しばらくの間は、見る物すべてが「凶器」に感じられていたという。つまり、事物の背後に、〈他者〉の不可解な攻撃的な意志を読み取ってしまうのだ。われわれの生を取り囲む偶有性をまざまざと実感することは、そのことの反作用として、その偶有性に見合う――その偶有性をもたらすにたる――不確定な意志を担った〈他者〉の存在についての想定を、無意識の内に招き寄せるのではないか。〈他者〉が引き起こした戦争という表象は、このような〈他者〉の想定の一つの結果と解しうるだろう。

もちろん、この〈他者〉は、外部に実在する誰とも特定することはできない。それは、われわれ自身の生の偶有性が外部に投射された姿なのである。そうであるとすれば、この〈他者〉は、われわれの「自己」のもう一つの相である、と言うべきであろう。極端な偶有性は、予想された人生の内に限定されていた「自己の同一性（アイデンティティ）」を越えた可能性を示唆する。地震が体験させたことは、自己が、「自己の同一性を越えたもの」でもある、ということなのである。

ここまで、地震に遭遇したり、その驚きの体験を記述したりする当事者の視点に対して、地震がどのように現れたか、ということに準拠して議論してきた。客観的な観察者の視点に定位した場合には、当事者たちが〈他者〉として感受したものは何であったと言うべきであろうか？　簡単なことである。つまり、それは、〈自然〉そのものであると言うほかない。多木浩二［1994］が述べるように、都市、とりわけ近代都市は、それが備えるインフラストラクチュアによって自然生態系から間接化され、かなりの程度の自律性を獲得している。このことは、インフラストラクチュアが、半ば「自然」として、つまり「偽装された第二の自然」として、体験されていることを意味している。内田隆三［1996］が端的に述べるように、兵庫県南部地震のような超大型の自然災害は、〈自然〉からの都市の偽装された分離を、一瞬にして無化してしまい、都市を〈自然〉の水準に引き下ろすのである。

インフラストラクチュアが〈自然〉からの都市の一定の分離を保証する。近代都市において、このようなインフラが整備されえた理由に関して、内田隆三［1996］は、フィリップ・アリエスや片木篤の議論を援用しつつ、都市の空間から死が排除されたことを指摘している。近代都市の建設は、死者（屍体）を都市の郊外（郊外の庭園風の――つまり死の匂いのない――墓地）へと排除し、都市を生者の空間へと純化する過程をともなっている。それは、同時に、「地上／地下」の対立と並行していた「生／死」の宇宙論的な二元論から、都市が自由になることでもある。地下や地表がこうして意味的に中性化することで、はじめて、生者の利便性だけに指向した開発の対象となりえたのであり、かつて生と死を分ける象徴的な境界であった大地に、鉱山技術や土木技術が投入された、と片木篤は論じている。とりわけ、死から解放された地下は、水路やガス管などの物やエネルギーのためのチューブが、また通信網のような情報が流れるチューブが、そして何よりも、地下鉄のような人間が運ばれるチューブが敷設される、最も豊穣な整備対象となったのである。地震が、都市を〈自然〉の水準に引き戻すことは、同時に、排除したはずの死を都市の内部に引き入れることでもあったのは、けだし、当然のことだったのである。

ショエや内田、また富永茂樹［1996］が指摘しているように、近代都市の開発にあたった指導者たち（オスマン、ルードン）は、しばしば、都市を人間の「身体」にたとえている。チューブを基幹とするインフラストラクチュアは、その場合、循環器になぞらえられる。もちろん、これは、擬制的な「身体」に過ぎない。このことは、インフラストラクチュアが、偽装された「自然」であった、ということの言い換えである。地震は、この擬制的な「身体」を、〈自然〉の物質性に直接に連なっている〈身体〉の水準に引き下ろす力だった、と要約することもできる。

都市のインフラストラクチュアは、もちろん、資本の原理に従い、その要請によって整備される。兵庫県南部地震は、資本の効率性にのみ指向していたインフラストラクチュアが、予想外の激震による破壊に遭遇したとき、とてつもない非効率性をもたらしうる、ということを明らかにした。この点に着眼するならば、内田隆三〔1996〕が示唆しているように、地震が露呈させたのは、資本の原理の内在的な限界やその自己破綻であった、と見なすこともできる。もちろん、地震は、突然、資本の運動の外部から襲ってくるのだが、その被害の有り様は、まるで、資本がその原理に徹底して準拠したことによって、かえって自壊していくかのようにも見えるのである。〈自然〉の力が、同時に資本の自己破壊でもあるという両義性は、〈他者〉の両義性に、ちょうど対応しているのである。

もう一つの戦争

さて、一九九五年のもう一つの戦争は、サリン事件である。都心の地下鉄に突然サリンをばらまいたのは、新興宗教「オウム真理教」の教団メンバーであるということが、現在、ほぼ確実視されている。オウム真理教は、麻原彰晃（本名・松本智津夫）を教祖としており、彼の圧倒的なカリスマの下に信者を結集させていた。この教団は、一九八四年に小さなヨーガ教室のようなものとして発足し、八六年には「オウム神仙の会」と名乗るようになる。八七年には、信者数も約一〇〇〇人に到達し、名称も「オウム真理教」と改称した。八九年に、東京都より宗教法人としての認証を受け、九〇年の衆議院総選挙には、麻原彰晃と信者二十四人が立候補して話題となった（全員落選）。サリン事件当時には、出家信者が一三〇〇〜一四〇〇人、在家信者が約一万人いたと言われている。

地下鉄にサリンをばらまく無差別テロは、死者十一人、重軽傷者は約五五〇〇人を出す悲惨なものであった。また毒ガス・サリンは、前年九四年の六月二七日の深夜、松本の閑静な住宅街にもばらまかれ、七人の死者と約六〇〇人の重軽傷者を出した。事件当時まったく不可解だったこの出来事も、現在では、同じオウム教団のメンバーによるものと見なされている。この教団は、さらに、九五年五月五日には、新宿の地下街のトイレに青酸ガスを仕掛けている。また教団メンバーは、教祖麻原彰晃が逮捕された五月一六日には、都知事宛に爆弾を仕掛けた小包を送りつけ、都庁職員に大怪我を負わせている。

サリン事件は、地震と違って、あからさまに、自覚的に、犯行グループと警察（あるいは警察を支持している日本社会のマジョリティ）との間の「戦争」と了解された。テレビに映し出された、迷彩服や防毒マスクを付けて教団施設を捜索する警官たちの姿は、軍隊を連想させた。また、首都をはじめとする大都市には、サリンのさらなる散布に備えて、まるで戦時下であるかのように「厳戒体制」が敷かれた。

サリン事件が戦争と見なされた理由は、はっきりしている。第一に、通勤電車の中に――あるいは住宅街の真ん中に――予告もなく猛毒ガスをばらまき、罪のない人々を何人も殺害してしまうというテロ行為は凶悪すぎて、もはや、法の効力の下にある通常の犯罪の範疇に収めることはできず、法の実効性を完全に無視する戦争行為として、つまり社会体制そのものに対する攻撃として解釈されるほかなかったからである。第二に、事件を引き起こしたと見なされているオウム真理教団自身が、自らを「国家」に擬しており、そして国家間の戦争の一環としてテロ行為を決行しているように見えたからである。後に詳しく考察するように、オウム真理教は、真の世界最終戦争(ハルマゲドン)が迫っているという予言を信奉していた。テロ行為は、その最終戦争の一部、あるいは少なくとも前哨戦のようなものとして、実行した教団メンバーや教祖麻原彰晃によって位置づけられていた可能性が高い。都心へと向かう通勤電車に対して、まさに、その電車が官庁や警察が集中している霞ヶ関を通過している瞬間に向けられた攻撃は、漠然と日本国民を目標としていただけではなく、日本政府(官僚)を、さらに限定すれば警察を目標としていた、と考えられる。教団がテロ行為を「戦争」として位置づけていたということ(についての推測)に呼応して、攻撃された(と推測した)日本社会のマジョリティも、これを「戦争」として理解した。たとえば、野中広務国家公安委員長は、「これは犯罪ではなく、国家間の戦争である」と明言したのである。

二つの「戦争」が同じ年に生起した。この同時性は、ごく単純な意味においても、単なる偶然以上のものである可能性は高い。大震災を「戦争」の比喩で捉える感受性が広く認められたということを述べておいたが、このような感受性を最も強く刺激されたのが、ほかならぬオウム真理教団だった(ちなみに、教祖麻原彰晃は、教団の占星術担当者の助けを借りて、年頭に、「神戸近辺で地震が起こる」ということを予言していた)。たとえば、「地震兵器」によって地震が引き起こされたとする、先に言及した妄想は、オウム真理教信者(の一部)によるものである。教団の顧問弁護士青山吉伸は、地下鉄サリン事件の直後に放映された民放のディベート番組で、神戸の地震が(おそらくアメリカの)地震兵器によって引き起こされた可能性がある、ということを示唆して、多くの参加者を唖然とさせた。教団発行の雑誌『ヴァジラヤーナ・サッチャ』の8号(一九九五年三月二五日刊)の「世紀末サバイバル」と題した特集は、地震兵器について紹介し、これと神戸の地震との関係を示唆している。教団にこのような認識があったとすると、地下鉄でのテロは、神戸に仕掛けられた攻撃に対する反撃を一つの目的としていた、という可能性を否定しがたい。つまり、兵庫県南部地震と地下鉄サリン事件の間には直接の因果関係があったかもしれないのだ。オウム真理教団は、地震の直後、多くの宗教教団と同様に、救援物資をもって神戸に向かい、救援活動を行っている。教団メンバーが、このとき、被害の大きさに驚愕し、強い印象を刻みつけただろう、ということは想像に難くない。

だが、ここで、「半世紀後の二つの戦争」を並列させてみたのは、両者の間に、このような直接の因果関係がある（かもしれない）からではない。これから述べるように、地震を「戦争」として受容させてしまった心的な構造と、オウム真理教団が自ら戦争を仕掛けようと考えるに至った心的な構造との間に同型性を認めることができるからである。これから、この時代にオウム真理教が多くの信者を集め、「成功した」理由を、そしてまた彼らを恐るべきテロリズムへと駆り立てた理由を、考察してみたいと思う。これらの問題を解明するために、地震とサリン事件の間にある種の同型性を認めうるという事実は、有意味な手掛かりを与えてくれるように思われる。教団の攻撃が、地下鉄に向けられたということは暗示的である。地下こそが、兵庫県南部地震が内的な破綻へと導いたインフラストラクチュアの収蔵場所だったのだから。

2　妄想の相互投射

妄想の相互投射

一九九五年三月二〇日以来のサリン事件に関しては、マスコミが伝達し、また視聴者・

読者が受容した情報が、事実に対して常に先行していたように見える。言い換えれば、通常だったら事実と確認されるまでに経由する厳密な検証の手続きのほとんどを省略して、情報が、「事実」を伝えるものとして散布され、また受け取られてきたように見えるのである。犯行がオウム教団によるものであるとの厳密な証拠が獲得されるよりもはるかに先立って、明示されない情報源——おそらく多くは警察——からの情報として、犯行を教団やその一部のメンバーと関係づける雑誌記事、新聞記事が書かれ、そしてワイドショーやニュースなどのテレビ番組が放送された。長く報道の現場にたずさわる者によれば、これほど大量の非公式の「リーク情報」が、マスコミを通じてばらまかれたことはかつてなかった。このように情報が事実に先行していたということは、事件をめぐるとりわけ初期の言説が、事実の客観性よりも、われわれ自身の想像力の方により強く規定されてきた、ということを意味しているだろう。まず最初に、このことを確認しておかなくてはならない。

さて、サリン事件を引き起こしたとされているオウム真理教団は、妄想的とも形容しうる「陰謀史観」を持っていた、ということがわかっている。たとえば、日本の公安警察や国家権力の、またその背後にあるアメリカ帝国主義やCIAの、そしてさらにその背後にあるユダヤ系大資本やフリーメーソンの不可視の陰謀によって、日本社会や世界が支配され、教団自身が弾圧されてきた、というわけである。

教団が一般向けに発行していた雑誌『ヴァジラヤーナ・サッチャ』6号（一九九五年一

月）では、「恐怖のマニュアル」と題する特集を組んでいる。この特集の基本的な主張は、ユダヤ人が世界征服の野望を抱いており、実際、着実にその企図が実現されつつある、ということである。たとえば、時事、共同、ロイター、AP等の有力通信社を媒介にして、ユダヤ人が情報を操作している、ロスチャイルドやロックフェラー、モルガン等のユダヤ人の巨大な資本が世界の政治を左右している、ユダヤ系の秘密結社フリーメーソンが「影の政府」として政治的経済的意志決定に影響を与えている、小沢一郎、細川護煕元首相、現天皇等もフリーメーソンのメンバーである等々のことが、この特集の中で強調される。

オウム教団が、「市民社会」や「国家」に対して「戦争」を仕掛けたのだとすれば、その戦争は、この陰謀史観によって正当化されていた可能性が高い。オウム教団の陰謀史観が、陰謀の究極の担い手と見なすのは、したがって究極の敵と見なすのは、『ヴァジラヤーナ・サッチャ』の特集が示しているようにユダヤ人である。しかし、日本政府や警察等も、ときに、その「手先」と見なされているのである。

われわれは、この陰謀史観を一片の現実性ももたないものとして嘲笑する。しかし、「われわれ」のオウムに対する眼差しもまた、一種の陰謀史観の構成を取ってきたことに思い到るべきである。オウムを取り巻く「市民社会」と名乗るわれわれは、教団に、あるいは教団の内部や背後の未特定の集団や人物に、事件を引き起こし、社会秩序を転覆しようとする企図を読み取ろうとしてきたのだから。われわれの判断は、オウムのそれとは違い、確実な「事実」に立脚している、と言われるかもしれない。しかし、ここで冒頭で確認した留意点を、つまり想像力に媒介された情報が事実に先行していたということを、想い起こす必要がある。事実の確実性はあとからやってきて、われわれが想像力によってすでに受け入れてしまっている判断を充塡し、追認したに過ぎない。

陰謀史観とは、社会に許容し難い反秩序を見出したとき、その反秩序の原因を直接には見出し難い外部の他者(の邪悪な意志)に投射する〔押しつける〕ことで、その社会の現状を歴史的に説明しようとする態度である。たとえば、日本社会の不況や失業の増大は、ユダヤ人によって牛耳られている多国籍大資本や大国による反日本政策の一環として説明され、また国連が世界中の紛争を解消しえないのは、ユダヤ系の軍需産業が国連の意志決定を左右しているからだと説明される。もちろん、その他者は、本来極度に複雑な因果関係を背後にもっている「反秩序」の説明し難さを弁済するために、妄想的に措定されたものにほかならない。それゆえ、最終的に陰謀を遂行している他者は、あるいは少なくともその他者の謀略の行為そのものは、一般には、影に隠れており、人々の目から見えない。もともと、その他者は、直接に知覚できる要因の範囲内ではどうしても説明できない事象の「真の原因」として、想定されるからである。

われわれとオウム教団とは、互いに相手を、そのような他者(の温床)と見立てることによって、まるで合わせ鏡のように妄想を相互に投射しあっていることになる。そして、このような相互投射は、互いに互いの妄想を、結果として現実化してしまうことになる。オウムにとってわれわれが危険な他者であるとすれば、オウムはわれわれに対して警戒的で敵対的に対応せざるをえず、このことが、オウムこそがわれわれにとって危険で迫害的な他者であるとする、われわれの側の想像を「実証」することになるからである。陰謀史観は、このように相互に投射しあうような関係の中で抱かれているときには、自己成就的な仕方で充足されてしまうのである。

サリン事件やそれに連なる他の事件をめぐるオウム真理教の疑惑を追求する報道の中で、「裏の～」、「影の～」、「シークレット～」といった形容が頻用された。教団には、一般の信者にすらよく知られていない、まして非信者の前には決して姿を現すことがない「裏の実行部隊」や「影の実行部隊」があり、その組織がテロを企画し、実行に移したというわけだ。あるいは、サリンの製造やテロ活動など「戦争」にかかわる仕事は、「シークレット・ワーク」と呼ばれ、信者たちにすら隠されていた、というわけだ。この種の用語は、出家信者たちの教団の自己理解においても使用されているのだが、いずれにせよ、マスコミの報道の中で、客観的な事実の伝達に必要な分を越えて過剰に、真の実行犯が「裏」や「影」から「糸を引いている」ことが強調されていたことに注意しなくてはならない。報道のこのような態度を実証する事例をあげるのは、あまりにも容易である。少なくともワイドショーや週刊誌の記事のほとんどが、このような態度を示しているからだ（たとえば

『週刊朝日』の五月五・一二日合併号は、古くからの信者でティローパなる宗教名をもつ早川紀与秀を、教祖麻原すらも頼りにしている「裏の指揮官」と名付けて、その半生を追求しており、そのしばらく後に出された『週刊現代』の五月三一日号は、教団の「諜報省」の指導者であったアーナンダこと井上嘉浩のグループを、テロから死体処理までをこなした「暗黒組織」であると描いている)。だいたいにおいて、常に、その段階で未だに逮捕されていない(あるいは逮捕直後の)者の中で最も指導的な地位にあると目された信者が、麻原に次ぐ教団の「ナンバー2」と見なされ、「影の部隊」のリーダーと呼ばれる傾向がある。これらのことは、事件を引き起こした他者を、見えている他者の背後に、見えている信者と教祖麻原の隙間に、ときには麻原のさらに背後に(麻原彰晃すらもあやつる外国の諜略組織など)見出そうとする態度を代表している(もっとも実際にも、一連の事件に、未だ知られていない、あるいは今後も広くは知られることのない、いろいろなグループがかかわった可能性はある)。

これらの事実は、オウム真理教を取り囲む多数派(マジヨリテイ)であるわれわれ自身が陰謀史観によって事件に臨んでいたことを、よく示している。先に述べたように、事態の複雑性を還元し、反秩序の原因を一元的に特定の攪乱的な他者に担わせようとすれば、その他者は、すでにわれわれの前に現れ出てしまったり、われわれに素性を知られていたりする他者の背後にいる、「本当に凶悪なヤツ」として想定されるしかないからだ。

陰謀史観が反秩序の原因を帰属させる攪乱的な他者は、必然的に、あらん限り(心理的に）遠方の他者、他者たちの中でも最も遠くにいる他者として、措定される。その他者は、われわれにとって最も許容できない秩序を敢えて望む他者であり、したがってわれわれに対して全的に敵対的であるような他者であるほかないからだ。そのような他者が、常にその度に、ほとんど無限遡行的に「裏」の隠れた場所にいるはずのものとして追求されていくのは、このように、他者がいつまでも「遠い」からである。

あらん限り近い他者

「出家信者のおよそ四割はスパイである」。サリン事件の捜索が続く中（四月二三日）、右翼を名乗る青年に刺殺された、マンジュシュリー・ミトラこと村井秀夫は、このように言っていたという。これは、地下鉄サリン事件のおよそ一〇カ月前に出家し、村井の直属の部下だった元信者（事件の約一カ月後に教団施設を脱出した）より、私が直接のインタヴューを通して聞いたことである。村井は、マハー・ケイマの宗教名をもつ石井久子の次に麻原が信頼していたと考えられる信者で、教団の大幹部である。彼は教団の「科学技術省」の指導者であり、サリン事件の総指揮にあたっていたと一般には考えられている。村井は、信者たちの中でも最も興味深い人物の一人である。元信者は、村井の奇妙さについて、手記で次のように書いている（高橋［1996：115］）。

「村井さんは不思議な人だった。……ほかの幹部たちが過激な教えに苦悶しているときも、村井さんだけはいつも涼しげな表情で、物静かな態度をくずさなかった。」

このように述べたあと、この信者は、真に「グル〔麻原〕への絶対帰依」をなしえた唯一の人物が村井だったのではないか、と述べる。

「アーナンダも、科学技術省の豊田亨さんも、その人間的な面に触れることができた。だが村井さんについては、最後まで僕は彼の内心というものをうかがい知ることができなかった。」

村井の言葉は、この教団が、強迫的にスパイを恐れていたということを示している。元出家信者によると、とりわけ九四年の初夏頃より、教団内部に「スパイがいる」との噂が広まり、頻繁に「スパイ・チェック」と称する検査がなされていたという。スパイは、本性上、ただちには特定できない。スパイは、まさに外部から確認しえないがゆえにスパイなのだから。そうだとすれば、誰もが自分がスパイではないということを、仲間に対して完全に証明しつくすことはできない。こうして、すべてのメンバーが、自分の仲間がスパイかもしれないとの疑心暗鬼に絶えず苛まれることになるのだ。実際、スパイに対して過敏になった教団は、ごく些細なことを——たとえば教団が推奨する「PSI」なるヘッドギアを付けなかったということを——スパイであることを示す指標とみなし、その度に仲間をスパイ・チェックにかけることになる。スパイと見なされた者は、懲罰用の個室(コンテナ)に閉じ込められる、というのが信者たちの間の噂である。

だが、スパイは誰が送り込んでくるのか? もちろん、陰謀史観を前提にした場合には、外部に想定されたあの攪乱的な他者(ユダヤ人)こそが、スパイを送り込んでくるに違いない。スパイに対するこの強迫神経症的な恐怖が表示しているのは、陰謀史観が想定するこの外部の他者についての感覚に奇妙な両義性がある、ということである。一方で、今し方述べたように、外部の攪乱的な他者は、その本性上、直接には姿を見せない、自分たちからはあらん限り遠いところにいる他者でなくてはならない。しかし他方で、スパイへの恐怖が示しているのは、その遠くの他者が、同時に自分たちのすぐ近くにいるかもしれない、自分たちの内部に深々と浸透しているかもしれないという感覚である。最も遠い者が同時に最も近いという両義性をここに見ることができる。

他者のこの両義性に関しても、われわれはオウムの「鏡像」になっている。われわれの多くは、上九一色村や波野村といった田舎で閉鎖的な共同体を形成する教団に、攪乱要因となる「外部の他者」を見た。と同時に日本の人口の〇・〇一パーセントの規模にあたる教団を人々が恐怖したのは、外部にいるはずのその他者が、われわれ自身のすぐ脇に、隣の部屋や隣の座席にいるかもしれない、という感覚をもったからではないか。今回の事件との関連で、自衛隊員や警察官やマスコミ関係者に多数の信者がいるということ（本当は正確にはわからない、半ば憶測の情報）が、スキャンダラスな事実として何度も報道された。たとえば、五月一八日、六月一日の『週刊文春』は、現職の自衛隊化学部隊に、オウムの関係者（オウム信者）がいる、ということを「衝撃の事実」として伝えている。あるいは、地下鉄サリン事件の一年後の最大のマスコミの話題は、オウムの一連の事件の発端となった「坂本弁護士一家殺人事件」に先立って、TBSの社員が（坂本弁護士に無断で）坂本弁護士の反オウムのインタヴューの録画をオウム信者に見せ、信者の意向にそってそのインタヴューの放映を中止し、しかもこの事実をずっと隠していたらしいということだが、この出来事に人々が関心を持ったのは、これが、TBSにオウム信者（オウム・シンパ）がいたということを示している、と受け取られたからに違いない。自衛隊、警察、マスコミ等は、われわれの社会の安全性（セキュリティ）や同一性（アイデンティティ）を保証する要石である。われわれは、われわれ自身の中核に、外部の他者が侵入していることを、ちょうどオウム信者がスパイを恐れたのと同じように恐れたのである。

自分たちにとっての非常に基本的な規範にすら従わない最も遠い敵対的な他者が、同時に、自分たち自身に内在しているということ。この両義的な感覚の延長上には何があるのか？　そこには、まさに自分（たち）自身こそが、その他者である、という恐ろしい逆転がまっているだろう。この最も遠く敵対的であることにおいて同時に最も近いものとして感覚される他者を、《他者》と表記しておこう。

先に述べたように、村井秀夫は、出家信者の四割をスパイ＝《他者》であると見積もっている。もしこれほどに大量のスパイが本当に潜入しているのだとすれば、もはやその集団はオウム真理教徒の集団なのか、スパイの集団なのか、ほとんど判別がつかないということになろう。「四割」という数字に注目しなくてはならない。それは、半数を下回るぎりぎりの数字、これを越えたら半数になってしまう数字である。このことによって、集団を「教団」として認定することが、ぎりぎりのところでかろうじて正当化されるのである。

この遠くかつ近い《他者》への恐怖が、オウム真理教信者たちの陰謀史観を支え、戦争への衝動を駆り立てていたのだとすれば、探究すべきことは、このような《他者》が、いかなる機制（メカニズム）を通じて、彼らにとって現実的なものとして信憑されたのか、ということであろう。

《他者》への恐怖が、われわれにとっても無縁ではなかったということは、事件解釈のキー・ワードの内によく反映されている。マスコミの解釈で頻用された「マインド・コントロール」という概念は、この概念の精神医学的な妥当性は別として、社会学的には、われわれに内在している《他者》を馴致する効果をもったと言うことができるのである。本当は、「マインド・コントロールされて信者になってしまった」という言明は、トートロジカルで、何も説明していない。にもかかわらず、このような言明が繰り返されたのは、これに独特な社会心理学的な効用があったからである。秩序を根本から覆す攪乱的な他者が、遠くから襲ってくるときには、さして恐ろしくない。本当の恐ろしさが湧き起こるのは、その他者がわれわれに十分に近く、それゆえわれわれ自身がその他者でありえたかもしれないときである。実際、われわれの多くは、オウム信者についての情報を大量に集め、彼らについて知れば知るほど、彼らが大方われわれとよく類似し、われわれと近接していることを発見してしまう。このとき、マインド・コントロールという概念が用いられ、「本当に凶悪な外部の他者が背後にいて彼らはそれに操られているだけだ」という解釈が適用されることになるのだ。こうして、《他者》の近さが遠さへと変換され、その両義性が隠蔽される。

敵対的な《他者》が、自分自身かもしれないということ、敵対的な《他者》が、自己に内在しているかもしれないということ、このような事態を感覚的に表現すれば、《他者》がこの自己に「寄生している」、ということになろう。われわれはオウムに寄生されていることを——またオウムはユダヤ人に寄生されていることを——恐れているのである。オウムとの関係という文脈を離れても、「寄生」という語が、一九九〇年代中盤の日本社会の大衆的な感覚を要約しているように思われる。このことを端的に示しているのが、オウム真理教事件で日本中が大騒ぎをしている同じ九五年に、「バイオホラー」と呼ばれるSFのジャンルが大流行したという事実である。このジャンルのベストセラーは、瀬名秀明が著した『パラサイト・イヴ』である。これは、寄生生物(パラサイト)としてのミトコンドリアの反乱を描いたものである。売れ行きではこれにには及ばなかったが、鈴木光司の『らせん』も広く読まれた。これは、表題が示すように、DNAについての物語であり、少女の怨念によって操られたウィルスが寄生するという設定になっている。マンガとしては、岩明均の『寄生獣』がある。寄生獣に侵された人間は、完全なスパイと同様、他の人間（つまり仲間）と外見上はまったく区別がつかない。しかし、寄生獣は人間を食って生きるのである。

これらの事実を考慮に入れることから、とりあえず、次のような仮説を提起しておくことができるだろう。われわれの社会は――少なくとも現代の日本社会は――、何らかの理由によって、「人間を食う」ということによって表象されるような極限的に敵対的な《他者》に自らが寄生されているという想像力に現実性を与えるような感覚を、醸成してきたのだ。オウム真理教は、この感覚を最も過激に行動化しており、われわれもまた、オウム真理教との対峙を通じて、この感覚を行動の上に表現するにまで至ったのではないか。

兵庫県南部の大地震が「戦争」の隠喩によって捉えられたのも、同じところに起因していると考えられないか。突発的な大地震が、内部とも外部ともつかない《他者》に取りつかれている、というほとんど識閾(しきいき)下の感覚を、顕在化させたのではないか。そうだとすれば、二つの「戦争」の同時性には、深い必然的な連関がある。おそらく、その《他者》が、オウムであるとか、アメリカであるとか、ユダヤ人であるとか、謎のウィルスであるとか、ということはさしあたって二次的なことである。もちろん、そうは言っても、何らかの具体性によって充実化されなくては、その《他者》は現実化しないだろうが。

新新宗教としてのオウム真理教

これから、オウム真理教が、若者を中心とした多くの信者を集めるのに成功し、一部の信者を前代未聞のテロリズムに駆り立てるまでの帰依を引き出すことができたのはなぜか、を探究してみよう。ここまでの議論が示していることは、オウムとわれわれは完全に合わせ鏡の関係になっているということ、しかもそのことは、オウムを攻撃し、否定するわれわれの態度の内に最も明確に示されるということ、である。そうであるとすれば、オウムについての探究は、日本の人口の〇・〇一パーセントの例外的な人々について考えることではなく、現代社会の総体としての構造と意識について考えることでもある。オウムは、まさにその例外性において典型的であると言うべきである。例外性と典型性の一致ということは、オウムを日本の宗教史の文脈に位置づけた場合にも、当てはまる。

宗教学者は、十九世紀の初めころ——というより江戸時代の終わりころ——から後に誕生した宗教を「新宗教」と呼ぶ。新宗教は、何回かの発生のブームがあった。そのような新宗教の中にあって、一九七〇年以降の宗教ブームに生まれたり、拡大したとりわけ新しい新宗教は、教義内容や組織のあり方、信者の人格類型等の多くの点において、それ以前の新宗教とかなり異なっていることが知られており、そのため「新新宗教」と呼ばれ、以前の「旧新宗教」から区別されている。一九八〇年代の中盤に生まれ、後半に発展したオウム真理教は、新新宗教の中でも特に新しいものに属する。旧新宗教と新新宗教との相違は、どの点にあるのか？

旧新宗教（創価学会、立正佼成会、ＰＬ教団等）に対しては、まず入信動機が一律で、わかりやすい。すなわち、一般に「貧病争」と要約されているような不幸、つまり貧困や病気や家族不和などの極端な生活苦にあえいでいる人が、そこからの救いを求めて入信する場合が多い。したがって、教義内容は、現世利益を約束する現世志向的なものである。組織としては、信者間の助け合いを重視し、共同体の和（調和）を追求する。

それに対して、新新宗教（阿含宗、世界基督教統一神霊教会、幸福の科学等）の特徴として、宗教社会学者は次のような諸特徴を指摘してきた（たとえば島薗［1992］参照）。今、その間の論理的な繋がりは無視して、ランダムに列挙してみよう。第一に、入信動機が貧病争のようなわかりやすい生活苦から特定しがたい「生の空しさ」に変化したこと。第二に、現世外の霊的な世界を重要視し、現世離脱の志向が強いこと。第三に、心理統御技法や神秘現象をもたらす心身変容の技法に強い関心を示すこと。第四に、組織内の共同体的な繋がりよりも個人に価値を置き、救済についての自己責任の論理を徹底させていること。第五に、破局的な終末の意識やそれと相関したメシアニズムを有すること。第六に、信者の多くが若者であること。

これらの諸特徴は、いずれもオウム真理教の特徴でもある。オウム真理教は、新新宗教の典型なのである。ここで「典型である」というのは、数ある新新宗教の平均値的な一般像を呈している、ということではない。そうではなく、今述べたような、新新宗教の特徴と見なされている諸性質のほとんどすべてを、徹底させ純化させた形式において所有しているという意味において――したがってその極端性のゆえにむしろ少数派であることにおいて――、オウムは典型なのである。たとえば、オウムほど現世利益よりも現世離脱に志向している宗教は少なく、また後にも述べるようにある種の終末観をオウムほどに究めた宗教はない。また、二〇歳代から三〇歳代前半までの若い人々が熱心な信者の圧倒的な多数であった点でも、オウムはずばぬけている。要するに、オウム真理教は、新新宗教の「理念型」的な代表なのである。そうであるとすれば、オウム真理教の例外性は――あえてテロまで引き起こしてしまうような過激さを備えた例外性は――、それが時代的な必然の外部にあったことに由来するのではなく、むしろ逆に、その必然をあまりに純粋に体現し過ぎたせいであるかもしれないのだ。

考察に先立って、ごく簡単に次の点に注意を喚起しておこう。オウム真理教に類する、いわゆる「カルト」的な教団の隆盛は、アメリカ合衆国をはじめとして、世界中で見られることである。地下鉄サリン事件の約一カ月後に、まるでサリン事件に呼応するかのように、アメリカでも未曾有の無差別テロがあった。武装民兵組織ミリシァによるとされている、オクラホマ州連邦ビル爆破事件である。彼らは、極端な人種主義、独特な終末論、武装化など、オウムと多くの共通点をもっている。日米のテロのこのような呼応は、オウム真理教の問題を、日本にのみ見出される表層的な要因から説明しようとすることに対する警鐘になっていると言えるだろう。たとえば、「オウム」的なるものを、日本において他国よりも偏重されている「偏差値」による教育をもって説明し尽くすことはできない。

第二章　理想の時代／虚構の時代

1　理想の時代と虚構の時代

二つの可能世界

オウム真理教によるテロが、教祖麻原彰晃が予言していた世界最終戦争（ハルマゲドン）（の前哨戦）として行われた、という仮説に立ってみよう。そうであるとすれば、これは、最終戦争後の最終戦争、つまり二度目の最終戦争だったことになる。ここで、最初の最終戦争（第二次世界大戦）からの五〇年の流れの中で、オウム真理教がどのような位置をもつのかを概観してみよう。

見田宗介は、戦後四五年の段階で書いた論文の中で、「現実」がどのような形態の「反現実」に準拠することによって組織されているかに応じて、戦後史を三つの段階に区分することができる、と論じている（見田［1995］）。現実が秩序を有することができるのは、それが参照することができる反現実の様相があるからである。しかし、反現実の様相は一つではない。このことは、「現実」という語が三つの代表的な反対語を有する、ということに示される。すなわち「（現実と）理想」、「（現実と）夢」、「（現実と）虚構」。見田によれば、日本社会の戦後史において、現実が照準している反現実の様相は、「理想→夢→虚構」の順に転換してきた。私の考えではこの内、「夢」という語は、「理想」と「虚構」の両方に引き裂かれるような二重性をもっている。「夢」は、ある種の「理想」という意味にも使われれば(「将来の夢」)、「虚構」という意味にも使われる(「夢のようにはかない」)。「夢」が中間段階にあるのは、このように意味的にも中間だからだ。それゆえ、中核的な意味素にのみ注目するならば、三段階はさらに、「理想→虚構」の二段階に圧縮することができるはずだ。

理想と虚構の相違はどこにあるのか? 理想も虚構も現実世界ではないという点において、すなわちいわゆる可能世界であるという点において共通している。しかし、それらが可能世界として現実世界との間に有する関係が異なっている。理想は、未来において現実に着地することが予期(期待)されているような可能世界である。だから、理想は、現実の因果的な延長上になくてはならない。その意味では、理想は、純粋な可能世界ではなく、むしろ広義の現実世界の一局面である。それに対して、虚構は、現実への着地ということについてさしあたって無関連でありうる可能世界であり、それゆえ純粋な反現実である。

戦後の日本社会は、人々が理想との関係において現実を秩序だてていた段階から、虚構との関係において現実を秩序だてる段階へと転換してきた、とおおむね整理することができる。時代の転換点をどこに見定めるべきか? 五〇年を折半する中間点は、一九七〇年である。七〇年前後の時期に、理想の段階から虚構の段階への転換が生じたと考えられる。ほぼこの転換点の位置に、連合赤軍事件（一九七二年）がある。サリン事件以降、非常に多くの人が、オウム真理教と連合赤軍との間のある種の「類似」を感覚した。この広く共有された感覚には、根拠がある。

オウム真理教が戦後史の中で占める位置に関して、ここで示したい提題を、第一次近似として述べておけば、次のようになる。連合赤軍——およびそれに同時代性を感覚した人々——が、理想の時代の終焉（あるいは極限）を代表しているとするならば、オウム真理教は、虚構の時代の終焉（極限）を代表するような位置を担ったのだ、と。もちろん、オウム真理教団が行ってきたことと連合赤軍に帰せられた悲劇——そしてそれらの原因——は、それ自身として取り出せば、まったく異なっている。しかし、それぞれが戦後史を構成する二つの段階の極値を象徴しているという意味では——つまりそれぞれが歴史的なコンテキストの中で占める位置のみに注目するならば——、両者の間には、述べたような照応関係がある。オウム真理教をたとえば「オタクの連合赤軍」（大塚英志）と見なす理解は、このような照応関係に対する直観を含んでいるだろう。

ところで私は、ここで提案した命題を「第一次近似」であると述べておいた。この命題は暫定的なもので、後のもう少し厳密な考察の中で棄却されることになるからである。

理想の時代の現実主義

理想の時代の序盤（特に一九六〇年あたりまでの段階）を――とりわけ知識人の水準で――社会的にリードした理想は、二つの対立しあう覇権国によって表象された。もちろん、「アメリカ（自由と民主主義）」と「ソ連（コミュニズム）」が、理想を表象する覇権国である。これらの理想を標榜する知識人は「進歩派」と呼ばれ、保守派の権力と対抗した。

進歩派知識人の代表的論客の一人丸山眞男は、「『現実』主義の陥穽」（一九五二年）の中で、次のように論じている。「現実」には二つの側面があるのだ、と。われわれが現実によって制約され、受動的に決定されているという側面もあるが、同時に、われわれの方が現実を形成し、能動的に決定しているという側面もあるのだ。現実の第一の側面にのみ照準した場合には、保守的な通常の「現実」主義者（リアリスト）になる。だが、これに対して、丸山は、現実の第二の側面に着眼する者を、つまり現実に変革志向的にかかわる自らの理想主義を、真に現実を見る者だ、とする。見田宗介が述べるように、丸山のこの論は、理想への志向が、それ自身、現実への志向であることを、言い換えれば、理想は現実の一局面であることをよく示している。

理想の時代の、大衆的な水準での黄金期は、一九六〇年代である。もちろん、これは、高度成長期にあたる。この時期、たとえば、国民の圧倒的な大多数によって広範に欲求された家電製品が、大衆的な「理想」に物質的な表現を与えた。念のために述べておけば、経済成長や科学・技術の進歩があったから理想が抱かれたのではなく、逆に、理想が可能的な「現実」として広く（世界的規模で）信憑されたがゆえに、経済が成長することができ、また科学や技術が進歩していると感受されたのである。

見田宗介は、一九六三年に行われた全国的な社会心理調査の次の質問項目に注目している。それは、明治維新以降の百年の日本の近代化の各時期を、色彩にたとえるとすると、何色が適当か、という質問である。それによると、戦争中は「黒」、終戦直後は「灰色」によって表現されるのに対して、「現在（六〇年代前半）」は「ピンク」によって表現されている。一九六〇年代、とりわけその前半は、「理想」が最も円滑に社会的に機能し、その現実的な可能性について広く信憑されていた時代である。「ピンク」は、この理想の機能の円滑さによって支持されている「泰平ムード」に対応した色彩であろう。

この同じ六〇年代前半が、日本近代の流行歌史上、最大の変換点であった、という事実にも見田は注目している。大正期に確立した日本独特の艶色調（歌謡曲調）に取って代わって、つまりヨナ抜き短音階を基調とする半近代的で半伝統的な曲調に取って代わって、純粋に西欧的な曲調が、急速に支配的な地位を占めるに至ったのである。艶色の発声の基本は浪花節であり、それは、肺から息が出てくる途上で、のどでも鼻でも抵抗をつくり、声をできるだけ屈折させながらしぼりだすように発声するところに特徴がある。それに対して、六一年の「スーダラ節」(植木等)や「上を向いて歩こう」(坂本九)以降の歌謡曲の発声法は、抵抗をまったくはさまずに声をつきぬけさせる。この抵抗感の非在は、時代の感覚をよく代表している、と見田は指摘する。それは、理想への到達可能性が広く信じられたことからくる、困難の非在に対する、音楽的な対応物であろう。

ところで、理想の時代から虚構の時代への転換点は、旧新宗教から新新宗教への転換点と一致していることがわかる。旧新宗教への入信動機は、先にも述べたように、比較的少数の明確な主題に分類できる。すなわち、「貧病争」という標語によって要約されている極端な生活苦が、旧新宗教へと入信する理由を構成しているのである。このことは、(少なくとも戦後の)旧新宗教が理想の時代に対応する宗教であった、ということを示している。理想の時代とは、社会が全体として理想へと疎外されている時代である。このような時代において、最大の不幸とは、理想から永続的に疎外されること、つまり理想との関係において二重に疎外されることである(真木悠介[1978]によると、人が何ものかから疎外されるのは、まずその「何ものか」へと疎外されているからである)。「貧病争」は、理想への到達・接近が著しく困難になりうるような――理想からの永続的な疎外を余儀なくするような――宿命的な環境条件を代表している。不幸は、――すでに理想への疎外によって条件づけられている以上は――、到達の蓋然性が十分に高い現実性として理想を恢復することによってしか、解消されない。旧新宗教が果していたのは、まさに、このようにして不幸を解消することによって、理想から疎外された人々を理想の圏域へと引き戻すことである。だから、旧新宗教が約束する救済は、どうしても、いわゆる「現世利益」でなくてはならない。この時代の新興宗教は、理想の時代のスウィーパーとして働いていたわけだ。

虚構の時代の反現実主義

一九七〇年代——とりわけその後半——以降の虚構の時代とは、情報化され記号化された擬似現実（虚構）を構成し、差異化し、豊穣化し、さらに維持することへと、人々の行為が方向づけられているような段階である。「情報社会」、「脱産業社会」、「消費社会」等々と名付けられ、いくぶんニュアンスを違えながらさまざまな角度から分析されてきたのが、虚構の時代の下にある社会であった。

虚構の時代の黄金期は、一九八〇年代である。虚構の時代は、見田宗介が指摘するように、たとえば「（東京）ディズニーランド」（一九八三年開園）によって象徴されよう。ディズニーランドは、慎重な配慮によって——たとえば入場者が自然に使用してしまう視線の配備を巧妙に計算に入れることで——外部の現実を徹底して排除しており、このことによって虚構の（幻想の）空間として自律している。ディズニーランドの興行的な成功は、日本社会が虚構の時代のただ中にあったことを示している。

また明治以降の東京の「盛り場」の変遷を辿った吉見俊哉［1987］の研究によれば——見田もこの研究を引用しつつ再確認しているように——、戦後の盛り場の中心は、新宿から渋谷へと移行した。渋谷が東京のイメージを代表するような盛り場になるのは、一九七〇年代後半以降のことである。渋谷が成功したのは、とりわけ西武系資本の投入によって、街の全体が、消費社会に適合した、「ハイパーリアル」でオシャレな——つまり先進的な記号的差異に満ちた——空間へと仕立てあげられたからである。要するに、渋谷は虚構の時代に適合した盛り場だったのだ。

見田宗介は、東京ディズニーランドが開園した同じ年に発表された、森田芳光監督の映画作品『家族ゲーム』に言及している。われわれとしても、後の考察との関係で、この作品に注目しておくのが都合がよい。この作品は、社会的な現実性の中でも、最も生活的で実体的なものである家族でさえもが、——タイトルが示唆しているように——ゲーム＝虚構と化しつつある風景を、映像化してみせた。この作品の極度な斬新性として話題になったのは、家族の食卓における食事風景である。家族は食卓を囲むように対面しあうのではなく、同じ方向を向いて、完全に一列に横並びになるのである。全員の視線は、同一方向に向いてしまうので、互いの存在を確認しあうような形で相互に交叉しあうことがない。古典的なリアリストは、このような食事風景を「不自然」で「非現実的」なものとして批判するかもしれないが、テレビを見ながら食事することが多い現代日本の家族にあっては、実際にも、食事時の家族の視線は、同一方向を向いてほぼ並行しているに違いない。また、見田が述べているように、劇作家の山崎哲も、舞台を通じて、同じような家族の虚構化を描いている。たとえば、次のような場面がある。新聞を読む夫と縫い物をする妻の間でごく普通の古典的な会話が行われたあと、妻が「わたしたち、今日も、夫婦の会話をしたわね」と確認したりするのだ。「あるべき家族」が演じられているわけだ。その限りで、家族は自然な自明性を失い、自覚的な努力の中で維持されているとも言える。

「虚構」の時代の若者風俗の上での対応物が、まずは「新人類」(八〇年代前半)であり、ついで「オタク」(八〇年代後半)である。新人類は、特定の理念や思想にとらわれることなく、ファッションや趣味などの消費の水準における「記号的な戯れ」によって自己を提示する若者である。これは、「理想」の時代を支配していた重い「理想」からの解放を前提にした態度であろう。オタクは、この新人類から分化・発展してきた若者の類型である。新人類が、過去の時代を支配していた執着からの解放の身振りによって特徴づけられるのだとすれば、逆にオタクは、新たな拘泥の身振りによって特徴づけられる。オタクとは、かつてだったら趣味として片づけられるような一見瑣末なさまざまな領域——アニメーション、テレビゲーム、コンピュータ、アイドル歌手等々——に、不合理なまでに過剰に熱狂的に耽溺する人々である。「不合理なまでに過剰」というのは、その領域の社会的な必要とか(芸術のような)それ自身として有すると考えられている価値といったような「意味」の大きさと、その領域に関してオタクが集積する「情報」の濃度との間に、バランスが失われているように見えるということ、「意味」の大きさを「情報」の濃度が圧倒しているように見えるということ、である。オタクが耽溺する領域は、たとえばアニメーションの場合が典型であるように、多くの場合、物語＝虚構の集合である。それゆえ、オタクにとっては、まるで、通常の現実よりも、彼らが愛する虚構の世界の方がより重要なものになっているように見えるのである。

新新宗教が要請されたのは、このような時代においてである。もはや、入信動機の主流は、「貧病争」（理想からの疎外）ではない。信者たちの入信動機を全体として通覧すると、どこに焦点があるのか定めがたい、多様で散乱した理由の集合を得ることになる。主たる救済の様態も、現世利益から現世離脱へと転換する。現世＝現実を離脱した志向性は、もちろん、ある種の虚構（霊的世界）へと向けられ、そのことによって、現実と虚構との価値配分が逆転し、虚構の方に圧倒的な重要性が置かれることになる。オウム真理教は、先に述べたように、このような新新宗教の「典型」である。

オウムの虚構世界

オウム教団が前提にしていた世界が虚構的であるということとは、事件をきっかけとしてこの教団の実態（の一部）が一般に紹介されるや、ただちに多くの論者によって指摘された。それは、一種の仮想現実（ヴァーチャル・リアリティ）であり、劇画調であり、情報的である、と。オウムの信者たちは、彼らが幼い頃より慣れ親しんできたマンガやSFの世界を演じ、そして、それ以上に実際に生きているように、見えるのである。あるいは、彼らが修行によって得られるとする神秘的な能力は、科学の常識からするととうてい不可能なことなので、虚構の仮想現実を前提にして生きているとしか思えなかったのである。

オウム教団を「オタクの連合赤軍」と呼んだ大塚英志は、教団の建築物に設置されている大型の空気清浄器を、彼らが「コスモクリーナー」と呼んでいるのを知ったとき、教団を、まさにそのように呼ぶに相応しい集団であるのを直観した、と述べている。コスモクリーナーは、松本零士原作で、とりわけ一九七七年の劇場公開以降一般にも広く知られている『宇宙戦艦ヤマト』に登場する装置である。主人公たちは、宇宙船に改造された戦艦ヤマトに乗って、放射能（毒ガス！）に汚染された地球の大気を清浄化するために必要なコスモクリーナーをイスカンダルまで取りに行くのである。彼らは、この放射能除去装置に、空気清浄器をたとえていたのだ。

このマンガにも、最終戦争に比せられる、異星との戦争が描かれている。後に述べるように、最終戦争的なものは、一九七〇年代後半以降のマンガの圧倒的な流行の主題である。最終戦争の到来を予想するオウム教団の活動は、実際、これらのマンガの物語を演じているように見える。

オウム真理教は、自身の教団を一種の「国家」として擬制し、これに対応して一般の人々も、多少なりとも、この教団を仮想的・虚構的な国家として想念した。教団が自らを国家と見なしていたということは、たとえば教団が、さまざまな作業に従事する彼らの組織を省や庁の名によって区分していた——科学技術省、諜報省、厚生省、車両省等々と——という事実に現れている。このように、自らを国家に擬制している点にオウム真理教が依拠した虚構の顕著な特徴がある。この特徴は、教団が活用した虚構の「虚構性」を強化したことの帰結として、そのような強化に随伴する集団の独特な自閉化の一つの帰結として、部分的には説明することができる。先にも述べたように、理想は現実世界と地続きの可能世界である。他方で虚構は、現実世界と独立の可能世界である。「国家」という自己了解は、虚構のこのような現実世界からの独立性の水準を表示しているだろう。国家とは、少なくとも規範に関して自己充足的で外部に依存しない閉鎖した共同体である。そうであるとすれば、自身を虚構として現実から純化しようとすれば、それは、どうしても、「国家」に隠喩を求めうるような自律的な空間として構成されるに違いない。もっとも、一方で、自身を独立の国家として構想し、それゆえに外部の社会との紛争に、いかなる法規範も前提にしない戦争（サリンばらまき）の様相を与えながら、他方では、多くの紛争を、法規範に徹底的に依拠することによって——したがって自他が異なる国家として対峙するのではなく、単一の国家に下属している二つの部分であるとの了解のもとで――解決を図ろうとする、という奇妙な両義性が見出されることにも留意しておく必要があろう。

オウム真理教が、出家という信仰の形態にきわめて高い価値をおく必然性も、同じ点に由来しているだろう。出家を規定しているのは、空間的な移動ではなく、また共同体所属の転換ですらない。ある身体の移動が「出家」と呼ばれるような根源性を呈するのは、それが間世界的移動として――つまり同一の現実世界内の移動ではなく現実世界から独立の可能世界への移動として――企図されているからである。したがって、身体が共同体の間を「出家」という形式において移動するときには、移動前に所属していた共同体と移動後に所属する共同体の間で、それぞれを被覆する規範の共通性が極小化されざるをえない。同じ間世界的な移動を、移動する当人や迎え入れる共同体の視点ではなく、離脱した共同体に残留している者の視点で捉えれば、それは、「拉致」や「監禁」として現れるであろう。オウム真理教団と外部の社会との間の対立は、まずは、この拉致と監禁に関わるものとして現れたのであった。

2 両方向からの越境

理想を否定する理想

日本の戦後の半世紀が、理想の時代から虚構の時代への転換として把握しうること、そしてオウム真理教が虚構の時代の先端に登場するような宗教であったこと、これらのことを述べてきた。しかし、このような理解によっては、「戦争」が惹き起こされてしまった理由を説明することはできそうにない。このような理解に立脚した場合には、「虚構（ヴァーチャル・リアリティ）」と「現実」とが取り違えられた、とでも説明されるのだろう。しかし問題は、虚構と現実との落差がいかにして埋められたのか、虚構がいかにして現実としても機能しえたのか、にあるのだ。ここまでに提起してきた単純な構図の中では、この最も重要な問題は説明されないままに遺棄され、結果を記述する命題だけが突然のように結論として提起されるにとどまるだろう。問題に接近するためには、ここまで第一次近似として提起してきた戦後史の構図を、もう少し繊細な理解に置き換える必要がある。

そのためには、オウム真理教が虚構の時代に対して担ったのと同じ位置価を理想の時代の中で担った集団が、すなわち連合赤軍――というより正確には連合赤軍に同時代性を自覚した人々――が、戦後史の展開に与えた効果を、あらためて考察してみることが、示唆を与えるだろう。われわれの最初の理解は、連合赤軍事件こそが、理想の時代の完全な終結を、したがってその挫折を、象徴している、というものであった。しかし、このような言い方では、必要な精度が欠けている。

理想の時代の末期には、すでに理想の時代の内に包摂するのが困難であるような現象が突出しつつあった、ということに注目しなくてはならない。理想の時代の最終局面は、一九六〇年代末期のラディカルな学生たちの運動によってこそ特徴づけられるだろう。この運動は、もちろん、革命を志向する運動として、何らかの「理想」を掲げてはいた。しかし、その理想は、理想というものの所有のされ方として、すでに末期的なものであったと言わざるをえない。このことは、六〇年代末期の若者の社会運動を、そのおよそ十年前の大規模な社会運動、すなわち六〇年安保の闘争と比較してみると、よく理解できる。

六〇年安保の運動は、戦後の進歩派知識人が有したような積極的な理想を掲げて導かれた。もう少していねいに言い換えれば、六〇年安保とは、アメリカ的なものであれ、ソ連的なものであれ一般に積極的な理想を有することと、理想をもたない体制的な現実主義に徹することとの間の闘争であると、理解されていたのである（そして、理想主義者が敗北したことで、見田宗介は、理想の時代は、具体的にはここに終息した、と論じた）。それに対して、六〇年代末期の学生運動が掲げた理想は、六〇年安保の運動を導いたような戦後的な理想――戦後民主主義（アメリカ）やスターリニズム（ソ連）――を否定することのみをその実質的な内容としていた。理想の否定を理想とすることによって、運動は、政治的な具体性を欠落させ美学的な装いを帯びることとなる。そして、連合赤軍の活動は、明らかに、このような六〇年代末期の運動の延長上に、その極端でほとんど最終的な形態として現れたのだ。

同じことは、「知識人」の運動の水準だけではなく、大衆的な水準でも認めることができる。理想の時代の大衆的な表現こそが、高度成長であった。しかし、六〇年代末期は、高度成長の限界が自覚された段階でもある。たとえば「公害」のような社会問題が、このような自覚に対応して認められる。今し方論じた学生運動も、もちろん、このような社会問題への認知を、一つの背景としてもいた。しかし同時に、一九七〇年には、理想の時代の最後の祭典とも言うべき「万国博覧会」が、「人類の進歩と調和」をテーマに大阪で開催されてもいたのである。

だから、理想の時代の末期は、むしろ理想の時代を否定する運動や感覚によって特徴づけられるのであり、それらの運動や感覚は、この否定的なスタンスによってかろうじて理想の時代につなぎとめられていたのだ。見田宗介が理想の時代と虚構の時代の中間に、――ここでの基本的な構図からは削除した――「夢の時代」という段階を設定したのも、理想の時代の内部に今示唆したような変質が見出されるからであろう。ともあれ、ここで確認すべきことは、理想の時代は、その展開の過程で、むしろ自己否定に導かれていくらしい、ということである。

連合赤軍とその悲劇を同時代的なものとして――つまり自分自身の問題として――引き受けざるをえなかった人々とは、世代的に言えば、主として、「団塊の世代」に属する人々である。団塊の世代とは、そこ（連合赤軍事件）までの人生が、ちょうど日本の「理想の時代」と重なっていた人々であると、言っても良いだろう。

団塊の世代に属する優れた思想家は、共通の課題をかかえているように見える。彼らの思想的課題の中核は、――この論考でここまで使ってきた言葉で表現すれば――、理想を否定しつつ、いかにしてなお理想を維持するか、といったほとんど解答不能な問いに集約させることができるように見えるのである。

たとえば、そのような思想家の代表的な例の一人として、竹田青嗣を見ることができる。竹田の鮮烈な問題意識に満ちた井上陽水論はよく知られている（竹田［1986］）。竹田が、陽水（ちなみに彼も団塊の世代に属する）に魅かれるのは、陽水の曲がまさに、今述べた解答不能な問いに直面しているのを直観するからである。竹田は、『陽水の快楽』の冒頭で、陽水のファーストアルバム『断絶』（これが出たのは連合赤軍事件の年である）の冒頭に収められた「あこがれ」という曲を、「陽水の登場に実にふさわしい響きをもつ」ものとして分析している。この曲で、陽水は、「さびしい時は男がわかる／笑顔で隠す男の涙／男は一人旅するものだ／荒野をめざし旅するものだ／ラララ……／これが男の姿なら／私もつい　あこがれてしまう」と歌い、同じ様にして、続いて女性の理想像を示し、やはり「私もつい　あこがれてしまう」と反復する。

竹田によれば、この曲は、世界（理想的な男性や女性）へのあこがれを歌ったものではない。「私もつい　あこがれてしまう」には、微妙な両義的態度が結晶しているというのである。ここには、第一に、歌われている男性や女性の理想像（ロマン的世界）が、幻想に過ぎないことを対象化＝距離化する、覚めた認識がある。しかし、これだけでは、青春の喪失や挫折を自己哀惜したり、苦々しく語る定型に収まってしまう。しかし、陽水の曲には、第二に、理想像の挫折にもかかわらず、理想を憧憬する欲望・志向性を維持しようとする態度が認められるのだ。通常は、ロマン的世界＝理想の挫折を痛烈に認識した場合に、人は、一切の理想を放棄し、理想を奥歯で嚙みつぶす現実主義者（リアリスト）に反転する。しかし、竹田によれば、陽水の場合には、同じ認識を共有しつつ、逆に自分の中の現実主義者（リアリスト）としての側面を嚙みつぶし、（理想像のまさに「理想」としての対象性ではなく）理想へとあこがれる内的な欲望＝志向性のみを保持しようとしたのだ。幻想に固執する理想主義者でもなく、しかし一切の理想に対して冷笑的なだけの現実主義者でもない、緊張にみちた中間的な立場を竹田は評価する。

同じことは、竹田の二年後、陽水の一年後（一九四九年）に生まれた小説家村上春樹についても言うことができる。たとえば、大江健三郎の小説のパロディーだと思われる、村上春樹の『1973年のピンボール』に注目してみよう。一九七三年は、連合赤軍事件の翌年であり、この作品は、この事件が不可避にもたらした時代の転換に触発されているに違いないからである。この小説の中では、出来事らしい出来事は何も起きない。ただ、主人公は、日本に三台輸入されただけで製造中止になった幻のピンボール・マシーンを捜し当てようとするだけである。「ピンボール・マシーンを獲得すること」がこの小説の内部での「理想」だが、もちろん、これはくだらないことである。このようなくだらないことを理想としてしまうことで、したがって、これをたとえば日本や世界に革命をもたらすといった「重要な理想」と等価なものとして並べることで、(重要な) 理想の幻想性が暴かれ、破棄されてしまう。しかし、なお理想を追求する――マシーンを捜し歩く――態度だけは保持されるのである。こうして、村上は、井上と同じ両義性を――より一層覚めた感覚で――引き受けるのだ。

陽水と同年に生まれた加藤典洋 [1994] は、「人は生涯にけっきょく、一つのことを一つの経験から学び、生きていくものだ」として、自分自身にとってのその一つの経験を「一九七二年の経験」だとする。そして、加藤は、村上春樹を「一九七二年の同時代人」だと言う。その加藤 [1987] は、村上の小説『世界の終りとハードボイルド・ワンダーランド』を読み解きながら、自分の立場を示している。一九八五年に発表されたこの小説は、

「ハードボイルド・ワンダーランド」と「世界の終り」という二つの物語を交互に交替させながら進行するのだが、加藤は後者の終結部に注意を集中させる。この物語で主人公「僕」は、「世界の終り」と名付けられた、壁に囲われた閉鎖的な共同体に住んでいる。この閉鎖的な共同体は、オウムの上九一色村や波野村の「国家」を想起させる。「世界の終り」では、すべての住民が、「影」――これは「自我」や内面の「心」の象徴である――を切り離された状態で生きている。問題はこの「影」なのだが、加藤の解釈をわれわれのここでの文脈の中で言い換えるならば、それは、幼い頃からの成長を通じて獲得された「自己の規範化された理想」によって規定される、個人の内的な原理である。小説は、「世界の終り」の平和が弱者(一角獣によって形象化されている)の抑圧の上に成り立っていること、しかもそのことを住民がいささかも自覚していないことを示唆する。要するに、「僕」の「影」が強調するように、この世界は明らかに間違った世界なのである。それゆえ、「僕」と「影」はそこから脱出しようと画策し、ついに唯一の外部への通路を発見する。しかしながら、物語の結末において、「僕」は「影」の説得を拒否して、「世界の終り」に止まることを選択するのである。ここまでの物語の展開からすると、これは意外な結末である。このような結末は、どうやら村上自身によっても最初から決められていたものではないらしい。後のインタヴューに答えて、村上は、「影」と一緒に「僕」も脱出すべきか残るべきか、「モラリスティックな意味で」非常に迷ったと述べている。「僕」はなぜ残ったのか？

「僕」の選択の意味は、村上自身によっても最終的には答えられていない。だが、加藤は、村上によって示されながら言語化されなかったその答えを、言わば、村上の問題を延長させて追求することで与えようとしている。「影」と「僕」の対位法という構成は、規範的な理想に規定されている個人の内面の原理とその個人が置かれている時代の気分や価値観が分裂していること、しかも個人はたとえ間違っているとわかっていてもその時代の気分や価値観に共感してしまっているということを示している。このような分裂は、高度成長のような急激な社会変動の結果として現代日本に生じた、と加藤は分析する。こうした分裂がすでに生じてしまった以上は、「影」の正しさ〔理想の妥当性〕に殉ずるべきではない。これが加藤の意見であり、彼が村上の結末を評価するゆえんである。これは、影＝理想の可能性を否定し、抹消してしまうこととは違う。しかしもちろん逆に、影＝理想を棄てきれずに生きることでもない。前者がリアリストの、後者がロマンチストの道である。加藤が、村上の解答を極大化しつつ示唆する第三の道は、一方では、自分の気分に対して抑圧的な理想＝影を放棄しつつ、他方では、理想＝影を所有することの可能性だけは維持するということである。直接的な実現を迫るものとしての理想の現実性を放棄しつつ、理想〔を所有すること〕の可能性だけは、つまり理想が占拠するための場所だけは留保するわけだ。加藤自身の表現に即して言えば、「心〔影〕」のない場所に「心〔影〕」の凹型だけはとどめる、ということになる。これは、理想の内容的な具体性を拒否しつつ、理想への志向だけを確保しようとした、井上陽水＝竹田青嗣の態度と、同じものであろう。

さて、理想がすでに否定されてしまっており、それにもかかわらず、理想への志向性のみを保持する場合に、その志向性の先端に開示される対象は、いかなる性質を帯びることになるだろうか？　一方では、その現実性が否定されながら、他方では、それを憧憬する志向のみが保持されているような対象とは、もはや、ほとんど虚構にほかなるまい。理想が自己否定的に変質したとき、そこに現れるのは、限りなく虚構に近い何かである。

たとえば井上陽水は、一九七三年に発表した「夢の中へ」――この曲は彼にとって初めてのビッグヒットであったと言えるだろう――において、次のように歌う。「探しものは何ですか？　見つけにくいものですか？」と問い、言外に探しものを求める作業を断念するように勧めたあと、「夢の中へ、夢の中へ、行ってみたいと思いませんか？」と誘うのだ。「カバンの中も、つくえの中も、探したけれど見つからない」探しもの、「休む事も許されず、笑う事も止められて、はいつくばって　はいつくばって」探さなければならない対象とは、「理想」であろう。「探すのをやめた時、見つかることもよくある話」だと陽水は言う。その通りであろう。しかし、積極的な「理想」として探究することをやめたとき、見つかる何かとは、もはや理想ではなく、「夢」つまり虚構である。竹田青嗣は、この曲を好まない。ここでは、「理想」から「虚構」への越境が完了してしまっているからである。竹田は移行状態の微妙な中間的位置を評価するからだ。同じ越境は、村上の小説にも暗示されている。「ハードボイルド・ワンダーランド」と「世界の終り」という二つの展開を対照させれば、明らかに、前者が現実性の側に、後者のおとぎ話的な筋は虚構性の側に配分されるだろう。「世界の終り」の世界に残留するという選択は、内面の虚構の世界への閉鎖を肯定することにきわめて近い意味をもつだろう。

加藤典洋は、「世界の終り」の結末部を、彼が失敗作と断ずる安部公房の『方舟さくら丸』と対比させている。この作品は、村上の『世界の終りと〜』の前年に発表されている。ここでも、オウムの閉鎖的な共同体を思わせる閉じられた世界が、最終戦争に備える核シェルター＝方舟として登場する。安部の結論は村上とまったく逆になっている。すなわち主人公が外へと出ることを選択し、その分身となる脇役が閉鎖的な空間に残るのだ。言うまでもなく、この構成をそのまま、村上の物語の方に転写すれば、「影」が主導権を握り、それに体現されている「理想」を現実化しようとする筋となるだろう。興味深いことに、加藤は、「影」の自己と他者への支配の延長上に、連合赤軍の共同者殺害の悲劇があった、と述べている。逆に言えば、理想の現実的な具体性を否定しつつ、その形式的な可能性を維持する逆説は、連合赤軍の挫折を乗り越えようとしたことの帰結として、つまり連合赤軍の経験に対する反作用として結実するものなのである。

ところで、オウム教団は、彼らの閉鎖的な共同体の外に出て、攻撃的なテロリズムを敵行した。ならば、その失敗は、連合赤軍の悲劇の再現なのか？　多分そうではない。そこには、「影」と「僕」の対位法が、したがって「影」による「僕」の抑圧の潜在的な可能性が、もはやないからである。むしろオウムの行為は、「理想」を凹型としてのみ内面に封じ込める態度の延長上に、その態度が内面を内から蚕食する反転として現れたように見えるのだ。言い換えれば、オウムは、連合赤軍とはまったく逆の理由から、つまり「影」ではなく「世界の終り」に止まる「僕」の気分を肯定する態度の方から、逆説的な反転を被って「世界の終り」に比せられる共同体の外へと出てきたように思えるのだ。オウムの悲劇は、「世界の終り」の境界線を挟んで、連合赤軍の悲劇とはまったく反対側に位置しているのではないか。しかし、この点を結論するのはまだ早い。

哲学的レッスン

とりあえずここで主張しておきたいことは次のようなことである。第一に、団塊の世代の最も良質な代表者たちが試みたことは、理想の理想としての有り様を単純に放棄したり拒否することではなく、まさに理想の理想性に固執し、それを徹底させることであったということ。第二に、そのような徹底によって理想は自己否定へと導かれ、ほとんど虚構に近いものとして再生するということ。理想を否定へと導く理想への徹底は、虚構の肯定へと接続しているのだ。われわれは最初、「理想の時代／虚構の時代」という二分割を与えておいた。しかし、この分割を導くような連続性があるように見えるのだ。理想への内在が、メビウスの帯をたどっていくような仕方で、やがて虚構へと裏返っていくのである。連合赤軍が象徴しているのは、単純な「理想の時代の終結」ではない。理想の時代が虚構の時代へと反転していく接点のような場所を、連合赤軍（と同時代を共有し、これを乗り越えようとした人々）が象徴したのである。

しかし、それにしても、「理想への志向」が「虚構への志向」へと反転するのはなぜだろうか？　理想は、もともと、広義の「現実世界」に含まれるものだった。だから、理想への志向は、もともと、虚構を現実に比して低く見る、（広義の）現実主義に入る。ところが、理想のまさに理想性への志向は、実は虚構への志向と同じものなのである。この反転は、このことをあらためて教えてくれる。

この事実に導かれて、あらためて、現実（リアリティ）の構成というものを振り返ってみると、そもそも、現実には、常に、必然的に虚構が張りついている、ということがわかる。この点を、非常に明快に示した哲学者として、廣松渉［1982］がいる。どのような現実も、必ず、意味を帯びたものとして現前する。廣松が論じているように、意味を帯びて現前するとは、直接に与えられた現実（a）が「なにものか（A）」として現前するということである。現実は、「aをAとして」という構成の中で、つまり「直接の現実」を「それ以上の、あるいはそれ以外のなにものか」として認知することにおいて、まさに現実たりえているわけだ。たとえば、われわれは眼前の物質の集塊を分節化して「コップ」として知覚したり、「机」として知覚する。あるいは、ある曲線を何かの「文字」として理解する。この「なにものか」にあたる部分、「それ以上の何か」にあたる部分が、ここでいう「意味」である。ところで、この「なにものか」は、直接の現象以外の何かである点で、むしろ一種の〈虚構〉と見なすべきものである。このことは、とりわけ、「儀礼」性の高い行為のことを思うとわかりやすい。たとえば「ありがとう」とか、「今日は」とか、「ごきげんよう」といった挨拶は、文字通りの意味において解釈されるのではなく（たとえば、「ありがとう」を、「有り難い」つまり「確率が非常に低いこと」として解釈されるのではなく）、発話者の受話者に対する「感謝」や「好意」を意味するものとして受け取られる。この場合、発話者が「本当は」どう思っているか、ということとは関係がない。つまり「感謝」や「好意」は一種の〈虚構〉である。

したがって、現実は、現実ならざるもの、つまり〈虚構〉との相関において内部の諸要素の同一性（それが「何であるか」ということ）を獲得しており、まさに現実たりえているということである。その場合、現実と〈虚構〉とは、十分に区別可能なものでなくてはならない。つまり、両者の区別は、当事者にとって、自覚しうるものでなくてはならない。したがって、ときに、現実を〈虚構〉において認知することは、一種の欺瞞と、真実を覆い隠すものと見なされることがある。たとえば、「今日は」という発話や振る舞いは、受け手への「好意」として受け取られるが、それは単なる表面的なもので、本当は悪意を隠しもっているかもしれない、と疑われる。あるいは、極端な場合には、このものを「コップ」として同定することさえも恣意的なものに過ぎず、「現象学的な還元」が施されることがある。哲学者のいう現象学的な還元とは〈虚構〉を無化し、現実を純粋に取り出そうとすることである。このように、現実を〈虚構〉として認識するという構成は、「幻想」の原因と見なされるが、しかし、他方で、より一層重要なことは、この〈虚構〉という夾雑物がなければ、現実は決して意味を帯びたものとして立ち現れることなく、現実そのものが失われてしまうということである。

　この「aをAとして」という構成を、つまり現実に〈虚構〉が張りついて二重化される構成を、廣松渉は、認識されるものの「二肢性」と呼ぶ。この二肢性は、言語記号のもつ二重性、つまり「意味するもの（シニフィアン）a」と「意味されるもの（シニフィエ）A」の二重性を、認識対象一般に敷衍させたものである。対象の側の二肢性に対応して、認識する側も二肢性を呈する。すなわち、認識する特定の誰某bが何者かBとしてある限りにおいて、aはAとして現れるのである。たとえば、この物体をコップとして受け取るとき、人はまさにそれをコップとして受け入れる共同体の一員としての資格で認識している。あるいは「今日は」が最低限の好意を示す挨拶として流通するのは、実践的な日本語の共同体のメンバーに対してである。認識される側と認識する側のそれぞれの二肢性を合わせて、認識という事態は、結局、「四肢構造」を呈する、と廣松は整理する。認識者が二肢性を帯びるということは、その認識者が特定の社会的な規範のもとで共同主観化されているということと、ほぼ同じことである(厳密には、廣松にとって、四肢構造は共同主観性よりももっと本源的な事態である)。

現実に〈虚構〉が張りつくとき、それ自身としては、たえず生成・変化し、またどこまでも確定的な区別もなく拡がる現象が、固定的で、周囲から一義的に区別された物体のように現れることになる。たとえば「(部屋が)明るいこと」として認識することは、「明るさ」というものが存在しているかのような印象を与える。これを「物象化」と呼ぶ。物象化は、現象を意味において同定する者にとっては避けがたいことである。このことによって、〈虚構〉が変転きわまりない現実とは独立に、それ自体として存在しうるかのように、事態が構成されることになる。単なる「作り話」という意味での狭義の「虚構」の可能性は、ここから生まれてくる。

最初、われわれは、現実と虚構を対立させたが、しかし事態をもう少し精細に眺めることによって、両者が差異を保ちつつ、不可分の関係にあることを確認することができた。現実と虚構のこのような複雑な関係は、ずっと後の考察にとって重要な意味をもつことになる。ともあれ、ここでは、哲学的な考察を一旦脇において、虚構へと反転した理想(現実)が、さらにどのような変化を被るか後付けてみよう。

反対方向の反転

さて、連合赤軍は、理想から虚構への反転を象徴しているのであった。オウム教団が、サリンをばらまく犯行に関与しているのだとして、このことがわれわれを驚愕させるのは、ここに、連合赤軍が代表していたのとは逆方向の反転を、つまり虚構の方がその徹底によって今度は理想（現実）へと反転し、理想（現実）として機能している様を見るからではないか。先に見たように、理想の時代は、その末期に、自己自身を否定するような段階を含んでいた。これと同様に、虚構の時代も、その内部に、自己自身を否定するような段階を含んでおり、われわれはそうとはあまり強く自覚することなく、すでにこの否定の段階に入っていたのではないか。そして、このような自己否定の先端に、オウム真理教が現れたのではないか。連合赤軍の悲劇が確認され、理想の時代が完全に終結した後から振り返ると、理想の時代の内部にあった自己否定の段階（それは一九六〇年代の後半あたりに始まっている）が見えてくる。同様に、サリン事件の後から振り返ることでのみ発見されるような、自己否定の段階が、虚構の時代の内部にも孕まれているように思われるのだ。

中沢新一や他の何人かの論者が、麻原彰晃と彼が率いるオウム教団は革命家である、と評した。彼らが革命集団に見えるのは、彼らの虚構が、それ自身、現実化されるべき理想としても機能しているからである。虚構が理想へと反転する何らかの機制(メカニズム)が存在すると、考えざるをえない。それは何か?

とりあえず、次のことは容易に確認しうる。オウム真理教団は、麻原なしでは、とうてい成り立つまい。麻原の存在を欠き、彼の教義だけが存在しているという状態においては、オウム真理教の発展は、ありえなかっただろう。麻原を含む教団の全体を考えた場合には、ここで、虚構へのベクトルと理想(現実)へのベクトルが混交しているのを想像することができる。

しばしば指摘されたように、教団の熱心なメンバーの中心は、二〇歳代後半から三〇歳代の半ばの世代にあたる(出家信者の平均年齢は、約二七歳である。また「幹部」と呼ばれるメンバーの平均年齢は三〇歳代の前半であると思われる)。この世代は、「新人類」とか「オタク」などと呼ばれる若者たちを輩出した年齢層にあたる。先に指摘したように、「新人類」や「オタク」は、虚構の時代の世代的な対応物であると言ってよい。私のようなまさにほぼその世代にあたる者たちのほとんどは、メンバーたちの過去の履歴や経験を聞かされたとき、自分自身のそれとあまり大きな差異がないのを発見したに違いない。

他方で麻原のみは、「理想の時代」に内属していると見なしうるような諸属性を有している。もう少し厳密に言い換えれば、理想の時代が不可避に孕まざるをえないような影の部分を想起させる諸属性を、麻原は担っているように見えるのだ。一九五五年生まれの麻原は、団塊の世代よりも後の世代に属しており、新人類やオタクの世代に近い。しかし、彼が担った宿命は、彼の世代としては例外的に、むしろ理想の時代に属している。理想の時代が不可避に孕まざるをえない否定的な影(不幸)は「貧病争」という標語に要約され、この標語が表現するような環境に置かれた者が旧新宗教の下に集まったのだ、と先に述べた。麻原の人生に関して言うと、まさに、標語が表示するすべての点が、つまり「貧(松本智津夫の実家はたいへん貧困だったという)」と「病(麻原は眼に障害をもち、視力が著しく低い)」と「争(麻原は小学校一年生の途中で寄宿舎付きの盲学校に転校させられたとき、「親に棄てられた」との感覚をもったと述懐している)」のすべてが当てはまるのである。

もちろん、私は、麻原の私的なルサンチマンが「革命」的な破壊への衝動に帰結した、と論じたいわけではない。教団の主要メンバーと麻原との今見たような対照が、およそ次のような推定を誘うのである。この支配的な志向性としては、虚構への強力な志向が支配的であろう。この支配的な志向性を、麻原自身も共有しているだろう。と同時に、この支配的な志向性に、麻原の存在が喚起してしまうような「理想＝現実への志向」が混入したとき、言わばそれが触媒のように作用して、虚構への志向が、それ自体、理想への志向として結晶していったのではないか。もちろん、このような語り方は、比喩である。どのようにして「触媒」が作用しえたのかを、事態に即して解明しなくてはならないだろう。

オウム真理教のメンバーが一九九〇年の衆議院総選挙に出馬したとき、その宣伝のために配付した『未来を開く転輪聖王』というマンガがある。このマンガは、麻原彰晃の半生を描いたものだが、完全な作り話である。しかし、切通理作［1995a］は、このマンガを、「漫画を好きな人間の心情」を正確に反映しており、「描き手側の、本質的な意味での『正直さ』がある」と高く評価している。このマンガでは、主人公のショウちゃんは、劣等生で不器用な人物として描かれている。彼は、好きな女の子にプレゼントを買おうとアルバイトに集中していたため、受験に失敗し、また肝心のプレゼントも渡しそびれてしまう。結局、勉学への意志を失い、工場で働くが友人も得られない。ある日、彼はちょっとしたきっかけから、かつての同級生で、現在は一流大学に通う優等生の友人に裏切られ、万引きの濡れ衣を着せられてしまう（ちなみにこの友人の名前は「大作」である）。この体験が引き金となって、ショウちゃんは超能力を獲得する。後に教祖となったショウちゃんは、超能力を駆使して、かつて憧れたあの女の子が恋人（実は大作）に捨てられたことで絶望し、自殺しようとしているところを、助けたりする。

このマンガでは、主人公は、恋人を得るとか、受験で成功するとか、信頼しうる友人を得るといった現世的＝現実的な理想のすべてから疎外される。だがこの疎外は、超現世的な――つまり虚構の世界へと飛躍する――超能力によって乗り越えられてしまう。逆に言えば、ここでは、虚構への没入が、理想の獲得と等価なものとして作用しているのである。いずれにせよ、このマンガは寓話であり、そこに表現されたことは、この宗教の教義や実践の全体からすれば、ごく部分的なものでしかない。虚構が徹底されたとき、メビウスの帯のような回路を通じて、理想＝現実へと再反転してくるのではないか、という仮説を提起してきた。オウム真理教にとって、究極の理想とは何か？　虚構を経由して理想へと回帰してくるとき、その理想は、実は、もともとの理想とはまったく異なった――ほとんど対立する――ものに変貌しているのである。彼らが提起する理想とは、破局的な戦争をともなう終末なのだから。終末が理想となりうるのはなぜか？　言い換えれば、終末として提起されたときに、虚構が理想として機能することができるのはなぜか？　このことを解明しなくてはならない。

3　終末論という倒錯

終末論の氾濫

団塊の世代に属する村上春樹が著した『世界の終りとハードボイルド・ワンダーランド』は、彼が「理想の時代」の困難や限界を乗り越えてきた、ということを証するものだったと言える。その乗り越えは、「世界の終り」の終結における主人公「僕」の選択において集約されて表現される。ところで、あの閉鎖的な共同体は、なぜ「世界の終り」という名前なのだろうか？　ここには、理想の時代から虚構の時代への転換がもたらす帰結への予感が秘められている。というより、この小説はすでに十分に虚構の時代へと深々と入ってしまっている段階（一九八五年）に書かれているのだから、それは予感というよりも、単純な客観的な認識と言うべきものかもしれない。

すでに述べたように、オウム真理教は、世界最終戦争(ハルマゲドン)を経由する世界の終末が、遠くない未来において確実に到来するものと、想定している。終末の時は、未来の不定の時点に予期されているのではなく、麻原の予言を通じて、確定的なものとして規定されている。もっともその終末がどの時点として確定されるかということは、――後に若干言及するが――、予言の時期によっていくぶん異なってはいる。

一般に、少なからぬ新宗教が、破局的な終末を予期している。とりわけ、虚構の時代の新宗教、つまり新新宗教において、破局的な終末への危機感を表明するものが圧倒的に増大していること、しかも、新新宗教が予期する終末は、切迫の程度が高いこと、これらのことに注目しておかなくてはならない。大和之宮（一九八一年創立）、幸福の科学（一九八六年創立）等においては、とりわけ終末が切迫したものと考えられており、多くの同時代的現象が、終末への予兆と解釈されてきた。あるいは、いくぶん旧い新宗教においても、特に虚構の時代の開始の前後から、終末が近いことを予言するものは多い。早い段階から終末を唱えていた教団としては、統一教会、エホバの証人、真光等が知られている。あるいは、麻原をはじめオウム真理教団の初期のメンバーの多くがかつて入っていたことで注目された阿含宗（一九五四年創立）の桐山靖雄も、一九八一年以降、一九九九年に破局が訪れるとする終末論を唱えてきた。

新新宗教が唱える終末論的な世界観のブームの端緒に遡ると、五島勉の著した『ノストラダムスの大予言』につきあたる。五島のこの本は、またこれに続く関連書は、「ノストラダムス」というヨーロッパでは少しは知られた十六世紀の占星術師の名を、多くの日本人に知らしめる結果となった。周知のように、この本によると、一九九九年の七の月に空から降りてくる「恐怖の大王」によって人類は滅亡の危機に遭遇する。注目すべきは、この五島の最初の本が出版された年が一九七三年であった、ということである。オイル・ショックの年にあたる一九七三年は、連合赤軍の悲劇的事件の翌年（そして先に言及した村上春樹の小説が象徴的な道標を打ち立てた年）であり、高度成長がすでに終わっているということを抗いようもない事実として人々に自覚させた年でもある。要するに、この年は、理想の時代から虚構の時代へのコーナーを曲がりきった年なのである。オウム真理教をはじめいくつかの新宗教が、終末の予言の根拠（の一つ）として、ノストラダムスの予言に言及してきた。ちなみに、私が直接に話を聴くことのできたオウム真理教信者（の内の二人の女性信者）も、小学生の頃、ノストラダムスの予言に衝撃を受け、一九九九年には自分が何歳になっているかといったことに思いを馳せた、と告白してくれた。

以上の諸事実に基づいて、ここでとりあえず確認しておきたいことは、次の諸点である。世界の終末を想定しているということは、オウム真理教に固有の特徴ではない。終末論的な世界観は、かなりの数の新新宗教によって共有されている。それゆえ、終末論が説得力をもちえた社会学的理由を、われわれは、オウム真理教に固有の事情に求めるべきではなく、新新宗教を興隆させた社会的文脈の内に探さなくてはならない。その「社会的文脈」とは何か? それは、「虚構の時代」とここで名付けてきた社会と意識の編成である。

この論点は、終末論のブームが狭い意味での「宗教」の領域を越えた文化的な現象であった、ということを確認することから、あらためて支持されるだろう。そもそも、五島の『大予言』に端を発するノストラダムス関連書の流行は、何らかの宗教の直接の信者や支持者の範域を圧倒的に越えた人々の間で生じたことであった。それだけではなく、――サリン事件以降多くの論者が指摘したことだが――、七〇年代後半以降のいわゆるサブカルチャーの中には、終末論に関する想像力が、とりわけ終末にともなう最終戦争(あるいはそれに類似の戦争)をめぐる想像力が、氾濫しているのである。

サブカルチャーの終末論的な想像力を示すものとしては、『宇宙戦艦ヤマト』(松本零士、劇場版一九七七年)、『風の谷のナウシカ』(宮崎駿、一九八四年)、『アキラ』(大友克洋、一九八二~九〇年)等のマンガやアニメーションが代表的なものであろう。これらの作品は、しばしば、核兵器を使用したと思われる世界大戦クラスの戦争（第三次世界大戦）の後の世界を場面として設定し、その上で、マンガやアニメーションの中で、真の最終戦争ともいうべき戦争の過程を描いている。ヘーゲルは、偶発的な出来事が現実化し、歴史の中で承認されるのは、反復によってである、と述べている。まるで、このテーゼに従うかのように、マンガの中の（最終）戦争は、すでに始まっていたものの反復としてのみ、真に現実化することができるかのようである。実際、『アキラ』の作者大友克洋は、『アキラ』に先立って、矢作俊彦との共作で『気分はもう戦争』（一九八二年）を描いている。もう始まっている戦争だけが、歴史的な意味を獲得するのだ。

比較的新しい作品としては、『美少女戦士セーラームーン』（武内直子、一九九二年〜）等も、最終戦争的な戦争を戦う戦士を描いていると見ることができる。『セーラームーン』は、主人公の戦士が普通の女子中学生・高校生であるという点で、注目に値する。この作品は、オウム真理教よりも新しいので、その教義や世界観に影響を与えている可能性はまったくない。しかし、それにもかかわらず、この作品は、最終戦争以外にも「オウム的な要素」をいくつも備えている。転生、前世の関係を根拠にした無意識の連帯、「ホーリー・ネーム」等。大和之宮の教祖安食天恵（あじきてんけい）（彼女は麻原彰晃とほぼ同世代——三歳年上——である）に降臨した「テレペート様」の次のような終末を語る言葉は、たとえば『セーラームーン』に入っていたとしても、何の違和感もなかっただろう。

「この地球はけがれにけがれ、泥にまみれ、ありとあらゆるものが破滅に近づいている。私たちはこの事実を一人でも多くの人に伝えたくて、遠く金星よりやって来た。救いを求める人は数しれない。しかし真実、この恐ろしい事実を一刻も早く伝えなければならない。……」（一九八四年一〇月一四日　島薗進［1992：49］）

新新宗教の終末観とサブカルチャーの終末観は、明らかに、同時代的な現象として共振しているのである。

オウム真理教の終末論

最終戦争の直後に到来する終末の時は、一般に、究極の救済の時でもある。罪深い人々（異教徒）は最終戦争を通じて滅び、しかるべき人々から成る「理想の秩序を有する社会」が建設されるのである。一般に、終末の予想は、救済の希望と結託している。

オウム真理教の場合は、救済後の理想社会は「シャンバラ」と呼ばれる。シャンバラは、イスラム教による迫害の下で仏教がヒンドゥー教から移入した観念で、救世主である理想の帝王（転輪王）によって支配された理想社会である。まず前提として、終末の破局への予感や予言は最初からオウム真理教（あるいは麻原彰晃）の観念の内に含まれていた、ということを確認しておかなくてはならない。すでに一九八五年に（つまり「オウム神仙の会」とすらまだ名乗っておらず、麻原を中心としたヨーガの修行集団であったような段階で）、麻原は「シャンバラ王国」に言及している。シャンバラの建設には、異教徒を撃滅させる最終戦争が前提になる。最終戦争を通じて生き残り、救済されるのは、日本人（の一部）を中核とする、神仙民族である。その指導者もまた、日本から出ると予言された。

このように、最終戦争後の理想社会についてのごく初歩的な構想を、オウム真理教の場合も、通常の終末論と同様に、有している。しかし、オウム真理教に関して言えば、未来社会についてのこれらの構想は内容的には非常に貧困で、具体的なヴィジョンを欠いている、ということが、特に注目されるのである。それでも、八八年頃までは、日本を拠点とする世界のシャンバラ化計画が語られ、その一環として、「ロータス・ヴィレッジ」と名付けられたコミューンの建設が企図されていた。ロータス・ヴィレッジは、オウムの「真理」によって生活や社会秩序が律せられた完璧な共同体になるはずであった。要するに、初期の段階においては、未来の共同体を積極的にイメージする比較的明るい展望がもたれていたのだ。しかし、理想社会の内実についての積極的なイメージは、オウム真理教の展開につれて、急速に縮退していく。終末や最終戦争については雄弁に語られるが、その後に建設されるべき社会については、具体的な構想がほとんど主題化されることがなくなるのだ。たとえば、教団発行の雑誌『マハーヤーナ』三一号（一九九〇年五月）で麻原が、即刻建設すべきものとして語っているのは、ロータス・ヴィレッジではなく「完璧な核シェルター」である。

終末後の社会の構想が貧困化していくのに並行して、予言された終末（あるいはハルマゲドン）の時が切迫したものになっていく。麻原は、一九八八年に『ヨハネ黙示録』の研究に取り組み、その成果を八九年に著書として公刊したときには、ソ連の滅亡を二〇〇四年、中国の滅亡を二〇〇四〜五年と予言している。だが、一九九二年の秋に各地の大学で行った講演では、麻原は、二〇〇〇年までにハルマゲドンが起きると予告している。そして、サリン事件の頃は、一九九七年にはハルマゲドンに突入すると考えられていた。

終末の急迫化とともに、予想されている終末や最終戦争の悲劇的・破壊的な性格も強まっていく。もともとは、最終戦争は何とか回避しうるかのように語られている。しかし、八九年の著書では、最終戦争が回避不可能な前提とされ——したがってそれをいかに回避するかということはそもそも問題とはならず——、最終戦争後に選ばれたわずかな人々のみが生き残るということが、話題の中心となっていく。もっとも、このときには、オウム教団が、外部の人々の生き残りにいかに貢献しうるかが、問われている。しかし、やがて、ハルマゲドンを勝ち抜き、（とりわけ出家信者を中心とする）教団自身が生き残ることに、重点が移動していく（島薗進［1995］参照）。

そもそも、オウム真理教が予期している終末は、終末論を有する他の諸宗教の終末のヴィジョンと比較して、破滅的であり、要するに「暗い」。最終戦争の到来は確実で、回避不可能であると見なされており、またその後に生存しうると想定されている人口の比率も非常に低い。対馬路人［1995］は、一般に終末のヴィジョンは悲観と楽観の両義的なバランスの上に成り立つものだが、オウム真理教が描く終末と大本教が描く終末とを比較すると、オウムの場合には、圧倒的に悲観の方に傾いていることがわかる、と論じている。

このように概観してみると、次のように結論せざるをえないだろう。一般には、終末論を表明する者は、現状に対して何らかの強い不満を覚えており、現状を覆した後に建設される世界において――言わば「一発逆転」式に――救済されることを期待しているのではないか、と推測したくなる。しかし、オウム真理教においては、このような常識的な見解は成り立たない。オウム真理教においては、無意識の内に真に欲望されているものは、まず第一に、世界を全的に否定する破局そのもの、つまり最終戦争ではないか、こう推測せざるをえないのである。もちろん、終末後には救済が待っているのだが、それは、終末の破局に対して第二義的・派生的な意味しかもたないかのようなのである。希望をもって待たれていることは、終末後の秩序である以前にまずは、終末へと至る全的な秩序破壊の過程なのだ。切通理作［1995a］は、自動車で移動中麻原と一緒に『宇宙戦艦ヤマト』の主題歌を歌ったときのことを語る、オウム真理教の出家信者の言葉を伝えている。このとき、麻原は、「ヤマトは地球の命運を賭けた最後の船、自分たちみたいだなあ」と言ったという。ここには、ハルマゲドンの到来を、わくわくしながら楽しげに待望している様子が、うかがえるではないか。

翻って考えてみると、終末論を唱える他の新新宗教においても、あるいはまた終末のヴィジョンを描く同時代のサブカルチャーにしても、オウムほどには明白ではないにせよ、終末論が真に指向していることは、終末後の完全な秩序よりもまずは、世界そのものを終末へと導く破局ではないか、と問いたくなる。たとえば大友克洋の『アキラ』においては、アキラという名の少年の、世界を破滅に導きかねない破壊的な超能力（実は、先の「第三次世界大戦」に使用された核兵器はこの少年の超能力の発動によるものであったということ、そしてこの事実はごく一部の人たちの間で最高級の秘密として隠されてきたということ、これらのことが物語の途上で示唆される）を封じ込めるために、そしてまたアキラの超能力を悪用しようとする者を滅ぼすために、主人公たちは戦っている。しかし、この戦争において主人公たちが賭けている積極的な構想や価値はほとんど何もなく――つまり主人公たちがどのような社会や共同性を実現しようとしているのかというヴィジョンはほとんど明らかにされず――、マンガは、ただ戦争の過程だけを活き活きと描くのである。つまるところ、アキラの爆発的な超能力による地球の破壊は防がれなくてはならないのかもしれないが、それに対置されるべき積極的な理念は空虚であり、実際上は、アキラをめぐる攻防が、アキラの超能力が発揮したら実現したであろうような破局を、擬態してしまっているのだ。そうであるとすれば、このマンガが第一に――ほとんどあからさまにというべきか――欲しているのは、理想化された共同の秩序ではなく、戦争そのものであると言うべきであろう。

これに比べれば、いくぶん旧い『宇宙戦艦ヤマト』の場合には、守られるべき、あるいは実現されるべき積極的で気高い価値があるように見える。しかし、他方で、この作品は――あるいは同じ松本零士の作品で『ヤマト』と相補的な関係にある『宇宙海賊キャプテン・ハーロック』はより顕著に――、まるで、人類が平和に過ごしていること自身を、悪いことであるかのように語るのである。もともと、平和――内的な葛藤をもたないこと――は、（理想の）社会秩序であることの、最小限の必要条件ではないか。平和を、精神の好ましからざる弛緩と結び付けるのであれば、戦争という破壊過程が、理想化されていると考えざるをえないことになろう。

われわれの仮説は、虚構の時代を支配する「虚構」を、極限にまで純化していった場合に、その「虚構」は、それ自身、「理想」として機能するようなものにまで反転していくのではないか、というものであった。しかし、虚構から反転してきた理想は、もともとあった理想――理想の時代の理想――とはまったく異なったものになるらしい。それは、かつてだったら、どのような思想、イデオロギー、規範の下でも、決して理想化されえなかったような可能世界だからである。一般に、立脚する思想や規範が異なれば、異なった状態が理想として構想される。しかし、任意の理想において否定的に評価されるような、諸理想の間の最小限の合意があった。しかし、虚構から反転してきた理想は、まさにその合意を裏切る。つまりそれは、あらゆる理想の中で一致して否定的に評価されてきた状態なのである。世界そのものの全的な否定、全的な破壊の過程が、理想として措定されているのだから。しかし、それにしても、虚構の時代の果てで、極端な否定のみが、理想たりえたのは、一体どうしてなのだろうか？

近代的な時間

ボーヴォワールは、第二次世界大戦中に——したがってまだ「核兵器」の威力が現実化する前の段階で——、次のように書いている。

「人類が消滅するであろうなどとわれわれが断言するのを、何ものといえども許しません。人おのおのは死にますが、人類は死ぬべきではないことをわれわれは知っています。」

真木悠介［1981］が、ボーヴォワールのこの言葉を、『時間の比較社会学』の冒頭で、近代社会の時間意識を代表するものとして分析している。この言葉が特定の規範的な要請の下でしか発しえないものであるということは、「人類は死なない」という命題にいかなる実証的根拠もない——やがて人類が死滅するだろうと予想する方が現実妥当性が高い——ことから明らかであろう。真木は、人類の不死ということは、ボーヴォワールにとって、カントにとっての「神の存在」や「霊魂の不死」のような、実践理性の要請になっている、と解説している。人類の不死がどうしても仮定されなくてはならなかったのはなぜか？

人類の不死を前提にしておかなくては、あらゆる思想、あらゆる実践、要するに人間の営みのすべてが、無意味化してしまうと、考えられているからである。このことは、われわれが、通常、行為の価値をどのように評価するか、ということを想い起こすと理解できる。行為が結果として——つまり未来において——何をもたらすことができるかによって、われわれはその行為を評価するだろう。行為が、未来にもたらす状態の意味を、「目的」と呼ぶ。要するに、行為の価値は目的との相関によって決定されるのである。しかし、その行為が未来にもたらす結果（目的[1]）は妥当なものであろうか？　この妥当性は、——行為を結果＝目的との相関によって評価するという態勢を維持する限りは——、この第一段の結果がさらなる未来においてどのような結果（目的[2]）をもたらしうるか、によって評価されるしかないだろう。もちろん、第二段の結果も、それが未来にもたらしうるさらなる結果（目的[3]）によって評価されるしかない。行為の価値がそれ自身に内在するのではなく、それが未来にもたらす結果によって決定されるとするこのような態度を、真木は「時間への疎外」と呼ぶ。ともあれ、行為の価値を未来（目的）との相関で評価することが意味をもつためには、行為が準拠する単位（ユニット）が——つまり行為が誰（何）のためのものとして選択されているかというときに志向されている単位が——、どのような未来においても同一性を保持し、永続していなくてはならない。ボーヴォワールは、そのような単位として「人類」を措定したのである。

準拠となる単位が、「人類」である必然性はない。それは、たとえば「個人」であってもかまわない。実際、「人おのおのは死にますが」という留保は、実存主義者ボーヴォワールの、本当は「人おのおの」の不死をこそ要請したい、という密かな願望を示しているだろう。ただ、それでは、あまりにも不合理であると感じられたので、ボーヴォワールは、不死の要請を、「人類」という集合性の水準に求めたのであろう。今日であれば、不死を想定する単位をさらに拡張し、「地球の生態系」の全体に求めることもできるだろう。

いずれにせよ、ここで確認しておきたいことは、次のことである。単位の具体的な内実は様々であろうが、行為の価値を未来におけるその帰結において評定することが自明視されているわれわれの社会——真木の研究はそれが「近代社会」と呼ばれる社会類型に対応していることを明らかにした——の下では、ある単位が無限の未来にまで持続していることが、必須の前提となる。近代社会においては、政治も経済も思想も、無限の未来の存在を前提にして営まれているのだ。たとえば、経済的なコミュニケーション（売買）は、「企業おのおのは倒産するかもしれない」が、少なくとも、市場（コミュニケーションの連鎖）自身は永続することを前提にしてなされている。あるいは、思想の対立や論争は、いずれの思想が、人類の福祉に、したがって人類の存続に有利であるかによって、決着がつけられるだろう。どうせ人類が死滅してしまうのであれば、この思想があの思想よりも優っているという論拠を、失ってしまうように見える。だから、どうしても「人類は死ぬべきではない」と仮定すべきなのである。

「理想」というものは、時間に対するこのような近代的態度――つまり営みの価値をその未来における結果において評価する態度――の中で、機能する。今し方見たように、行為の結果＝目的は、未来へと向けて連鎖していく。「理想」というのは、このような連鎖の終極に置かれている目的にほかならない。したがって、目的の連鎖の内部の他の諸目的は、「理想」のゆえに、正当化されるのである。

見てきたように、近代社会は、決して終わらない時間を要請せざるをえない。ところが、オウム真理教に即して検討してきた終末論は、徹底した終結が、つまり世界そのものの破壊が未来の特定時点に到来することを確実視し、（それに備えているという意味では）その終結を目的とさえしている。このような破局的な終末論は、近代的な時間の構成から見ればとてつもない倒錯であると言わざるをえない。絶対の終わりを想定するこのような終末論は、近代的な時間――決して終わらない時間――とは正反対の位置に置かれるはずだ。

もちろん、厳密に言えば、オウムの終末論においても、生き延びる者が想定されている。選ばれた者たち、神仙民族が、最終戦争に勝ち抜き生き残るだろう。しかし、先に述べたことを再確認しておけば、生き延びた人々がどのような社会を建設するか、ということに関する具体的な内実は、非常に希薄である。重点は、明らかに、戦争そのものに、破壊の過程に置かれている。もちろん、戦争を予想する以上、これを戦う者を、これに勝利する者を、そしてこの戦いに正統性を主張しうる者（神仙民族）を想定せざるをえない。言い換えれば、神仙民族の生存は、さしあたっては、究極の破局を予定したことの、論理的な随伴物に過ぎない。さらに言えば、戦争を特定の一群の人々の生存に指向させることは、議論を、近代的な時間の意識に寄生させるための――つまり近代的な時間の意識につかっている人にわかりやすく提示するための――方便であるかもしれないのだ。

われわれは、近代的な時間が、永続的な未来を想定せざるをえない必然性を見ておいた。では、なぜ、現代のある種の新新宗教は、またサブカルチャーは、――しばしば潜在的な無意識の欲望の水準においてではあるが――未来の絶対的な断絶を求めなくてはならなかったのだろうか？

第三章　サリンという身体

1 毒ガスの恐怖

サリンの恐怖

前章の最後に設定した問題の探究へと直進する前に、少しばかり迂回路を通り、第一章で概観しておいた、近くかつ遠いあの両義的な《他者》の性質を問うておこう。われわれが恐怖したオウムという《他者》は、毒ガス・サリンによって表象されてきた。つまり、サリンはわれわれにとって《他者》の隠喩だった。ところで、第一章で指摘したいくつもの「われわれ」と「オウム」との類比に加えてこの点に関しても、オウム教団の内に、われわれと鏡像的に対応する現象を見ることができるのである。サリンを最も恐れていたのは、サリンをばらまいたと見なされているその当のオウム教団なのだから。

教団の説明によれば、彼らこそが、サリン等の毒ガスによって継続的に攻撃を受けてきたのである。教団はこんなふうに主張する。彼らの教団施設に何者かが侵入し、その内側からサリン等を噴霧しているらしい、と。たとえば、元信者によると、麻原彰晃は、一九九四年三月一一日に、NTTの専用通信回線を使って全国の支部・道場に向けて流した

「強烈な」説法の中で、「われわれはサリン攻撃を受けている」と言明している。麻原の説明によれば、第二サティアン、第三サティアン、第五サティアンと呼ばれている、上九一色村の彼らの教団建築物で、「毒ガスの噴霧が検出された」。そして麻原は、彼の左のコメカミの水泡を、イペリットガス、マスタードガスといった糜爛性ガスの末期症状であるとし、さらに自らの命はあと一カ月しかもたないかもしれない、と述べたという（高橋[1996]）。教団は、日本の支部だけではなく、ロシア支部においても、毒ガスの検知器を入手し、毒ガス噴霧の実態を調査しようとしていた。たとえこれらの行為や言明が、部分的には、毒ガスの開発を教団の内・外に対して隠蔽するための嘘であった可能性があるとしても、少なくとも、この「嘘」が、信者たちの精神の中で「事実」として定着する水準があった、ということには注目しなくてはならない。

サリン等への恐怖は、もちろん、空気を清浄化しようとする強迫的な意志と対をなしている。彼らの施設は、意図的にか、非意図的にか、通常の感覚からすると著しく不衛生であるにもかかわらず、空気に関してだけは、法外な配慮がなされている。教団はサリンを検出する装置をもち、そして彼らの建物には、彼らが「コスモクリーナー」と呼ぶ、先にも言及した、大型の空気清浄器が備えつけられているのだ。

オウム教団がサリンを極度に恐れたのは、なぜだろうか？　誰かが教団施設にサリンを継続的にばらまいてきたという、一見荒唐無稽な説明が、直ちに本気に受け取られたのは、なぜだろうか？　もちろん、サリンをばらまいたとされるのは、あの《他者》である。つまり、ユダヤ人や、それに連なる米軍や日本の国家権力である。たとえば、教団のスポークスマンは、サリン事件以降何度も、写真をもって、米軍機が上九一色村の彼らの教団施設の上空で奇妙な飛行をしていると、つまり米軍機が空からサリンをばらまいているかもしれないと主張し、自らこそがサリンの被害者であるとアピールしたのだった。サリンが教団にとって現実性（リアリティ）をもったのは、サリンという物質の特性が、彼らの陰謀史観が想定している《他者》に適切な具体的イメージを与え、これを首尾よく形象化したからではないか、このように推測することができるだろう。

サリンの特性とは何か？　サリンは、たとえば冷戦下に外国から飛んで来たかもしれなかった核兵器とは確かに異なる恐怖を喚起する。核兵器と違って、サリンの場合、その発出の地点を、外部に同定することができないからだ。サリンは、（即座には）どことも特定することができない――しかしすぐ近くの（内部）――場所から発生し、そしてそうとは自覚することができないうちに身体の内部に侵入し、充満してしまう。サリンの恐怖は、このようなガスの特性に由来する。

このようなサリンを教団は恐れていたが、同時に、彼らは、攻撃の武器としても、サリンやVX等の毒ガス兵器に必要以上に拘泥していたように見える。安全な場所から攻撃の標的（のみ）を正確に殺害する、という見地からすると、毒ガス兵器は、必ずしも有効な武器とはいえない。にもかかわらず、伝えられているところによると、「外敵」を暗殺しようとするとき、彼らは毒ガスを頻繁に使用している。たとえば、スパイかもしれないと疑惑をもたれた人物、家族をオウム教団に奪われた「被害者の会」の会長、他宗教のリーダー等を暗殺しようとするとき、彼らは、常に毒ガスを使用した（使用しようとした）とされている。毒ガスへの不合理なまでの拘泥は、毒ガスの内に彼らの宗教性の根幹に触れる何かが表象されていた可能性を、示唆していないだろうか？

腐海を護るオーム

毒ガスへの法外な恐怖は、ある有名なマンガ（あるいはアニメーション）への連想を導く。宮崎駿の『風の谷のナウシカ』である。この作品のアニメーション版が劇場公開されたのは、一九八四年である。原作となったマンガの方はその後も書き続けられ、結局、一九八二年から九四年までの時間をかけて完成された。『ナウシカ』の世界観とオウムの「劇画」的なそれとの類似性は、オウムの「サブカルチャー」的な文脈を強調する何人かの論者によって、すでに指摘されている。実際、『ヴァジラヤーナ・サッチャ』5号（一九九四年一二月）の特集「戦慄の世紀末大予言」においても、「現代の予言者たちが描く戦慄の近未来！」の表題のもとで、『未来少年コナン』（アレグザンダー・ケイ原作。核兵器を越える超磁力兵器によって地球の半分が消滅した後の世界を描く）、「復活の日」（小松左京原作、深作欣二監督。新型細菌兵器が事故によって蔓延し、南極大陸の各国隊員を残し、世界中の人が死滅した後、アメリカ東部の大地震を核兵器と誤認して作動した自動報復装置が核ミサイルを発射し世界が二度死滅する）、『幻魔大戦』（平井和正・石ノ森章太郎原作。すべてを破壊しようとする幻魔と、これに超能力で対抗しようとする戦士の間の戦いを描く）等とともに、『ナウシカ』が挙げられている。

『ナウシカ』は核戦争（最終戦争）によって産業文明が崩壊した後の世界を描いている。人類は原始的な生活に戻らざるをえず、かつての高度な科学技術を失い、飛行機のエンジンのような装置に関しては、過去の「遺跡」を「発掘」して、それを流用しているのだ。各地に散在する小さな村や都市、王国は、毒ガス瘴気を発する菌類の森「腐海」に囲まれている。地表の多くの部分が、今や、腐海に覆われつつある。

主人公は、「風の谷」と呼ばれる小さな共同体に住む、十四、五歳の少女ナウシカである。風の谷は、住民同士が親密で村落規模の平和な共同体だが、ほぼ自給自足状態にあるらしく、独立の王国の体裁を取っている。非常に孤立性の程度の高い、辺境のこの小王国は、上九一色村や波野村におけるオウムの擬制的な「国家」を思わせる。ナウシカは、住民たちに深く尊敬されている風の谷の王ジルの娘であり、彼女自身も強いカリスマ性をもっており、すべての住民に厚く敬愛されている。風の谷は、腐海のほとりにあるのだが、海からの風によってかろうじて腐海のガスを避けることができる。腐海の毒ガスの中では、人間は、通常の状態では長く生きることはできない。だから、共同体の外に出るときには、マスクを付けざるをえない。このような設定は、外界には毒ガスが蔓延しており、したがって外界へ出ていくことは危険なことであり、彼ら自身も毒ガス攻撃を受けている、とするオウムの了解とよく似ている（切通［1995b］参照）。

物語は、大国トルメキア王国と土鬼（ドルク）諸侯国との間の自己破綻的な——つまり双方を破滅へと導きかねない——戦争を軸に展開していく。小国「風の谷」とその王女ナウシカも、この戦争に巻き込まれていく。ナウシカは、基本的には、トルメキアの不遇の王女クシャナに協力するような形で、参戦する。このような構成が端的に示しているように、この作品もまた、最終戦争後の最終戦争、二度目の真の最終戦争を扱っているのである。この戦争の過程で、ナウシカは、「腐海の秘密」を知るに至る。

ここで注目しておきたいことは、まさにその「腐海の秘密」である。腐海は毒ガスの発生源だが、物語の展開を通じて、やがてその腐海の植物こそが毒ガスを浄化する作用をもっていることが発見される。だから、腐海には、毒であることと清浄であることとの際どい二重性が与えられているのだ。同じ二重性は、「メーヴェ」と呼ばれるハングライダーのような装置で風の中を飛翔するナウシカ自身にも転移される。「風」は、明らかにポジティヴな表象だが、そのあり方は、同じ気体である毒ガス瘴気とあまり変わらない。風と毒ガスの通底性は、飛行機（ガンシップ）が墜落しかけて取り乱している部下たちを安心させるために、ナウシカが、ほんの瞬間ではあるが腐海の毒ガスの中をマスクも付けずに堂々とメーヴェで飛んでみせる場面で、あからさまに示されている。

人間を襲うネガティヴな怪物であると同時に、他方で毒ガスの清浄器＝腐海を守っているという意味ではポジティヴな要素でもある大型の昆虫は、腐海と同じ二重性を体現している。この昆虫の名前は「王蟲（オーム）」である。王蟲は、脱皮を繰り返して小山ほどの大きさにまで成長するのだが、通常の昆虫のように変態することがなく、幼虫の形態を保ったまま成長してしまう。物語は、王蟲とナウシカの神秘的な繋がりを何度も強調している。密かに守り隠していた王蟲の幼生を、「蟲と人とは同じ世界に住めない」とする大人によって奪われてしまったという、ナウシカの幼い頃の記憶が、何度も思い起こされている。そして、ナウシカだけが、非言語的な直接的感応を通じて、王蟲とコミュニケートすることができる。ナウシカは何度か王蟲の危機を救い、そして王蟲もまた何度もナウシカを救う。

2　極限的な直接性

浮揚する身体

『風の谷のナウシカ』は、風にのって飛翔することへの強烈な憧れに貫かれている。この憧れは、オウム信者の超能力への願望に通じるものがある。オウムの超能力の原点が「空中浮揚（座禅を組んだ姿勢のまま身体がフワッと浮き上がる現象）」であったということが、このことを示しているだろう。麻原彰晃を全国的に有名にした最初のきっかけは、一九八五年に雑誌『ムー』に掲載された彼の空中浮揚の写真である。八六年に刊行された麻原の最初の著書『超能力　秘密の開発法』でも、またオウム教団が制作した『アニメ超越世界』でも、麻原が空中浮揚の能力を獲得した瞬間のことを、冒頭で紹介している。

このことは、オウムに共感し参加する者たちの原初的な欲望が、どこに向けられているのか、ということを示している。それは、さしあたってごく表面的に観察すれば、身体がこの現実世界において有する局所性——身体が「今・ここ」にあるということ——を克服することにあるのだろう。空中浮揚は、このような欲望の最も原初的で端的な実現の仕方である。修行によって得られると宣伝されている超能力は多様であり、また信者たちが憧れ求めていた超能力も多様だろうが、それら多くの超能力を欲望の最も譲り難い焦点にまで還元していったときに得られる超能力の原型は、空中浮揚に類するもの、つまり身体の局所性を克服する技術になるであろうと推測される。

もっとも、空中浮揚は局所性の克服の方法としては、まだ不完全なものだ。それは、一つの局所をもう一つの局所へ移動させるだけだからである。方法の完成度をもう少し上げれば、たとえば「体外離脱」が導かれる。体外離脱とは、「意識（もう一つの身体、あるいは身体の能動性）」が「身体（通常の物質的身体）」を離脱してしまって現実世界を自由に――たとえば壁を越えて遠隔地に――移動していくように感覚される体験である。さらに、局所性を克服した身体が遊動する空間が、現実世界（現世）の枠を越え、可能世界――輪廻の多様な世界（六道）――にまで拡張されることもある。このとき、その身体は「変化身」と呼ばれる。変化身とは、本源的な身体が、輪廻のさまざまな世界に具体的な形象をもって立ち現れた姿である。ちなみに、オウム真理教と同時代的に流行したマンガやアニメーションが描く「超能力」の最も素朴な形態も、しばしば、身体の局所性を克服する技術である。たとえば、「ワープ」と呼ばれる技術――空間の屈曲を利用して言わば途中を省力することによって（結果的には光速を超える速度で）長距離を瞬時に踏破する技術――は、『宇宙戦艦ヤマト』を通じて、非常に広く知られるようになった。

身体の微分

局所性を真に克服するためには、個体という身体の粗大なまとまり（が空間を占拠する状態）を解消しなくてはならない。そのためには、身体をどこまでも微分し、そのことによって、外界との境界を融解させてしまわなくてはならない。そうすれば、身体が特定の局所に封じ込められているということの意味は、次第に減殺されていくだろう。実際、オウムの体系化した修行は、身体の個体的なまとまりを解除することを指向している。たとえば、細長い清潔な布を口から腹中に入れ、再び引き出す修行がある。「ダウティ」というこのごく初歩的な修行は、皮膚的な界面の内側にまで布を入れ腹中の汚れをかき出すことで、個体を区画する境界の恣意性を実感させる効果をもっている（私がインタヴューした信者の教示による）。

身体を微分していく修行を徹底させていけば、ついには、自らの身体を、（皮膚的界面の）内外に開かれた流体や気体（風）として、あるいはエネルギーの波動や光のようなものとして、実感しうるまでになるだろう。エネルギーの波動として感覚された身体の様態は、オウムの用語系の中では——というよりむしろその典拠となっているラージャ・ヨーガやクンダリニー・ヨーガの用語系の中では——「クンダリニー」と呼ばれる。クンダリニーとは、脊椎基底部から頭頂にかけて七つないし九つ存在しているとされる「チャクラ」（もともと「輪」という意味のサンスクリット語で、身体内にある霊的な中枢を指す）の内、最も下にあるムーラダーラ・チャクラ（尾骶骨）に通常は眠っているとされる、バイオコスミックなエネルギーである。このクンダリニーを身体の中央部を走る経路（スシュムナー管）にそって上昇させると――同時に途中のチャクラをクンダリニーが貫くと――、猛烈な快感や神秘体験（変性意識状態）を得るとともに、ときには超能力を発現させることもできる、とされている。クンダリニーが身体の中央の管を貫いた場合には、そのクンダリニーそのものが、あるいはより厳密にはクンダリニーによって顕在化された、確定的な境界をもたない――微細な粒子のようなものの動的な集合としての――気（気体）が、自らの身体と感覚されるまでに至るようである。当事者自身の感覚に対して身体がこのような気体や流体（の波動）となるということは、十分に技術的に可能なことであろう。

身体が個体としてのまとまりを特権化するのは、個体である限りにおける身体の「内面」が自意識の座と見なされているからである。この「内面」が自我を構成する。それゆえ、クンダリニーの境位を実感しうるほどに、自己の身体を融解させるならば、やがて、当然、個体の内に閉じ込められていた「自我」は粉砕されることになるだろう。これが「解脱」である。オウム真理教（麻原彰晃）は、仏教の「十二縁起（えんぎ）」に非常に独創的な解釈を与えることで、解脱のプロセスを何段階かに分節しているが（たとえば、麻原が二番目に書いた著作『生死を越える』において）、それは、永沢哲［1995］が述べるように、基本的には、クンダリニー・ヨーガの深化として統一的に捉えうるものである。麻原彰晃は、解脱のプロセスの最終ゴールまで到達したと、つまり（一九八六年七月にヒマラヤで）「最終解脱」の境地を獲得したと、豪語していた。少なくとも、「解脱」ということが、オウム信者の欲望の琴線に触れるものだったように思われる。たとえば、「省庁」のトップにまでなった幹部の中ではずばぬけて若かった——高校生の頃に初期のオウムの教えに魅かれた——アーナンダこと井上嘉浩は、「解脱」という言葉が心を捉えて離れなかったことが、入信のきっかけであったと述べている。

こうして、解脱をめざす修行を通じて、微細な粒子や気体の波動、あるいは光によって構成された身体を体験することができるようになる。マハー・ケイマと呼ばれた石井久子——彼女は麻原の弟子の模範的な「モデル」とも呼ぶべき人物であり、他の弟子たちからも深く尊敬されていたらしい——は、たとえば、修行で得られた「光の体験」（厳密に言えば、これは「クンダリニー・ヨーガの成就」として語られたことである）について、次のように描写している。

「快感が走る。震動する。しびれる。そして太陽の光のようにまぶしく、明るい黄金色の光が頭上から眼前にかけて昇った。

金色の光が、雨のように降りそそいでいる。そして、その光の中で、わたしは至福感に浸っていた。

この太陽は、その後何回も昇り、そして最後に黄金色の渦が下降し、私の身体を取り巻いた。

このとき、私は光の中に存在していた。いや、真実の私が光そのものだったのだ。その空間の中に、ただ一人私はいた。ただ一人だが、すべてを含んでいた。真の幸福、真の自由は、私の中にあった。真実の私――。

そのとき、私は光だった……」（麻原［1988：193-4］）

この種の体験は、実は、オウム真理教に独特なものではない。多くの宗教において、類似の体験が、究極の境地を示すものと見なされてきた。たとえばスーフィズムのようなイスラム神秘主義の「光の人」と呼ばれる行者は、自己の身体を光であると直観する。ただし、近代社会の誕生の最も重要な起爆剤となった西方のキリスト教（カトリックからプロテスタンティズムへ受け継がれたキリスト教。現在のEU地区に定着していたキリスト教）の本流においては、この種の体験が重視された形跡はあまりない。しかし、同じキリスト教でも通常の日本人にとっては比較的接触の機会が少ない東方キリスト教では、事情が違う。現世への関心をまったく無化し宗教的な修行に専念する東方キリスト教の行者――「ヘシュカスト（静寂主義者）」と呼ばれる行者――は、呼吸法などを含む独特な身体技法を援用した後に、やがて、石井久子が見たのと似たような光を見るのだという。その光は「神の光」と見なされ、ヘシュカストはこれと合一する（落合［1995：105-8］）。東方キリスト教の中心は、もちろんモスクワである。ボンやニューヨークではあまり成功しなかったオウムが、ロシアでのみ、日本におけるよりも多くの信者（教団の説明だと三万人）を獲得できた理由の一つを、ここから推察できるかもしれない。オウムの教義や修行が、この地で長く培われてきた宗教的伝統と、うまく共振したと考えられるのだ。

以上のように、オウム真理教が「解脱」と呼ぶ体験は、身体の局所性を克服しようとする（素朴な超能力の内に含まれている）志向の展開——そのような志向が潜在させていた可能性を徹底して引き出すこと——として、おおむね描きだすことができる。また、彼らが「悟り」と呼ぶのは、逆に身体の局所性が克服されていないときに、つまり日常の「自我」に捉えられているときに、「心」がどのような過程をたどるかを理解することである。身体の局所性を克服しようとするオウムの本源的な欲望を、「脱身体化」や「身体の情報化」の志向として捉える論者がいる。このような把握は、彼らの実践や教義の肝心な部分に照準してはいるが、私の考えでは、それをまったく反対方向から眺めてしまっている。目指されているのは身体からの脱出ではなく、身体の恢復なのだ。逆に言えば、彼らは、現実世界の通常のあり方においては、身体をほとんど喪失しかかっており、そこに実質的には身体的に参与してはいなかったのだ。一見身体性を解消するような仕方でかえって獲得される身体の状相があるのだと考えなくては、オウムの信者が、たとえば直接に仮想（ヴァーチャル）・現実（リアリティ）のような情報的世界に没入する前に、まず修行やイニシエーションによる身体の状態変化に強い関心を示した理由を理解することはできないだろう。

実際、彼らの宇宙論を、身体の状態との関係で整理することができる。それによると、宇宙は三つの世界から構成されている。基底部には、微細な波動のみからなるコーザル界がある。そこに、形状（ゲシュタルト）の分節化（の萌芽）が付加されると、アストラル界になる。さらに、その形状への物質的な欲望や執着が付加され、それが固定化されると現象界になる。この宇宙の三層構造は、おそらく、ヨーロッパ神智学の影響である。ところで、チベット仏教は、中沢新一と彼のグル（ラマ）であるケツン・サンポとの共著『虹の階梯』――このテキストは麻原や熱心なオウム信者に絶大な影響を与えたと言われている――によると、身体（仏身）を、三つの様態に分ける。まず、意識によって措定されるあらゆる同一性から、したがってあらゆる分節化から逃れた身体が、法身（ダルマカーヤ）である。その上に生起する差異の戯れによって、不確定的なものとして浮上するのが、報身（サンボガカーヤ）である。さらに、ここから（輪廻のあらゆる局面で）個体としての纏まりをもって現象するのが、応身（ニルマナカーヤ）＝変化身である。中沢［1995］自身も述べるように、コーザル界を法身に相関する世界、アストラル界を報身に相関する世界、そして現象界を応身に相関する世界と、ほぼ対応させることができる。私が『身体の比較社会学』で描いた身体の諸水準との対応をラフに付けておけば、法身を「原身体的平面」、報身を「過程身体」、そして「応身」を「個人（としての身体）」と見なすこともできるだろう（大澤［1990］［1992］）。

応身↓報身↓法身と下降してくる線の延長上に、オウムが目指す究極の境地であるニルヴァーナ（ダルマダーツ）が待っている。このような極限においては、少なくとも理論上は、身体は外囲の環境と融即しているような状態に到達していることになる。この極限は、規範化された意味の体系から、つまり文化性の諸水準から離脱した〈自然〉そのものであると言わなくてはならない。解脱は、〈身体〉が〈自然〉と等置される水準への遡行であると見なすことができることになる。私がインタヴューしたある熱心な在家信者が、まるで工場のような上九一色村の教団施設こそが究極の自然主義とエコロジスムを体現しているのだ、と論じたのが印象的である。だが〈身体〉＝〈自然〉であるような境地は、いかにして到達可能だと考えられていたのか？　それを理解するためには、彼らが獲得を志向した身体の対他的な関係性の次元を、考慮に入れなくてはならない。それは、彼らが「イニシエーション」と呼んだ、修行と並ぶもう一つの身体の状態変化の体験と結びついている。イニシエーションとは、オウム真理教では、宗教的指導者（グル）である麻原彰晃のみが有する「秘儀」を弟子たちに伝授する儀式である。

身体の「ここ」性と「そこ」性

周囲から遮断された、窓のない真っ暗な部屋で長時間こもりっきりになって瞑想する修行、つまり独房修行を、解脱へのステップに取り入れたところは、オウム真理教の完全にユニークな特徴だと指摘されている（永沢［1995：230］）。サリン事件以降のマスコミの報道の中では、独房（コンテナ）に入れられることが、信者に対する一種の制裁としての意味を担っていたということが強調されたが、もともとは、独房にこもることに、このような意味づけはまったくなかった。よく知られているように、ミシェル・フーコーは、独特な工学的な配備のもとにある独房（監獄）を、近代的な権力の形象化ととらえていた。あの独房には、光についての緻密な配慮に基づいた窓が穿たれている。フーコーによれば、これによって、身体は、個人の水準において閉じられ、自律した主体として成形される。他方、オウムの独房にはまったく穴がない。オウムの修行は、しかし、このような完全な閉鎖において、かえって他者へと開かれていくような構成を備えているのである。それは、フーコーが描写した独房（パノプティコン）とは、まったく逆の効果をもたらすのだ。

見てきたように、オウムの修行は、身体を流体や気体、あるいはエネルギーの波動のようなものにまで変容させることを志向している。それは、身体の局所性の、つまり身体の「ここ」性の克服を核におくものだった。言い換えれば、身体が「ここ」にあり、かつ「そこ」にあるとでも表現するほかないような状態を可能にする。このような言い方に最も適合的なのが、体外離脱の場合である。オウム教団が制作したアニメーション『アニメ超越世界』には次のような場面がある。オウム信者の若い男女が街を歩いていると、道路の反対側に麻原彰晃を見つける。二人は、「尊師！」と麻原に呼びかけ、彼を追うのだが、麻原は返事をせず、また二人が追えば追うほど、不思議なことに、麻原はかえって遠ざかっていく。その直後、教団の道場に戻った二人は、そこにいるはずのない麻原を見出してびっくりして、事の顚末(てんまつ)を彼に説明すると、麻原は、自分は今まで体外離脱をしていたから、二人が見たのは体外離脱した彼のもう一つの身体なのだろう、と説明する。このとき、麻原の身体は、「ここ(道場)」にありつつ、遠隔の「そこ(街)」にもあるわけだ。体外離脱したもう一つの身体が、このアニメの場合のように、第三者(二人の信者)に視認されうるかどうかはともかくとして、さまざまな理由(たとえば臨死体験)による体外離脱についての豊富な報告は、当事者自身にとっては、この種の身体の分裂の感覚が出現しうるということを示している。

だが、身体の「そこ」性とは何か?「ここ」にある身体が「そこ」にもある、とはどういうことか? それは、通常「ここ」に所属することにおいて身体の自己性の根拠となっているような、身体の志向的な作用(知覚や感覚をはじめとする任意の心の働き)が、「そこ」=他所にも帰属したものとして現出する、ということを意味しよう。それゆえ、「そこ」は、分節化されそれ自身が個体として凝結したときには、「自己」とは異なる——しかし「自己」と同権的な——固有の身体としてたち現れる場所である。要するに、それは、他者の身体がたち現れる場所なのである。

繰り返せば、志向作用の帰属が直接に直観できるということ——類推や感情移入のような二次的な操作を経ることなく、これが「見たり、感じたりしている」ということが自明であるということ——は、「自己」ということの定義を構成する条件である。修行において獲得が目指されているのは、だから、この自己を定義する条件が、他所において——他者の場所において——充足されることである。逆に言い換えれば、修行において目指されていたことは、他者の他者たるゆえんを、自己の上に実現し、両者を圧縮することなのだ。

自己ということの最小限の定義が、今述べたことにあるとするならば、自己と同権的な「もう一つの自己」たる他者の条件は、自己に帰属する直接の志向作用の「視野」からの「不可能な遠さ」にあると言わなくてはならない。自己は、自らに帰属する「視野」の内部に捉えられる要素に対しては、まさにそれが内的な要素であるがゆえに、決して、この「視野」と同等なもう一つの「視野」の帰属点であることの確証を得ることはできない。要するに、あれが通常の事物と異なり、固有の心を帰属させていることの確証は、視野の内に対象化されている限りは、決して得られないのだ。したがって、自己と同権的な他者であるということ——異なる視野を帰属させうる身体であるということ——は、この（自己の）視野からは到達できないということ、この視野から逃れてしまうということ、によってこそ定義されなくてはならない。

したがって、他者性と自己性を圧縮するということは、非常に奇妙なことである。それは、極限の近さ（志向作用の直接性）と極限の遠さとの同一性を意味するからである。もしそうであるとすれば、ここで、われわれは、先に《他者》と表記したことの形式的な条件が、すでに満たされていることがわかる。しかしながら、ここではまだ、他者に、自己の存在を否定する「敵」としての性質は付与されてはいない。このような他者を〈他者〉と表記しておこう。〈他者〉とは、自己であることの条件そのものによって定義される他者、自己性を構成する契機が他所において現れることによって現出する他者である。

とりあえず、ここでは、次の諸点を指摘しておこう。第一に、〈他者〉は、共同体のどのような共同主観化された規範によっても、決して、妥当なものとして承認されることがない経験となるはずだ。規範の適用は、身体の最小限の自己同一性を前提にしているはずだが（それなしでは、「責任を帰属させる」ということが不可能になってしまうのだから）、自己性が他者性へと通底するような関係性においては、身体はどこまでも差異へと解体し、決して自己同一性を確保することがないからである。しかしながら、それにもかかわらず、第二に、われわれが他者（他人）が存在しているという事実を自明のこととして生きているのだとすれば、われわれ自身も皆、その〈他者〉という境位（自己性と他者性の圧縮）を、そうと自覚することなく実践の上では前提にしているはずである。

したがって、身体をクンダリニーの境位にまで変容させるならば、自己でありつつ他者に内在していることを、つまり〈他者〉を実感できるに違いない。あるいは、自己であることと他者であることの圧縮を技術的に触発することによって、「解脱」への歩みが促進されていたように見えるのである。このような自己の他者への（あるいは他者の自己への）内在は、通常のコミュニケーションを否定する、極限的に直接的なコミュニケーションの様相を呈するだろう。通常のコミュニケーションにおいては、発信者と受信者は相互に外在しており、それゆえ、コミュニケーションは、共有されている第三項にあたる、言語のような記号の体系（コード）に媒介されることで、はじめて実現可能となる。それに対して、ここで私が「極限的に直接的なコミュニケーション」と呼んだのは、この第三項の媒介を必要としないコミュニケーションである。すなわち、コミュニケーションの極限的な直接性とは、自我としての同一性（アイデンティティ）の意識に訴えることなく、したがって言語という媒介を経由せずに、そしてときには時空的な距離すらも越えて、〈他者〉の身体（の志向的な作用）に直接に感応＝共鳴することによって得られる、コミュニケーションの様態である。

実際、オウムがその修行によって獲得しようとする身体技法の到達点には、まさにこのようなコミュニケーションの極限的な直接性がある。修行によって獲得されると麻原彰晃が説く超能力は、「非常に遠くのものが見える能力（遠隔透視）」、「空中歩行」、「霊治療」等多様だが、その多くは、「他心通（相手の心を直接に読む）」等――最も重要な超能力とされる「漏尽通（相手の迷いの程度を見抜く能力）」を含めて――、いわゆる「テレパシー」を思わせるものである。それは、言うまでもなく、ここで「極限的に直接的なコミュニケーション」と呼んだ関係性に属している。

このような極限的な直接性において交流する身体の関係性の焦点にあるのが、麻原彰晃の身体である。もう少し精密に言い換えれば、麻原の身体は、「ここ」でありかつ「そこ」であろうとする弟子たちの身体の「そこ」性を――逆に弟子たちの身体を麻原自身にとっての「そこ」として捉え返すことによって――束ね、統括しているのだ。まず修行によって自己の身体の内に自己の同一性（アイデンティティ）に解消できない過剰性（ここで身体の「そこ」性と呼んだもの）を生み出し、その過剰性を麻原の身体へと収束させるのである。あるいは、麻原の身体を（過剰性が吸引されていく）穴として設定することで、弟子たちの身体の内的な過剰性を引き出している、と言うべきかもしれない。要するに、オウム教団の内にあって、麻原の身体は、解脱を志向する任意の身体が、極限的に直接的なコミュニケーションにおいて出会う、すでに解脱した身体なのだ。すでに解脱している（者として他者に実感される）身体は、一種の触媒としての機能を果たし、他者の解脱を誘発するのである。

先に、石井久子の「光の体験」についての自己記述を引用しておいた。石井は、独房修行の中でこの体験に遭遇する。この体験に先立って、石井は、麻原から「解脱は近い」という暗示を受けている。石井は、自らが見た光の渦のことを「想念の渦という感じ」とも表現している。彼女が見、そして自らをそれと等置するに至ったこの「光」こそが、自己がそこへと内在していた〈他者〉の形象であろう（「そのとき、私は光だった」）。〈他者〉とは、もちろん自己の否定である。それゆえ、〈他者〉の自己への重なりは、自己がまさに自己以外のものであること、自己以上のものであることを保証する。石井の体験を、東方キリスト教の行者ヘシュカストの体験と比較しておいた。ヘシュカストは、自らが内在していく（あるいは自らに内在してくる）光を、特権的な他者、無限者、要するに神として体験する。〈他者〉が自己に重なることで、自己に、まさに「自己以上の」と特徴づけられるような無限性への通路が開かれているのが直観されるからであろう。

だが、他者性の自己への内在を体験することは、通常は、具体的な他者に媒介されなくては、困難なことであろう。ある具体的な他者が、自己の内に浸食しうる〈他者〉一般の代理人として現れることによって、したがって、とりあえずまさにその具体的な他者（へ）の内在を直観することを通じて、自己の身体の内に他者性一般への通路が開削されるのである。オウムの場合、その具体的な他者の機能を果たしたのが、もちろん、麻原彰晃である。麻原の身体が、解脱への「触媒」であった、というのはこの意味である。『虹の階梯』にも書かれているように、チベット仏教においては、ラマ（グル）に懐疑なしに帰依し、ラマの心と一体化することを、究極の境地に到達するための最も重要な修行として位置づけている。化学反応の促進剤である触媒は、その化学反応にとって、理論上は不可欠ではないが、しかし、事実上は、触媒なしには、化学反応はほとんど絶対に生起しない。同様に、ラマなしに「解脱」することは、事実上は、ほとんどありえない。解脱は、先に述べたように「自我」を無化することを前提にするから、「自我」に帰属させうる一切の判断を停止し、自らを空虚な器へと変形させることを必要条件とする。頼れる何者もなしに、自身をただ空虚にすることは、絶望的なほどに難しいだろう。逆に、絶対的に信頼しうる他者がいるならば、一切の判断をその他者に委ねることが可能ならば、さしあたって、比較的容易に、「自我」を空虚化することができるに違いない。

シャクティ・パット

麻原の身体との極限的に直接的なコミュニケーションを技法化したものが、彼らの言うイニシエーションである。そして、あらゆるイニシエーションの原型は、シャクティ・パットという技術である。シャクティ・パットとは、両目と額の中間にある弟子の「第三の眼」に師(グル)が親指をあて、自らの霊的なエネルギーを注ぎ込むイニシエーションである。麻原は、シャクティ・パットについて「私自身が自分で〝これだ〟と思っている超能力」であり、「日本でこれができるのはおそらく私一人だけだろう」と自負している。弟子たちの証言から判断すると、麻原は、実際に、この技術に関して非常に優秀だったと考えて間違いないだろう。麻原のシャクティ・パットを受けた者から私自身が直接に聞いたこと、そしてオウムが自ら出版物を通じて公表していることから総合的に判断すれば、シャクティ・パットの効果は、事後身体が軽くなったりさっぱりするなどといった単純なマッサージの効果に属するものから、途中で神秘的なヴィジョンを見たり、さらには事後ずっと食物の好みや思想的な傾向が変化してしまうといったものまで、その大きさには非常な幅がある。が、ともかく、それが心身に効果を与えることは確実である。

シャクティ・パットは、永沢哲［1995］が論じているように、第三者の眼から見れば、波動と化した身体の間の共鳴現象の一種であると解することができる。すなわち、すでに「良い」状態で振動している身体（師）に、他者の身体（弟子）を、「引き込み」の原理によって共鳴させるのである。この共鳴現象が、当事者には、「師のエネルギーが弟子へと転送され、そのことによって弟子自身のエネルギー（クンダリニー）が活性化した」と了解されるのだ。

シャクティ・パットは、師（グル）にとっては異様な消耗をともなうらしく、本来は、頻繁に行ってはならないことになっている。しかし麻原は、一時に数百人もの相手にシャクティ・パットを施し、疲弊し、ついには倒れてしまったこともあったという。私が話を聴くことができた古くからの信者（ただし八九年には脱会）は、師のこの壮絶な姿に強い感銘を覚えた、と話してくれた。さらにシャクティ・パットは、師を消耗させるだけではなく、師の身体の内に負の重々しい感覚を残留させるのだという。おそらく、弟子の身体が師の身体の振動に同調するだけではなく、逆方向の同調もいくぶんか生ずるからだろう。あまりに連続的なシャクティ・パットは、この残留物を昇華させるいとまを師に与えない。

だから、教団の規模が大きくなり、弟子の数が増えると、このような技法には当然限界が出てくる。サリン事件との関連でオウムの内情が報道される中で、麻原彰晃の血液や毛髪を飲むイニシエーションが、いかにもおぞましい呪術の一種として伝えられた。だが、師の身体の一部をそのまま弟子の身体に注入するこの種のイニシエーションが、シャクティ・パットが実現しようとした極限的に直接的なコミュニケーションの代替物であったことは、間違いない。このような代替関係が適切であったかどうかは別として、その背後に、あった身体論や修行には相当な合理性と実践可能性があったと、言わざるをえない。

シャクティ・パットの代替物の中で最も顕著なものが、信者たちによってＰＳＩ（Perfect Salvation Initiation）と呼ばれていたヘッドギアである。このヘッドギアは、事件後、オウム信者の象徴と見なされるほどにまでに有名になった。トップクラスの幹部を別にすると、子どもを含むほとんどの出家信者が、これを装着していたからである。ＰＳＩは、師の身体の波動（脳波）を、電子的な方法で、直接に弟子の身体に伝送してしまおう、とする装置である。電極の付いたヘッドギアは、導線によって、麻原の脳波を記録したとされる装置に接続されており、これによって、弟子の脳波を麻原の脳波に同調させるのだ、と説明される。実際のPSIは、「記録装置」の媒介を必要とするが、おそらく、麻原と彼の弟子たちは、最終的にはこれを、無線のような方法で即時に麻原の身体の波動（脳波）が弟子たちの身体に伝達されるような装置へと成熟させようと、夢想していたに違いない。これは、アメリカを中心に一九八〇年代に流行した、「サイバーパンクSF」の想像力と同じアイディアである。たとえば、サイバーパンクSFの作品では、身体それ自身がコンピュータ＝端末となっており、ネットワークを通じて互いの脳に参与しあうのである。身体を、自己と他者の関係性を横断する波動として感覚するならば、確かに、電磁波は、この身体に非常に適切な物理的表現を与えるものと見なされただろう。

「波動」としての身体の間の「共鳴」として客観的には記述しうる、極限的に直接的なコミュニケーションは、他者との最も原初的な関係性に属するものである。というのも、それは、他者との具体的な質をもった関係性を形成する以前に、他者（の存在）に直面することを可能にする機制だからである。それは、もちろん、質的に多様な任意の関係性にとって前提をなすものである。オウム教団は、当然、教団内部の社会関係を、この原初的な関係へと還元し、これのみによって構成しようとする強力な志向性を宿すことになる。

3　家族の無化

イエスの方舟

地下鉄サリン事件以降、連日オウム真理教への批判が続く中、一九九五年六月二七日に放映された日本テレビのワイドショー「ザ・ワイド」で、宗教集団「イエスの方舟（はこぶね）」の指導者千石剛賢は、『サンデー毎日』の元編集長鳥居守のインタヴューに答えるようなかたちで、オウム真理教を厳しく批判した。このとき、千石の批判は、主として、オウム真理教団の中でも特に人望があり、きわめて多数の信者の勧誘に成功したアーナンダ井上嘉浩の言葉に向けられた（ちなみに、私がインタヴューできた元信者の一人も井上に勧誘されたのがきっかけで入信しており、麻原と並んで、そして麻原に対するのとは異なった意味で、井上を深く敬愛していた）。井上嘉浩は、尊師の命令であれば、たとえ親であっても殺すことができる、と語っているのである。それに対して千石は、親を殺すとはとんでもないことであり、そのようなことを言う者は必ず地獄に堕ちるだろう、と非難する。ここで千石の非難を引いてみたのは、千石がオウム教団に対して抱いた違和を分析することによって、オウム教団の組織としての特徴を浮かび上がらせることができるからである。

千石イエスこと千石剛賢と彼が率いる「イエスの方舟」が、社会的に糾弾されたのは、一九八〇年のことである。この糾弾は、一見したところ、オウム真理教への初期の告発とよく似ている。イエスの方舟への糾弾の先頭に立ったのは、信者の家族である。イエスの方舟あるいは千石剛賢は、若い女性を中心とした信者を家族から奪ったとして、あるいは誘拐し監禁しているとして、批判されたのだ。ときには、その批判には、若い女性に対する千石の性的な凌辱という主題が含まれていた。後になって、この種の批判がまったく的外れなものであることがわかった。他方、オウム真理教をめぐるトラブルがマスコミで報道されるようになったのは、八九年のことである。このときオウム真理教の「被害者」と名乗る人たちは、たいてい信者の親であり、イエスの方舟のときと同じように、教団が奪った娘や息子を返すようにと教団に強く訴えた。ときに、教団が、脱会を望む信者を、あるいはまたオウムに反抗する者を拉致し、監禁している、とのイメージも広まった。このような大雑把な構図だけ見ていると、少なくとも初期のオウム批判は、約十年の時を隔てた方舟批判の再現であるように思えてくる。どちらも、教団に子どもを奪われた親たちが、家族の絆を楯にして、教団を攻撃しているわけだ。方舟事件のときは、マスコミの中で唯一方舟を擁護した『サンデー毎日』が、オウム批判に関しては、逆に、他に先行した。

千石は、自らの集団を分析して、方舟は三つの心的な層をもっているとする。表面は仲良しクラブだが、その下には、各自が自己本位的にふるまう利己的な者の集団がある。そしてさらにその下には、各自が「他の中に自己を見ていく世界」がある。これが千石の分析である。この自己分析には、千石の聖書解釈の核が表現されている。千石の考えでは、われわれは「自愛（自己への愛）」を抑圧すべきではない。「自愛」をつきつめるとそれは必然的に「他愛（他者への愛）」に深化する、つまり「他愛」は「自愛」の延長上にある、と考えられているからだ。たとえば、互いに仲良くするためには、利己性を抑圧することが必要だと、普通は考えられているが、方舟ではそうではない。その場合、「分かち合い」という思想が要になる。相手が他人であるという意識をもたず、自分だと考えよ、そうすれば自然と仲良くなれる、というのだ。

このような主張の言語的な表現だけをなぞると、自己性の上に他者性を重ね合わせ、両者を圧縮しようとした、オウム真理教の解脱への志向性と、方舟の思想は同じ所をゴールにしているように見える。しかし、実際に両者が実現したものはまったく異なったものであり、それが千石のオウム批判の根拠にもなっているのだ。相違はどこから生じたのか？

たとえば、千石も「他者の中に自己を見る境地」に到達しなくてはならない、と述べる。だが、この言葉は、比喩として使われているのである。それに対して、オウム真理教は、まったく文字通りの意味において、他者性を自己性に内在させようとするのである。方舟の文脈で、「他者の中に自己を見る」ということは、結局は、想像力を働かした類推や、感情移入によって、他者が感じたり考えていることに共感することである。文字通り、自己が他者になることが問題になっているわけではない。自己からの類推や、自己を他者へと感情移入するためには、まさに起点として、自己の自己性（自己の同一性）が保持されていなくてはならないのだから。だが、オウムの修行やイニシエーションは、現実に、そして全的に、自己を他者にしようとしているのである。そのためには、自己が「他者ではなく自己であること」の究極の根拠にまで遡り、その上で、それを無化することが求められる。自己と他者の最小限の区別、たとえば自己はここにあってここから世界にかかわり、他者はそこから世界にかかわっているといった区別すらも横断してしまうこと。これは、少なくとも日常の論理の中では、不可能なことである。方舟とオウムのこのような相違は、端的には、超能力への志向の有無の内に現れている。方舟には、超能力を得たいという願望はまったく見られない。それに対して、オウムの信者は、超能力への強い欲求をもって集まってきている（日本の新宗教の歴史の中で、超能力と宗教の結びつきが顕著になったのは、阿含宗の桐山靖雄が密教の「即身成仏」の技法を超能力の技法と解してからであろう。そして、麻原をはじめ初期のオウムのメンバーは、阿含宗から出てきたのである）。自己と他者の横断という事態を文字通りの現実としてもたらすためには、われわれが日常のコミュニケーションにおいても使っている類推や感情移入を幾分か先鋭にするといった程度のことではまったくたりず、日常の論理からするとほとんどありえない神秘的な異能に頼らねばならないだろう。つまり、言わば人間を越えてしまうこと、人間の有する最小限の同一性をすら克服することが、オウムの教義の中では求められることになる。

簡単に整理すれば、方舟とオウムでは、自己と他者を設定するときのベクトルが逆になっている。方舟では、還元不可能な最小限の内容をもった自己の同一性（アイデンティティ）が与えられていることがまず前提になっており、そこからの類推や拡張として、他者に到達しようとする。オウムの場合は逆であった。起点は、他者の方にある。だから、自己がそのまま他者化しなくてはならない。そのためには、原理的には、自己のあらゆる同一性の内実が、たとえばごく素朴な欲求とか利害関心すらもが否定されなくてはならず、そのことを通じて自己が過激に空無化されなくてはならない。要するに、オウムが獲得を目指していた〈他者〉性の水準への指向を、方舟はまったく持たないのだ。

方舟のようなやり方で成功すると考えられているのは、つまり利己的な「自愛」の追求と「他愛」とがア・プリオリに整合すると見なすことは、各自の利己的な欲求や利害関心が——すべてではないにせよどうしようもなく譲れない部分に関しては——互いに両立し、調和するようなある程度同質的な集団であることを、前提にしていることになる。千石が述べるように、方舟は仲良しクラブでありかつ利己的なものの集まりでもある。この二つの性格づけが矛盾しないのは、方舟が、ある程度の内的な同質性を、与えられたものとして受け入れ、前提にできる集団だからである。オウム教団は、このような前提をもたない。この違いは、集団の規模とも関係している。方舟は、二〇数人の小集団であり、その程度の範囲であれば、互いの間の同質性を前提にすることも無理がなかろう。しかし、オウムは、最終的には出家者だけで一〇〇〇人を越す集団であり、彼らの間の利己性が予定調和するということをはじめから前提にすることに、あまり現実性がない。だが、方舟とオウムの述べてきたような相違は、このような集団の規模にだけ関係するわけではない。相違は、集団を構成する関係の内的な質に、より顕著に現れてくる。

家族性の肯定

イエスの方舟もオウム真理教も、周囲の社会との軋轢(あつれき)は、まず、子どもを奪われたと感じた家族との間に生じた。その意味で、方舟にもオウムにも、信者がそれまで内属してきた家族的な関係性を否定する潜勢力がある。

しかし、方舟の場合は、家族の否定は根源的なものではない。会員たちがそれまで育ってきたその特定の家族を否定するかもしれないが、他方で、むしろ家族性(家族的なもの)は積極的に肯定されているのである。特定の家族の否定と家族性の肯定は、表裏の関係にあり、後者によってこそ前者は可能になっているのだ。確かに、方舟に加入した女性たちは、家族を脱出してきたのであり、その点で家族を否定したのだ。しかし、そうして集まってきた会員たちが形成する集団である方舟自身が、再び、家族的な集団、擬似家族なのである。たとえば、千石は会員たちに「おっちゃん」と呼ばれている。千石は、会員たちに、親しみ深い「父親」の隠喩によって指示されているのだ。

実際にも、千石は、会員の女性を「養女」にしている。この点については、芹沢俊介[1985]の優れた「イエスの方舟」研究が多くの示唆を与えてくれる。興味深いことは、千石は、一方で養女を受け入れつつ、他方では、自分の妻を離籍している、ということである。一見矛盾しているように見えるこの二つの行為に、芹沢も、また千石に独占会見した『サンデー毎日』の記者も注目している。千石によれば、この二つは、同じ態度から出ている。妻を離籍したのは、特定の女性（妻）を優遇する意識を——あるいはより厳密には優遇していると他の会員に解釈される恐れを——排するためである。同じ理由から、養女が受け入れられる。千石にはすでに実子がある以上、養子になることを希望する者については養子としてしまうことで、子どもだけが優遇されているのではないかとの疑念が会員の間で生ずる可能性をあらかじめ排除しておくのだ（この同じ考え方に基づいて、資金繰りに苦しくなったときに、実子や養子の方からまず水商売に出ることを容認するという判断が、つまりアファーマティヴ・アクション風に身近な者から過酷な仕事をさせるという決断が、導かれている）。ここで注意しておきたいことは、千石が会員を平等に扱おうとするときに、離婚の場合と同じように親子関係を切ってしまうことで会員たちと自分の関係の平準化をはかるのではなく、逆に、親子関係の方を与件としておいて、他の会員との関係をこちらの方に近づけようとすることが選択されている、ということである。これは、良い関係のモデルが、ある種の親子関係の内に求められていることを示している。千石イエスは、家族的な関係を否定するのではなく、良い関係の究極のモデルとして肯定しているのである。

家族とは何か？　第一に、留意すべきことは、どのような人間にとっても、（彼がそこに生まれた）広義の――養育者を含む集団という意味での――家族は自ら自身の選択に先立って与えられるものであり、彼または彼女は、さしあたってこれを受け入れるほかない、ということである。第二に、家族は、個人の生存にとって最も緊要な集団であり、それなしにどのような社会の形態も考えられない。たとえば、国家のない社会はありうるし、また幼い者にとって、自分がどの国家に属しているかは問題ではないが、どの家族に属しているかは、最初から重大な意味をもつだろう。要するに、家族は、人間が形成する集団の中で、自生性の程度が最も高く（つまり人為的な選択によってではなく自然に与えられる程度が高く）、かつ最も一般的に見出される集団の形態なのである。厳密に言えば、家族の関係は二重の側面を含んでいる。夫婦関係（あるいは姻戚関係）によって形成されているという点からすると、それは、（ある程度）意図的な選択に服している。しかし、親子関係は、――特に子にとっては――選択に先立って常に与えられており、自生的なものとして現れる。家族社会学の用語では、家族の前者の側面は「生殖家族」、後者の局面は「定位家族」と呼び分けられている。千石は、前者は解消可能であると考えたが（妻の離籍）、後者は解消不能であると見なし、さらに、たとえ現実の家族が破綻したとしても、望ましい関係のモデルを、ここに求めているのである。このことは、『父とは誰か、母とは誰か』という彼の著書のタイトルの内に、端的に示されていたことである。

このような家族への態度をもう少し一般化すれば、次のような帰結が得られる。自らに初めから与えられてしまっている——そして容易に離脱しがたい——条件（たとえば家族的な集団への内属）を、自分自身にとっての必然として受け入れること、これである。先に、オウムとの対照で、方舟は、各人が還元不可能な具体的な内実をもった自己同一性（アイデンティティ）を担っているということから出発している、と述べた。自己同一性の内容は、このようにして必然として受け取られた条件から与えられる。この点を理解するには、芹沢俊介[1985]が試みている、イエスの方舟と連合赤軍との比較が役に立つ。と同時に、この比較は、あとでオウム真理教のポジションを理解するための参照軸をも与えてくれる。

方舟に入った女性たちは、家族や社会の中で強いられている女性性——自身の性的な性質——を受け入れられなくなって、逃げ出してきている。しかし、その上で——芹沢によると——、方舟は、身体の性的な性質を否定してしまうのではなく、逆に彼女たちの女性性を肯定し、それを受け入れさせてしまうのである。この構造は、家族から離脱してきた者を家族性を肯定する集団の中に受容するのと同じ連関である。ここで、「女性であること」が、必然として受け入れられる自己同一性（アイデンティティ）の内実をなす条件である。このような方舟の志向性は、連合赤軍の次のような態度とくっきりとした対照をなす。

連合赤軍は、赤軍派と革命左派の連合によって結成された。彼らは、共同の軍事訓練を介して出会う。一九七一年一二月に行われた軍事訓練の中で、旧革命左派の永田洋子が、旧赤軍派の遠山美枝子を批判し始めた。これこそ、彼らが「総括」と呼んだ陰惨な私刑の始まりだった。つまり、この批判を引き起こした原因を問えば、「総括」一般がなぜ生じたのかを窺い知ることができるのである。永田が最初に問題にしたのは、遠山が指輪をしていることである。「合法時代の指輪をしたままでは、革命戦士としてやっていけない」というわけだ。批判はどんどんエスカレートして、やがて、彼女の髪形や生活態度に及び、ついには、結婚したということまでもが批判の対象とされた。そして永田洋子は興奮して、泣きだしてしまう。

指輪をしているということは、遠山の身体が対他的な関係性の中で女性性（女らしさ）という性質を帯びていること、そして彼女がそれを受け入れていることを示している。このような性質は、革命（の成就）という「理想」を前にした場合には、どうでも良い偶有的な性質、あるいはむしろブルジョワ性を示す否定的な性質として現れる。だがイエスの方舟だったら、身体が対他的な関係の中で自生的に帯びる性質（この場合は女性性）への拘泥を、取り立てて克服すべきものとは見なさず、自然に受け入れたに違いない。実は、連合赤軍の遠山批判の中で永田が泣きだしてしまうということは、はからずも彼女の方の女性性が露呈してしまう場面なのだが、このことは、女性性の受容へと集団の性向を転換させることはなく、逆に、女性性への否定を過激化するような方向で作用する。

一般に、方舟では、身体に直接に現象するような性質（たとえば性的差異に付随する諸性質、病気のような身体的拒否反応等）に関しては、これを自然なもの（必然）として受動的に受け入れる傾向が支配的である。それに対して、連合赤軍は、この種の性質を、革命の「理想＝大義」を準拠にして、偶有的なものとみなし、能動的＝選択的＝人為的に克服しようとする。その悲劇的な帰結が、「総括」という名の私的な死刑である。千石＝方舟のやり方は、村上の『世界の終りと～』における、「影」の正しさを拒否し自らの気分に従った「僕」の行為に連なるものだと言える。家族を試金石として置いてみれば、方舟はこれを究極的には肯定し、連合赤軍は意識的な努力によってこれを無化しようとするだろう。

家族の根源的否定

オウム真理教の場合はどうであろうか？　オウムも家族を否定する。しかもオウムの家族否定は、イエスの方舟の場合と異なり、根源的なものである。オウムは、特定の家族だけではなく、家族的な関係性そのものをもはや基礎的なものとは見なしていないのだ。麻原の命令であれば親でも殺せる、という井上嘉浩の言葉は、ここから出てくるものであり、千石の批判は、オウムのこのような「家族の根源的な否定」に彼が同調できなかったことに由来している。たとえば麻原は、尊師とかグルと呼ばれており、父親の比喩では捉えられていない。因みに、教祖や指導者を、「親」や「祖」の比喩で指示するのではなく、「師（グル）」と呼んだり、「ブッダ」の具現と見なすのは、（旧新宗教と比べた場合に）新新宗教に広く見られる特徴である。オウムの麻原だけではなく、GLAの高橋信二も、また幸福の科学の大川隆法も、阿含宗の桐山靖雄も、そして法の華三法行の福永法源も、みな自らがブッダの具現であると示唆している（島薗［1992：46］）。オウムでは、ときに親子がともに出家することもあるが、一般には家族だからといって同じ部署に配属されたり、一緒に生活することが許されるわけではなく、家族への愛着は遮断しなくてはならないものとされている。元信者である高橋英利（［1995：103-6］）は、このような原則に従いつつ、しかし内心では子どもへの愛着を捨てきれないある母親出家者（サマナ）の心の揺れを紹介している。

家族否定に対するオウムの過激さ——方舟のようなそれまでの宗教をはるかに凌駕する過激さ——は、千石だけではなく、一般の人々の間にも直観的に嗅ぎ分けられていたように思う。オウムが犯したと見なされている数多くの殺人事件の中で、最も多くの人々の怒りを呼び、象徴的な意義を担わされているのは「坂本堤弁護士一家殺害事件」である。坂本堤弁護士は、家族をオウムに奪われた「被害者」の会に依頼された弁護士だった。この事件は八九年一一月に起きたもので、弁護士一家が失踪した直後から、状況証拠よりオウム信者の犯行ではないかと疑われていたが、地下鉄サリン事件以降の捜査によって、一家は、オウムの幹部たちによって殺害されたことがわかってきた。実に悲惨な事件である。しかし、この事件は、数あるオウムの犯罪の中で最も痛ましいものと言えるだろうか？たとえば、地下鉄で突如として殺されてしまった通勤客や地下鉄職員、松本の住宅地で理由もわからずに殺されていった人々は、ある意味で、坂本堤氏以上に悲惨である。確かに、坂本堤氏一家殺人事件は、あまりに凶悪なものである。が、しかし、彼の子どもや妻はともかく、坂本堤氏は彼の当面の「敵」に殺されたのであり、彼の死は、もちろん理不尽なものではあるが「戦士」としての理由が与えられる。しかし、地下鉄や松本で死んでいった人々は対立とおよそ無関係な人々であり、その死に何らの理由も与えられない。だから、坂本堤弁護士一家殺害事件が象徴的な意義を担うのは、その悲惨さゆえではない。この事件を報道する度に、テレビは、弁護士一家の幸せそうな典型的な核家族の映像を映し出す。オウムが憎まれるのは、この幸せな家族を抹殺したからである。おそらく人々は、この事件を通じて、家族的なものを根源的に否定しようとするオウムの志向性を直観したのであり、これに強い拒否反応を示したのである。たとえば、犯人たちが、麻原の指示に従って本人と妻とその幼い子供の死体をまったく離れ離れの場所に埋めたことが、人々の強い嫌悪を誘った。このような埋葬の方法が、麻原とオウム教団が家族的な関係をまったく問題にしていないことを、あからさまに示しているからであろう。

オウムが家族を拒否するのはなぜか？　この教団の信仰世界の中では、先に述べた、「極限的に直接的なコミュニケーション」のみが、本質的なものと見なされるからである。これを規準にとれば、家族のような最も自生的で最も一般的な集団を構成する関係でさえも——誰もが最初は与えられたものとして受け入れざるをえないような関係でさえも——、派生的で偶有的なものとして現れるだろう。

先に連合赤軍にも潜在的に家族を否定する傾向が孕まれている、と指摘しておいた。しかし、オウムと連合赤軍は、まったく反対の位置に立っていて、家族を否定していることがわかる。連合赤軍が家族を否定するのは、家族の自生的な性格を、主体的に選択された関係に服させようとしているからであり、近代主義的なものである。他方、オウムは、自生的なものとして現れる家族を、より一層自然で原初的な関係へと還元しようとしているのであり、言わば、原始主義的なものである。だから、方舟の家族（性）の肯定を挟んで、連合赤軍とオウムの二つの反家族的な志向が対照的な位置を占める、という構図を得ることができる。

同じ構図は、身体に対する態度を規準にして描くこともできる。連合赤軍が示しているのは、身体が帯びる諸性質を意志（「理想」の選択）の力で克服しようとする態度である。つまり、身体は否定的な意味だけを担わされている。それに対して、イエスの方舟は、身体の諸性質を受け入れる。だが、その諸性質というのは、究極的には、共同主観化された関係性の中で規範化されている身体の性質（ある種の女らしさ等）や、諸規範の矛盾から生ずる身体の反応（心身症的な病）等である。つまり、方舟が受容しているのは、（家族のような自生性の程度が高い共同体の水準で）規範化された限りでの身体である。オウムが志向しているのは、身体からその規範性を洗い落とし、身体をその純粋状態へと還元することだと言える。だから、オウムは、（教団の外部の共同体の中で自己形成してきてしまった）身体をそのまま受け入れることはせず、修行やイニシエーションによってそれを改造し、その潜在的な可能性を最大限引き出そうとするのである。信者たちが、しばしば、修行やシャクティ・パットの快感を性的な快感と比較しているということが――性的な快感を圧倒的に凌駕すると主張されていることが――注目されよう。その効果が、まず、身体的な快楽の水準で捉えられているのである。以上を整理すると、連合赤軍の「身体の否定」が一方の端にあり、中間に、方舟の「身体の消極的な肯定（受容）」があって、他方の端に、オウムの「身体の過激な肯定」がある、という布置を得ることができるだろう。

家族否定の歴史的文脈

家族をまったく偶有的なものと受け取るこのようなオウム真理教の態度は、もう少し広い文脈の中で、たとえば「日本の家族の戦後史」や、さらに「家族の近代史」の中で、理解しておく必要がある。戦後史の中で一貫して擁護され、強化されてきたのは、緩やかな意味における「個人主義」的な価値観であると言えるだろう。しかし、個人を第一義的なものとして尊重する原理からは、特定の親子関係や親族関係を、あるいは一旦結んでしまった夫婦関係を、個人と同様に尊重すべきであるとする命題は、直接には導くことができない。むしろ個人に準拠した場合に、たとえば「この人はたまたま私の親かもしれないが、特に私が好んで選んだわけではないこの親との関係に、私が拘束されなくてはならない必然性はどこにもない」ということになるだろう。要するに、個人中心の社会の中では、家族をはじめとする自生的な集団は、必然性を欠いたものとして現れてこざるをえない。近代は、個人主義の時代だと特徴づけられている。だが、かつてフィリップ・アリエスは、家族史についてのその画期的な研究をもとに、近代において勝利したのは個人ではなく、家族（近代的と形容しうる特定のタイプの家族）なのだ、と述べたことがある。しかし、個人主義は、やがて、家族の方へと翻り、家族を浸食していくのである。と同時に、オウム真理教の登場が暗示していることは、個人主義の方も、家族という母体を解体させた場合には、やがて少しずつ浸食されてしまうのだ。個人主義は、十分に徹底されずに、家族という、個人にまでは還元し尽くされない核を残しているときに、かえってその黄金時代を迎えることができたのである。

この種の変化は宗教史にも反映している。日本の伝統的な宗教は、親子関係や、その延長上に見出される関係——祖先崇拝——を、機軸に据えていた。しかし、今日の新新宗教は、祖先崇拝をとりたてて重視することはない。ごく大雑把に図式化すれば、現実の親子関係の尊重や祖先崇拝を教義の核に置く宗教から、イエスの方舟のような、現実の親子関係ではなく、理念化された親子関係を規範化する宗教を間に挟み、オウムに代表される親子関係や家族を否定する宗教へと展開してきた、と整理することができるだろう。

類似の推移は、教団の内的な組織のあり方に即して、見ることもできる。森岡清美[1989]によれば、かつての新宗教は、内部の関係を「親子」の比喩で捉え、組織をその親子関係の積み重ねとして理解していた。だが、創価学会や立正佼成会のような地域ブロック制を敷いた、一九六〇年代の大教団は、この「親子モデル」に代えて、「なかま‐官僚制連結モデル」を実現した。それは、地域ブロックごとに、信者を、企業のような業務遂行型の組織に統合していく方法である。島薗進は、これを受けて、さらに七〇年代以降の新新宗教においては、「業務遂行組織‐消費者接合モデル」が現れた、と述べている(島薗ほか[1996])。最初、個々の信者は、消費者として教団に接し、そこからサーヴィスを受けるが、それ以上熱心な信者になると、業務遂行型の官僚組織に取り込まれる、というわけだ。以上の推移は、教団の組織が、次第に家族的なものから遊離してくる過程を示していると言えるだろう。そして、イエスの方舟の事例は、八〇年代の初頭においてさえも、家族的なものへの志向が、日本の新宗教の中から消えていないことを示している。だが、オウムはこれを根源から否定したのだ。

家族を含む伝統的な自生的集団に対するこのような徹底した否定の身振りに類似したものを、歴史の中に求めるとすれば、たとえば、われわれは、ポル・ポトの民主カンプチアを見出すことができる。ポル・ポトは、地域的なコミュニティや家族、そしてそれにともなう一切の文化といったあらゆるカンボジアの伝統を一旦解体し、これを、貨幣ももたない、原始的な共同体に再組織しようとした。よく知られているように、ポル・ポトは、都市の住民を農村に強制移住させる。つまり、自生的に成長してきたコミュニティを強引に解体させてしまうのである。それだけではなく、家族も否定される。たとえば、彼らが「集団化」と呼んでいるプログラムによれば、家族が一緒に食事をすることも禁止されているのだ。ここには、オウムが志向していながら、ごく部分的にしか実現できなかったことが、実際に政策として遂行されているのを見ることができる。

しかし、現在ではそのあらましが知られているように、結果は、とてつもなく悲惨なものだった。ポル・ポトの政策がもたらした悲惨さは、次の彼の演説が表明しているような強迫観念によって規定されている（チャンドラー［1994：208］）。

「われわれはどこが病気なのか、正確に突き止められずにいる。病気は、所在を明らかにして検診しなくてはならない。人民革命の熱気、民主革命の熱気が不十分だから……われわれは細菌を探しているのにうまくいかない。細菌がもぐり込んでいる。……細菌は、……社会主義革命によって押し出されてしまうだろう……だが、これ以上座視していれば、細菌によって本当に損害を蒙る可能性が出てくる。」

これは、ポル・ポトが政権の座にあった一九七六年末の演説である。ここで「細菌」として指示されているのは、彼らの社会の中に深々と侵入していると考えられていた「敵」、「裏切り者」、「スパイ」のことである。これらに対する恐れから、友人や学者を次々と殺してしまう信じがたいほどの規模の粛清と、ベトナム（これが細菌の送り先と見なされたから）との戦争が、引き起こされたのだ。ところで、これは、オウムの《他者》への恐怖と同じ種類のものである。ポル・ポトが「細菌」と呼んだものを、オウムは「毒ガス」の比喩で捉えたのだ。

4　クンダリニー＝サリン

クンダリニー＝サリン

オウムは、家族を、最も原初的な関係性の方へと向けて、解体する。このような関係性への感受性は、彼らが追求していた身体の様態に規定されたものであった。あらためて整理しておけば、オウムが修行を通じて獲得しようとした身体は、相互に関係する二つの契機によって特徴づけることができる。第一に、それは、流体あるいは気体と化し、一種の波動として実感される身体である。第二に、その身体は、言語的な疎通に媒介されることなく、〈他者〉に直接に参入することができるのだ。彼らが回復しようとしていた身体性が、これらの諸点から成り立っているのだとすれば、われわれは驚くべきことに、気づかざるをえない。これら二つは、まさにサリンを特徴づける性質にほかならない。すなわち、サリンは、場所的に限定し難い気体であり、自覚されることもなく皮膚から人の身体に侵入してくるのだ。サリン等の毒ガス兵器が特別に恐怖の対象となるのも、まさに、この二つの特徴のせいである。

だから、次のような仮説を得ることができるのである。サリンは――より厳密にはサリンによって無意識の内に表象されていたものは——、クンダリニーのエネルギーを励起状態に置き、流体・気体と化した身体と同じものなのだ、と。オウムがサリン等の毒ガス兵器に不合理なまでに拘泥したのは、それが、彼らが熱烈に希求していた身体と、まさしく同じものだったからではないか。

もちろん、同時に、サリンこそが彼らが最も恐れていたものでもある。したがって、まったく同じ身体が、完全に対立的な意味づけをもつ異なる様相へと引き裂かれているのである。ここでわれわれは、オウムが掲げていた陰謀史観の《他者》の両義的な性格を想い起こさなくてはならない。彼らが恐怖していたのは、秩序を根本から攪乱する外部の《他者》が彼らに著しく近接し、ついには彼ら自身であるかもしれない、ということであった。クンダリニーを励起させた身体とサリンとが実は同じものであったとするならば、この恐怖には、理由がある。クンダリニーの波動と化した身体は、自らの内的な過剰性を利用して、〈他者〉に直接に内在することができる。その〈他者〉は、極限の歓喜の感覚の内に享受されるだろう。しかし、その同じ〈他者〉が、ときにまったく逆に、存在することすらも許されないような完全な外敵として、拒否されもするのだ。

この二重性は、先に『風の谷のナウシカ』に即して見出したものとまったく同じものである。『ナウシカ』においては、毒ガスを発散させる腐海が、同時に毒ガスを浄化する働きをも担っているのであった。この物語の中では、同じ二重性はさらに、腐海を護る王蟲(オーム)

に、そしてまたその王蟲と「極限的に直接的なコミュニケーション」によって結びついている主人公ナウシカに、転移されている。圧倒的な支持を得たマンガにおいて、まったく同型的な二重性がモチーフになっているということは、希求されている純粋な身体が「毒ガス」とほとんど同じものになってしまうという、オウムの実践に懐胎している両義性が、偶発的な思い違いに由来する矛盾ではなく、現代社会の構造に深く根ざした必然性に由来しているものかもしれない、という推測を誘うことになろう。

オウム真理教は、かなり初期の段階から——おそらくサリンの製造に取りかかる前から——この二重性に規定された強迫観念に苛まれていたと思われる形跡がある。つまり、この強迫観念は、たまたま製造したサリンが外に漏れてしまったことを、その場しのぎ的に言いくるめたものではないのだ。私は、一九八七年末から八九年前半にかけてオウム真理教を参与観察し、それに基づいて書かれた卒業論文を入手することができた。それは、秋山英俊が千葉大学文学部に提出した論文である。論文は、八九年後半から九〇年一月にかけて書かれたものと推測される。これはたいへん貴重な資料である。というのも、今この種のものを書こうとすれば、たとえ過去のことを客観的に記録しようとしても、サリン事件が起きたということをすでに知ってしまったことからくる「遠近法的な倒錯」を免れることができないからである。秋山論文の中に、公開でなされた「水中エアー・タイト・サマディ」のことが書かれている。水中エアー・タイト・サマディとは、周囲を水に覆われた完全密閉の空間で、通常ならば酸素欠乏で死んでしまうほどの期間を瞑想して過ごすことである。これに成功するということは、呼吸・飲食・排泄などの肉体の機能を完全に停止させた、完全なサマディ（究極の瞑想状態）にあることを証明するものであると考えられている。八八年の三月から五月にかけて三回、麻原彰晃と石井久子が、この水中エアー・タイト・サマディを公開で試みようとしている。だが公開実験は、三回とも中止される。興味深いのは、その理由である。第一回目の中止理由は、水が内側の水槽へと（あるいは装置の外へと）漏れている、ということだった。二回目は、漏れている物質が、水から有毒ガスに変わる。有毒ガスが発生しているということは、麻原彰晃自身が指摘したことらしい。そして三回目もまた有毒ガスの発生が理由で中止される。この反復が示唆していることは、身体を究極の境地へと差し向けようとすると、その度に、執拗に、無意識の内にそれが毒ガスと連合してしまう、ということである。

修行によって得られる身体と毒ガスとの結びつきは、信者たちによっても、わずかながら、しかし反転した形で自覚されてもいる。つまり、身体が究極の境地に漸近するときに、毒素が排出物のようなものとして発生すると考えられているようなのだ。秋山論文によれば、信者の修行によって毒素が発生するということ、しかもその毒素を他者が引き受けることがその他者にとって功徳を積んだことになるということ、などが信じられている。修行する身体と排出物が実は同じものであるとか、身体を流体化する修行がなされなければそもそも毒素も存在しないといったことが洞察されているわけではないが、しかし、両者の繋がりが否定的な形式で予感されているわけだ。

サイバーパンク的想像力

「サリン」への恐怖を糸口にして導出した身体の同じ形式の分裂を、電子メディアや電磁波に対する彼らの想像力を手がかりにして剔出することもできる。PSIの使用に見ることができるように、電磁波には、彼らが獲得を目指している身体の様態が、つまり直接的コミュニケーションを通じて共鳴する身体の様態が投影されている。何人かの論者によって指摘されている、マスコミの力に対するオウムの過度な信頼も、同じような感覚に由来していると言えるだろう。もともと麻原は、マスコミ(特に雑誌)に自らを売り込むことで、急速に多くの支持者を獲得するのに成功したのだし、また教団のスポークスマンは、積極的にテレビに出演して、自らの主張を発表し、外部からの批判に応戦してきた。マスコミによる情報伝達の方法は、とりわけテレビやラジオの電波を通じた情報伝達の方法は、師の身体の波動を電子的な方法で弟子の身体に直接に伝送するというサイバーパンク的な構成の、薄められてはいるが大規模化された再現として、受け取られうるものである。電子的なものへのこの種の過信は、オウムに限らず、新新宗教的な運動にしばしば見出されるものである。典型的なのはESP科学研究所であり、ここでは信者の信仰生活のすべては、ただ主宰者である「石井普雄先生」から発散される超念力を、「ESPシール」や「エスパー・テープ」などの超念力グッズかあるいは電話を使って、遠隔地で受け取ることに尽きている。超念力が、電磁波に隠喩を求められる何かであることは、間違いない。

しかし、他方で、電子メディアやマスコミは、拒否すべき否定性の代表とも見なされているのだ。たとえば『ヴァジラヤーナ・サッチャ』7号（一九九五年二月）は、「悪魔のマインド・コントロール」という特集を組み、電子メディアやマスコミを批判している。「マインド・コントロール」という表現が使われていることから分かるように、ここでも、オウムを批判する者とオウムが共通の概念枠の内にあることを、確認せざるをえない。マインド・コントロールは、オウムにとって、気がつかないうちに仕かけられた催眠術のようなものであり、前言語的な「コミュニケーションの直接性」に――シャクティ・パットと同様に――訴えるものとして理解されている。『ヴァジラヤーナ・サッチャ』に連載されている小説「《ニッポン滅亡プロジェクト》を撃て！」は、アメリカを敵と見なすナショナリスティックな陰謀史観を表現しているが、その中に、敵の一味として登場するジャーナリスト「瀬川洋子」（江川紹子のことだろう）は、携帯電話の電波で人を洗脳する。携帯電話による洗脳は、ほとんどPSIのパロディである。

麻原彰晃とオウム真理教の思想と実践の困難を――その可能性を極限的に拡張した上で

――真摯に問うならば、結局、ここまでまさに論じてきたことに、つまり同じ身体が敵対的な二つの相に引き裂かれざるをえなかったということに、あったと見るべきではないか。彼らが敵対し、戦争を通じて排除しようとした《他者》は、彼ら自身の身体の内的な異和なのだ。彼らが分離した二つの相――クンダリニーとサリン――は、本当は、身体の同じ水準に属しているのではないか？　もしこれら二つの相が本来同じものであるならば、これを敵対的なものとして分極化するのではなく、まさにその本来性に従って、全的に抱擁することができたはずではないか？

しかし、身体の同じ状態が、敵対的なものへと分極化していったのは、なぜだろうか？

第四章　終末という理想

1　二つの終末論

二つの終末論

オウム真理教が提起してきたような破局的な終末論は、近代的な時間に対する完全な反措定である。しかしそれは、間違いなく、近代社会のただ中から、近代的な時間の転回として現れてきたに違いない。そうであるとすれば、われわれはここで、ごく簡単に、近代的な時間の存立を可能にしている仕組みを概観しておく必要があろう。このことから、近代的な時間が、そのすぐ脇に、自らと表裏を逆転させてしまったような、対極的なタイプの時間についての感覚を生み出したのはなぜか、が明るみに出されるかもしれない。

近代の時間意識は、——真木悠介［1981］が述べているように——二つの契機から構成されている。第一に、時間は帰無していく不可逆な流れであるということ。したがって、時間は、直線あるいは線分によって表象される。第二に、時間の流れは無限であること。時間は、過去や未来に——とりわけ未来に——いくらでも延長しうるものとして感覚されているのだ。このような二つの契機より成る近代的な時間が、どのような機制に媒介されて成立しえたかを問わなくてはならない。

古代においては——原始的な共同体においても都市化された文明においても——、時間を直線や線分として表象するよりも、反復や循環として表象する方が圧倒的に主流であった。仏教やヒンドゥー教の「輪廻」の思想も、時間を循環として描きだす観念の一種である。その中にあって、時間を、厳密に直線（線分）として感覚するようになったのは、古代のユダヤ社会である。そして、原型的な近代、つまり西欧の近代は、明らかに、この古代ユダヤに起源をもつような精神的な伝統（ヘブライズム）の内から現れてくる。

古代ユダヤ教が、時間を不可逆な線分として描いたのは、そこにおいて、真正な終末論が完成したからである。ここで「真正な」と形容したのは、次のような意味である。広義の終末論であれば、ユダヤ教以外にも、たとえばバビロニアやアステカにも見出される。しかし、それらの終末論においては、終わりが同時に始まりでもあるのだ。つまり、時間は循環するのであって、本当の終わりはここにはない。ユダヤ教においても、ブルトマン等によれば、その初期の思想は、「始めと終わりとが神の約束によって結び合わされている」ような循環する時間を念頭に置いている。始めと終わりが区別される真正な終末論は、後期ユダヤ教において、つまり『ダニエル書』などの黙示文学において現れる。真正な終末論においては、古い世界（現在）と新しい世界（未来）とを区別する終末は、一回起的であり、それゆえ時間は厳密に不可逆なものと見なされるのだ。

だがユダヤ教の終末論——もちろんこれがキリスト教とイスラム教に継承されていった——は、オウム真理教に代表される今日の新新宗教の終末論とは、根本的なところで、異なった様相を呈している。オウムの終末論は、破局の過程に、つまり世界を否定することに焦点をおいている。他方、ユダヤ教の終末論は、もちろん、終末後の世界における救済にこそ関心の中心がある。両者を区別するために、オウム真理教型の終末論を「否定的終末論」、ユダヤ教のような古典的な終末論を「肯定的終末論」と、それぞれ呼び分けておこう。近代的な時間の起源に終末論（肯定的終末論）があったということを、まずは確認しておきたい。しかし、ここでは、終末が（そしてまた創世が）想定されている以上、時間は無限ではありえない。（この現実世界の）時間は、有限長でなくてはならないのだ。近代の「絶対に終わらない時間」は、何らかの理由に基づく、有限の「絶対に終わる時間」からの転換によって、生み出されたのである。

ユダヤ教において真正な終末論が確立されえたことに関しては、ユダヤ民族が古代の先進的な大帝国に囲まれており、それらの大帝国に何度も迫害されたため、その歴史が民族的な規模の多くの苦難に彩られていた、ということが主要な原因となっているだろう。信仰の厚い者が、それにもかかわらずとりわけ不幸であるという事態は、ウェーバーが「苦難の神義論」と呼んだ神学上の難題を提起することになる。真木悠介が論じているように、現実＝現在の苦難は現実＝現在を否定する態度を産み、それは、未来にもたらされるはずの救済への希望によって補償されることで、耐えうるものへと変換されたに違いない。こうして、未来のある時点に、つまり終末の時点に、しかるべき者たちが——もはや逆戻りすることのないような形態において——救済される、とする終末論に帰結する。終末論の形成に特に与った聖書中の重要な文章は、不幸なユダヤ民族の歴史の中でもとりわけ不幸な時期に成立している（たとえば、麻原彰晃も予言の根拠の一つとしている『ヨハネ黙示録』は旧約ではなく新約の文献だが、これは、ローマ帝国のユダヤ民族への弾圧がとりわけ厳しく、エルサレムが陥落した時代に書かれた）ということが、この推論を傍証するだろう。

もちろん、終末後の世界こそが、ユダヤ教を信仰する者にとって、究極の理想として想念され、それとの相関によって、現在と歴史に意味が付与された。この意味づけの奇妙な効果の一つは、苦難そのものが——未だに救済されていない（理想に到達していない）欠如の状態にあるということが——、それ自身聖化され、逆説的に救済の確信を高めるように作用した、ということである。

有限の時間

後期ユダヤ教が生んだ（肯定的）終末論は、西欧中世のキリスト教世界に受け継がれる。すなわち、西欧は、中世において初めて、キリスト教の影響で、時間の不可逆性＝直進性を確立するのである。一般の民衆の水準でこのような時間が受け入れられたのは、ほぼ紀元一〇〇〇年頃であったと推定されている。それ以前は、西欧においても、一般の人々にとっては、時間は円環するものだったのである。もちろん、西欧中世が確立した直進する時間は、終末論的な構成に規定された有限の時間であった。

したがって、われわれが今日もっている「連続性」、「永続性」の観念は、中世人にとっては馴染みのないものである。すなわち、時間の中を非常に長く——あるいは無限に——存在し続けるものという観念は、この段階には存在しない。「時間（tempus）」は、可滅性、非持続性といったイメージと結合しており、連続性、永続性の反対語ですらあったのだ。教会は、時間の無限の長さを前提にするような発言を、公式に、「断罪された謬説（びゅうせつ）」のリストに加えている。謬説とされたのは、始まりの運動はない、消滅と生成は始まりも終わりもなく繰り返す、最初の人間も最後の人間も存在しない等々といった言明である。

このことは、中世の人々が現世の儚（はかな）さに悲嘆していた、ということを意味しているわけではない。そうではなく、始まりと終わりのある世界の拡がりが、彼らが具体的に身体をもって経験しうる範囲で、時間的にも空間的にもほぼ完結していたのである。その意味では、可滅的な時間内存在は、彼らのそれぞれの人生に即して充実していただろう。

たとえば——ベネディクト・アンダーソンが指摘していることだが——中世の教会にあるレリーフや絵画が表現している「古代」や「起源」は、われわれの眼からみると、あまりにも「現代的＝同時代的」である。つまり「時代考証」がまったくなされていないように見えるのである。キリストの生誕を表す絵画の中で、聖母マリアは、一世紀のセム族の衣装を着ているのではなく、中世都市の商人の娘の典型的な衣装を身につけていたりするわけだ。このような表現が中世の礼拝者にとって自然であったということは、彼らにとって、キリスト生誕や楽園追放や天地創造が、遥かな古代の出来事ではなく、彼らが具体的に経験したり、直接に伝え聞くことができる範囲を少しばかり外挿的に延長しさえすれば到達できる程度の過去であったことを意味する。時間的な深度が非常に浅いのである。

未来についても同じである。マルク・ブロックが述べているように、キリストの再臨は、もういつ訪れても不思議がない段階にあると考えられていた。つまり、世界の終末は、近いと実感されていたのだ。十二世紀の有名な年代記者、フライジング司教オットーは、「この世の終わりにめぐりあわせたわれわれ」という表現を繰り返し使っているという。ボーヴォワールが表明したような感覚は、西欧中世にとっては、まったく縁遠いものであったことがわかる。

永続ということ

だが、中世の大転換期に、つまり十二〜十三世紀に、少なくとも、スコラ哲学に精通しているような知識人の水準では、時間意識に関しても大きな変化が生じた。時間に内在する連続性、永続性ということが有意味であると見なされるようになり、また、世界が時間的な始まりをもたない永遠のものであると理解してもキリスト教の教義と矛盾しないとすら考えられるようになったのである。時間の無限性への一歩が踏み出されたのだ。あるいは、少なくとも、各個人や共同体の直接の経験を遥かに越える時間の長さということについての想像力が芽生えたのである。問題は、何がこの転換をもたらしたのか、である。

少なくともキリスト教神学の領域では、時間意識の変容と並行していた二つの変化に注目しておかなくてはなるまい。第一に、アリストテレスの哲学が導入され、それがとりわけトマス・アクィナスによって消化されることで、人間の経験を越えた、神の絶対の〈超越性〉=〈無限性〉が、厳密に確立したことが重要である（落合仁司［1991］参照）。もちろん、ユダヤ‐キリスト教にとっては、神は、もともと、人間の経験を通じて規定することができない、絶対的に〈超越（論）〉的な存在とされてはいた。しかし、このことは、特に民衆的な想像力の中では、厳密には保持されてはいなかっただろう。神は、実質においては、人間の経験的な操作の及びうる〈内在〉的な存在者として扱われてきた。このような誤謬を撤去して、神の〈超越性〉を厳密に理論的に基礎づけたのは、とりわけアクィナスの功績である。

神の絶対の〈超越性〉が、神が創造した世界の時間的な無限性を基礎づける、という連関は、いかにもありそうなことに見えるかもしれない。しかし、神の絶対の〈超越性〉だけでは、まだ、決して時間に内在する永続という観念は帰結しない。今し方述べたように、中世において「時間（tempus）」というカテゴリーは、可滅性を本性とする時間であった。これと対をなすカテゴリーは、「永遠（aeternitas）」である。この「永遠」は、今問題にしている永続性と同じものではない。「永遠」が意味しているのは、無時間的な永遠性であり、それは、時間に完全に外在しているからだ。「時間」は、現世に〈内在〉するもの——つまり人間——の視点に対して現れる時間の様相である。それに対して、「永遠」は、現世を〈超越〉するもの——つまり神——の視点に相関している。〈超越性〉の理論的な整備は、さしあたって、「永遠」の水準の意味を厳密化するのみである。

したがって、中世の哲学が果たした第二の理論的な躍進とは、「時間」と「永遠」のどちらでもない、両者の中間に置かれるべきカテゴリーとして「永続（aevum）」が導入されたことである。この革新の意義を強調したのは、カントーロヴィチ［1992］である。

ところで、「時間」は人間の視点に、「永遠」は神の視点に、それぞれ相関しているのであった。非時間的な永遠ではなく、時間化された——あるいは時間に抗する——永続が概念化されうるためには、人間でも神でもない第三の視点が導入されなくてはならない。その第三の視点とは何か？　それは「天使」の視点なのだ。「永続（aevum）」という三つ目のカテゴリーが成立することができたのは、「神／人間」の単純な二項対立を越えた天使の概念が整備されたことの産物であった。天使とは、神と人間を媒介する存在者、〈超越〉と〈内在〉を往還する存在者にほかならない。天使の媒介的な視点を発見したことによって、終末論的な直進する時間に、永続性という性質が付加されたのだ。

2 決して終わらない時間

「不可能な教義」としての予定説

しかし、スコラ哲学のインパクトは、主要には、ラテン語を読む知識人の水準にのみ属している。中世後期のスコラ哲学が実現しようとしていたことが西欧において民衆的な水準で真に実質を獲得するのは、宗教改革以降のことであろう。

アクィナスの哲学が確認しようとしたことは、述べたように、神の〈超越性〉である。しかしそれは、さしあたって、理論や思弁の問題であった。ルター以降の宗教改革が果したことは、アクィナスが思弁の上でのみ確保した神の絶対的な〈超越性〉を、したがって逆に言えば人間の絶対的な従属性を、制度や実践においても実質的なものとし、それを一人一人の信徒の水準にまで一般化することであった。要するに、宗教改革とは、キリスト教の原理主義運動なのである。

ルターは、修道院的な秩序の価値を否定することを通じて宗教改革の端緒を開いた。修道院が否定されなくてはならないのは、修道院が、〈超越〉的＝彼岸的な価値を地上（現実世界）において具現する制度として受け取られてしまうからである。人間が経験しうる世界を神が絶対的に〈超越〉しているならば、特権的な何ものかがそれを経験的（〈内在〉的）世界の内に具現する、などということは決してありえないはずだ。つまり神＝〈超越性〉は、厳密に不可視の抽象的な実在でなくてはならない。ルターの修道院否定のモチーフはここにある。修道院の否定の結果は、しかし、修道院の普遍化・世界化とでも呼ぶべきものである。ウェーバーは、こう言っている。「既にセバスチャン・フランクは宗教改革の意義を明らかにしようとして、いまやすべてのキリスト者は生涯を通じて修道僧にならねばならないのだ、といっているが、これは宗教改革の性質の説明としてまことに核心を衝いたものである」（Weber［1962：80］）と。

修道院に類する秩序を地上から排することは、〈超越〉的＝宗教的な目的＝理想を、直接に追求することの不可能性を結果するはずだ。〈超越性〉を具現する制度である修道院では、日常生活からの退却が是認され、行為が直接に宗教的な意味を帯びた――つまり救済に奉仕するとみなされた――だろう。しかし、このような制度を一掃すれば、宗教的な目的に直接に貢献するような行為の場は、失われてしまう。

ルターが先鞭を付けたこの方向を純粋化し、徹底させたのがカルヴァンである。カルヴァン派は、宗教上の究極の目的＝理想を、人間的な手段から完全に分離してしまう。宗教上の究極の目的＝理想とは、言うまでもなく、神による救済である。カルヴァンが唱えたのが有名な予定説である。予定説とは、誰が救済されまた誰が救済されないかは、つまり神の意志（神の選択）はすでに決定されており、人間の行為はその神の意志にいささかも影響を与えることができない、というものである。たとえば、善行を積むことが因果応報的に救済に結びつく、と考えることはまったく拒否されるのだ。こうして、人間の一切の行為が、救済という最高の理想に貢献しているとみなされる可能性が失われる。ところが、しかし、ウェーバーが熱烈に論じたことだが、救済と人間的な手段（日常の実践）のこうした完全な分離が、かえって、日常的な実践の全体を、宗教的な意味を帯びたものへと（つまり宗教的な手段へと）変換させることになったのだ。このような逆説的な帰結が生じたのはなぜだろうか？

とりあえず、まず究極の目的＝理想と人間的な手段との分離は、「目的／手段」図式の実効性を厳密に確保しようとしたことの結果である、ということを確認しておかなくてはならない。「目的／手段」図式が機能し続けるためには、第二章3節でボーヴォワールの言葉に言及しながら述べたように、常に、より遠方の未来に、後続の目的が設定され続けなくてはならない。さもなければ、未来のいずれかの時点で、目的と手段が直接に合致してしまうだろう。そこではもはや、目的との相関において手段＝行為の価値を評価するという態勢が、すなわち「目的／手段」図式が機能しなくなる。それゆえ、「目的／手段」図式の実効性を厳密に確保するためには、究極の目的を、行為の経験的＝時間的な連鎖から離脱した、純粋に〈超越〉的な場所に設定するほかなくなる。その教義上の表現こそが、予定説なのである。だから、予定説における、目的（救済）と手段（人間の実践）の分離＝無関連化は――したがって「目的／手段」関係の破壊は――、それ自身、「目的／手段」関係を恒常的に維持しようとしたことの結果なのだ。

このような構成の中から、はじめて、時間の無限性が成立する。予定説も、もちろん、終末論（始めと終わりをもつ時間）である。しかし、究極の目的＝理想が、完全に〈超越〉的な場所に設定され、抽象化した結果、経験的な行為によって、目的に漸近する（救済の確率を高める）という構成自身が、無意味化してしまった。目的＝理想は設定されているが、行為をいかに積み重ねていっても、目的＝理想に到達することはない。要するに、終わりが設定されていながら、決して終わらないのである。このとき、経験的な世界に内属する者（人間）にとっては、時間は、無限の長さを有するものとして、実質的には現象することになるだろう。

以上の結果は、――繰り返し確認しておけば――、神の絶対の〈超越性〉を、つまり人間の絶対の従属性を、厳密に確保したことの結果である。宗教改革の産物である清教徒（ピューリタン）においてこの点がいかに徹底していたかということは、たとえば、ウィリアム・ペイドンの研究が示している。ペイドンは、四世紀後半から五世紀にかけて生きた修道僧ヨアネス・カシアヌスと一七世紀前半のニュー・イングランドの清教徒トマス・シェパードとを比較している。カシアヌスにとっても、傲慢(ごうまん)は悪徳だが、数ある悪徳の一つにしかすぎない。それに対して、シェパードにとっては、人間がいささかなりとも救済のために何かをなしうると考えること自体が、根本的な過ちなのである（大澤［1996］参照）。

プロテスタントが、神の〈超越性〉を厳密な意味で確保しようとして、神を抽象化したとき、その結果として、終末が、行為の経験的な因果連鎖の先端に、要するに此岸の世界に到来する可能性は、事実上否定されてしまう。その結果として、時間が無限化することになる。ここまで、このように論じてきた。しかし、誰もがここで疑問につきあたるだろう。もし人間の行為が救済の可能性に何らの影響を与えることもないのだとすれば、予定説が人々を捉え、その行為を規定することは、およそ不可能なことではないか？　予定説に従えば、人間の行為は救済にまったく貢献しないのだから、結局、それは、人間の行為の形式をどのようにも方向づけることはできないはずだ。つまり、予定説は、救済の可能性を高めるものとして、つまり理想の実現の可能性が高まるものとして、特定の行為の形式を推奨することはできないだろう。そうであるとすれば、予定説を信じるということは、何も信じていない、ということと同じことに帰するのではないか？　言い換えれば予定説を信じるなどということは、不可能なのではないか？　予定説は、何ら人々に実効的な影響を与えることはできず、存在しないに等しいのではないか？

予定説が不可能な教義なのであれば、もちろん、それが時間の無限性を結果したという以上の議論も、すべて否定されなくてはならない。ところが、実際には、ウェーバーが論じているように、予定説は、人々の行為に絶大な効果をもたらしたのである。予定説は、なぜ機能しえたのだろうか？　このことに解答するためには、ここまでにはまだ論じていない、もう一つ別の要因を考慮に入れなくてはならない。別の要因とは何か？　先に、中世後期の神学が、二つの理論上の革新を導入した、と述べた。一つは、神の〈超越性〉〈無限性〉の定式化であり、もう一つは、天使の視点の導入である。宗教改革の意味についてのここまでの考察は、前者の契機が、プロテスタンティズムにおいて、いかに厳密に継受されたか、ということのみを論じてきた。付加されなくてはならない「もう一つの要因」とは、後者の契機に対応する働きを担った何かである。

千年王国論

最近の歴史研究によると、一六世紀後半から一七世紀にかけて、イギリスやニュー・イングランドの清教徒の間で、千年王国論が広く受け入れられ、大きな影響力をもったらしい。たとえば、イギリスの清教徒革命においては、千年王国論者が指導的な立場にあったことが、最近の研究でわかってきた（岩井［1995］等参照）。

千年王国論とは、本当の終末――つまり「神の国」の到来――の前に、この地上（経験的世界）に、千年間続く理想の王国が実現する、とする説である。だから、もちろん、これも終末論の一形態であることには間違いない。キリストの再臨をどこに置くか、つまりキリストは千年王国の前に再臨するのか、後に再臨するのかで大きく二類型に分かれるが、もちろん、ラディカルな千年王国論は、キリストの再臨を千年王国実現の前におき、キリストが千年王国を支配すると考える。千年王国論は、一般に、千年王国の実現が非常に差し迫った近い将来にあると予想する。千年王国の実現に先立って最終戦争（ハルマゲドン）が戦われ、反キリストが滅ぼされることになっている。最終戦争の後に地上に理想の王国「シャンバラ」を建設しようとするオウム真理教の終末論も、千年王国論的な体裁を取っていることがわかる。もっとも、何度も強調するように、オウムの終末論は、千年王国そのものに対して積極的な明るい展望をもっていたとは必ずしも言えず、それに先立つ破壊の過程により大きな重点が置かれていたようにみえるのだが。

千年王国論は、通常、黙示文学、とりわけ『ヨハネ黙示録』の解釈から導かれる。しかし、すべてのキリスト教徒が、千年王国論者であったわけではない。というより、千年王国論は、一般的には、異端的な教説である。たとえば、アウグスティヌスは、千年王国論者を「肉的な人々」として、つまり神よりも現世的な快楽に関心がある者として、厳しく非難している。このアウグスティヌスの見解は、中世カトリック教会に受け継がれた。宗教改革以後のプロテスタント諸派も、多くは千年王国論を拒否した。ルターもカルヴァンも千年王国論に否定的である。

前項で概観したような宗教改革の一般的な傾向を念頭においてみると、「肉的な人々」の教説とされている千年王国論が一七世紀の清教徒の間で流行したということは、たいへん不思議なことである。千年王国論は、現世利益への単純な願望に規定されているように見える。しかし、前項で論じておいたように、もともと、プロテスタントの運動は、現世的な目的を徹底して拒否するものであった。それは、行為の連鎖の先端に現れるような経験的な——つまり地上的な——事物を最終的な目標とすることを拒否する運動だったのだ。そうであるとすれば、千年王国論は、宗教改革の方向性と真っ向から対立するように見えるのだ。それにもかかわらず、イギリスとニュー・イングランドの非常に優秀な清教徒が、今日の麻原彰晃のように、差し迫った千年王国の到来を、具体的に予言してさえいるのである。一七世紀のニュー・イングランドの清教徒や、また清教徒革命の指導者を、不徹底なプロテスタントと見なすことはできない。むしろ、彼らこそ、最もラディカルなプロテスタントであったことは間違いない。そうであるとすれば、プロテスタントが志向していたことと千年王国論は、その外見に反して、本質的な親和性を有していると考えなくてはならないだろう。

千年王国論とは、終末を先取りしてしまうことである。そうすることで、終末へと向かう時間が、それ自身、終末論的に構成された時間の内部に、入れ子状に組み込まれることになるだろう。真の終末（最後の審判の日）は、はるかな彼方に——実質的には無限の彼方に——展望されている。他方、先取りされた、経験的な時間の内部に繰り込まれた終末（千年王国の到来）は、いつでも、非常に差し迫っている。この対照に注意しておこう。

追い着かないことと追い越すこと

さて、ここで、懸案の問題、予定説が人々の行為を捉えることができたのはなぜかという問題を、考えてみよう。目的＝理想を追求する活動が意味をもつためには、当然のことながら、目的＝理想に未だに到達していない、ということが必要条件になる。しかし、「未だに到達しない」という構成が必然的で、原理的に克服されえないとすれば、目的や理想を追求することが、逆に無意味なものになってしまう。予定説を前にしてわれわれが困惑するのは、予定説が、まさにこのような場合に対応しているように見えるからである。それにもかかわらず、予定説がプロテスタントの心を捉え、彼らの行為に濃厚な宗教的色合い（ウェーバーが「世俗内禁欲」と呼んだもの）を与えるのは、そこで独特な視点の二重性が活用されているからである。

予定説によれば、神の選択は、（人間には）未知ではあるが、しかし、すでになされてしまっている（つまり誰を救済するかはすでに予定されている）。つまり神の意志は、一方では（人間にとっては）不確定だが、他方では（神自身にとっては）確定的なのである。プロテスタントの行為が宗教的な意味を帯び、方法的に合理化・規律化を被るのは、彼らが、神の選択（意志）が現実化してしまっている、ということを前提にして行為を遂行するからである。すなわち、自分が救済されているだろうということを仮定してしまい、そこから因果関係を逆に辿るような推論を行い、救済されているほどの者であれば当然にそうするであろうと彼が予期するような行為を遂行するのである。

それゆえ、二つの視点の精妙な組み合わせによって予定説は実効性をもつのだ。二つの視点は、目的＝理想（救済）を規準にして、それぞれ、「（そこに）追い着かない視点」と「（そこを）追い越してしまった視点」として位置づけることができるだろう。一方には、目的（救済）に到達していない者の視点、つまり目的に「追い着かない視点」がある。しかし、神の〈超越性〉をあまりに厳格に確保してしまった予定説は、これだけでは機能しない。他方に、結果（救済）を見てしまった視点が、すなわち目的の時点を「追い越してしまった視点」が据えられているのである。もちろん、前者は人間の視点であり、後者は神の視点である。本来は、神の視点に映ずるものは決して（人間には）開示されない。だが「追い着かない視点」にある者が、「追い越してしまった視点」を〈超越〉的な他者（神）に帰属するものとして想定し、確保することによって、さながら「追い越してしまった視点」に対して何が現れているかを知っているかのように振る舞うことができるのである。（〈超越〉的な）他者に帰属する「追い越してしまった視点」の内容は決して明示されてはならず（つまり誰が救済され、誰が救済されていないかは明示されてはならず）、潜在的なままに保持され、そのことによって、「追い着かない視点」にある者の「目的（理想）を追求する行動」が有意味化されるわけだ（大澤［1996］参照）。

予定説は、だから、人間の〈内在〉的な視点と神の〈超越〉的な視点とを（人間が）往復することによって維持されているのである。ここで、中世のスコラ哲学において、天使の視点が導入されたことによって、時間内的な「永続性」の観念が確立されたということを、あらためて想い起こしておこう。天使もまた、〈内在〉と〈超越〉の往復によって、すなわち（被造物であるという意味では）〈内在〉的な存在者でありながら〈超越〉的な場所に立ちうるということによって、定義されるのであった。

止揚された終末論

だが、目的＝理想を「追い越してしまった視点」を採用しうる、ということは、その目的＝理想を無効化することにつながる（すでに到達してしまっている目的＝理想を追求することはできないのだから）。したがって、神の〈超越性〉を——あるいは予定説を——維持し続けるためには、「追い越してしまった視点」をその度に「追い着かない視点」へと変換できなくてはならない。このような変換はいかにして可能か？　それは、目的＝理想を彼方＝未来へと置き換え、「追い越してしまった」地点を「未だに追い着かない」地点へと格下げすることによってのみ、果たされるだろう。このことから、プロテスタンティズムが千年王国論となぜ親和的であったのか、ということが理解可能なものとなる。

　予定説にその完成形態を見るようなプロテスタントの時間の構成は、結局、次のような方法でしか厳密には維持できない。人はまず常に顕在的には目的＝理想に「追い着かない視点」に置かれていなくてはならない。だが、それを有意味なものにするためには、潜在的には、目的＝理想が実現される時点を「追い越してしまった視点」を先取りしなくてはならないのだ。つまり、目的＝理想がすでに実現されてしまっていること（実現されることが確実であること）を、潜在的な前提にしなくてはならない。しかし、「追い越してしまった視点」は、目的＝理想そのものを無効化してしまうだろう。それゆえ、直ちに、「追い越してしまった視点」を「追い着かない視点」に変換するような彼方の目的＝理想が、再設定されなくてはならない。もちろん、この再設定された目的＝理想についても、同じ操作が反復される。

したがって、予定説は確かに時間を無限化するのだが、それは、常にその度に、目的＝理想をより先に再設定する操作が、無限に反復されるからなのである。究極の目的＝理想、すなわち（最後の審判のときの）救済は、反復的に置き換えられるこのような無限の目的＝理想を全体として積分したものである、と言うことができるだろう。他方、急迫しているものとして予言される千年王国は、廃棄されては再設定されていく目的＝理想の一つの様態なのである。千年王国という地上的な目的＝理想は、究極的な終末＝救済を言わば微分することによって得られるのだ。このようにして、予定説的な終末論（積分）と千年王国論（微分）が互いに互いを支え合うようにして、共存するのだ。

このような時間の構成は、地平線への旅にたとえるとわかりやすいかもしれない。地平線は、限界づけられた目の前の目的として与えられる。しかし、その目的の地平線の位置に移動すると、その度に、地平線はさらに向こう側に退いてしまう。こうして、地平線への旅は無限の距離を歩む旅となる。この旅の中で、地平線は実はその都度置き換えられており、旅人は、いつも違う無限個の地平線（千年王国）を目指しているのだが、彼は、まるで唯一の――いわば大文字の――「地平線」というもの（最後の救済）を目指しているような印象を得ることになるのだ。

こうして、近代的な時間を構成する二つの契機――不可逆性（直線性）と無限性――が出揃う。次のように結論することができるだろう。近代の「決して終わらない時間」は、有限の時間を想定している肯定的終末論からの、つまり「必ず終わる時間」からの発展として生み出されたのだ、と。（肯定的）終末論は、最初は、時間を有限なものとして設定する。しかし、そこに伏在している原理を純化していった場合には、時間を無限化せざるをえないことになるのだ。こうして、われわれは、西欧のキリスト教の歴史を非常におおまかに辿りながら、近代的な時間を維持している内的な機制を剔出した。今や、長い回り道から本来の道へと戻り、問わなくてはならない。このような近代的な時間の内に、再び有限の時間が、つまり否定的終末論が結晶してきたのはなぜだろうか、と。

3 資本の背理

資本の原理

本章のここまでの考察から、次の二つの結論を引き出すことができるだろう。第一に、〈超越〉的なものの存在こそが、目的の終極の形態である理想を実効的なものにする。たとえば、ユダヤ教の厳格な一神教的な構成の中で、救済（理想の状態）の時へと一方向的に直進する時間が、はじめて基礎づけられたのである。〈超越性〉こそが、理想のまさに理想としての妥当性を構成するのだ。それゆえ、理想への時間の中では、人間は、規範的に要請されているもの（本来あるべきもの）の「欠如」として意味づけられることになる。このような「欠如」についての自己認知の過激な様相が、たとえば、ユダヤ人が民族的な規模で経験した「不幸」である。なお、ここで〈超越性〉と呼んだものは、（狭義の）神に限らない。詳しく論ずる余裕はないが、神と機能的に等価な働きをするさまざまな作用素が、社会的には存在しうるだろう。近代社会においては、たとえば「ネーション（国民）」が、あるいは「市民社会の理念」が、そのような作用素となりうる。

第二に、〈超越性〉の原理が徹底され、純化された場合には、それによって担保される理想（究極の目的）を不断に置き換える反復が帰結する。置き換えは、理想＝目的を次々と未来へと先送りするわけだが、このとき、以前の理想＝目的追求の行為は、より未来に設定された理想＝目的の追求過程に位置づけられ、その中であらためて意味を付与されることになる。このような不断の置き換えのゆえに、直進する時間が無限化するのであった。

近代的な時間を帰結する、このような〈超越性〉の原理を、伝統的な宗教の内で最も純粋な状態で具現しているのが、見てきたようにプロテスタンティズムである。ところで、よく知られているように、ウェーバーは、プロテスタントの宗教的な熱情が、まさにそれゆえに、資本主義の精神の発展に対して促進的な意義を担った、と論じている。プロテスタントが果たしたことは、神の〈超越性〉の厳密化であった。それに対して、資本主義は、

〈超越性〉を具現する社会的形象（神）をもたない、まったく世俗化された過程として現れる。ウェーバーの洞察が秀抜なのは、後者が前者の単純な拒絶や、前者への反動として登場したのではなく、まさに前者の徹底化によってこそ現れ出た、ということを確認したことにある。このような逆説的な展開は、なぜ生ずるのか？　実は、（広義の）資本こそが、〈超越性〉の最終的で集約的な形態だからである。この点を説明しておこう。

神の〈超越性（無限性）〉を厳密化するということは、神の普遍性を厳密な意味において確保するということである。神のような〈超越〉的審級は、規範の帰属点として現れる。すなわち、神は、規範（律法）を選び、そして（人間に）与えるものとして現れる。規範は、行為や体験を妥当な形式（肯定的形式）と非妥当な形式（否定的形式）へと、つまり善と悪へと分割し、そのことによって行為・体験を可能なものとする。「妥当性／非妥当性」の区別が与えられている行為・体験の領域を、だから、「経験可能領域」と呼ぶことにしよう。この「経験可能領域」こそが、規範の作用が及ぶ範囲であり、したがってまた神が支配する範囲である。神の普遍性を確保するということは、この（神に帰属する規範がもたらす）経験可能領域を、生の全体に対して普遍化するということである。

プロテスタンティズムが果たしたことは、――第一次近似として言っておけば――、このような意味における神の普遍性の確立である。それは、キリスト者の共同体の社会的な拡がりの線にそってみた場合には、ウェーバーがセバスチャン・フランスに従って述べるように、すべてのキリスト者を（象徴的な意味における）修道僧にする。普遍化された神の下では、特権的に宗教性を帯びた人々が、共同体の特定領域に囲い込まれることはなく、共同体の全体か、宗教性を帯びた空間に転換されるからである。また、神の普遍性を、個人の通時的な生にそってみた場合には、世俗内禁欲として現れる。世俗内禁欲とは、日常のあらゆる行為や体験が（宗教的な）規範に律せられている状態である。もはや、世俗を離れた特定の行為のみに、高い宗教的な意味が配分されているわけではない。ここまで議論の俎上にのせてきた神の抽象化は、あるいはその教義上の表現としての予定説は、神の普遍化の不可欠な随伴物なのである。神の普遍化はその抽象化を要請し、抽象化によって普遍化は果たされる。

ところで、神の抽象性（予定説）は、二重の視点の協働において確保されているのであった。「追い着かない視点」と「追い越してしまった視点」との二重性を保持する限りにおいて、抽象的な神の実在は確保されるのである。追い着かない視点は、顕在的な視点であり、追い越してしまった視点は、潜在的な視点——つまりすでに獲得されているのにそのようには自覚されていない視点——である。後者の追い越してしまった視点は、それ自身、より遠方の（未来の）視点との関係で、「追い着かない視点」へと転換されていく。

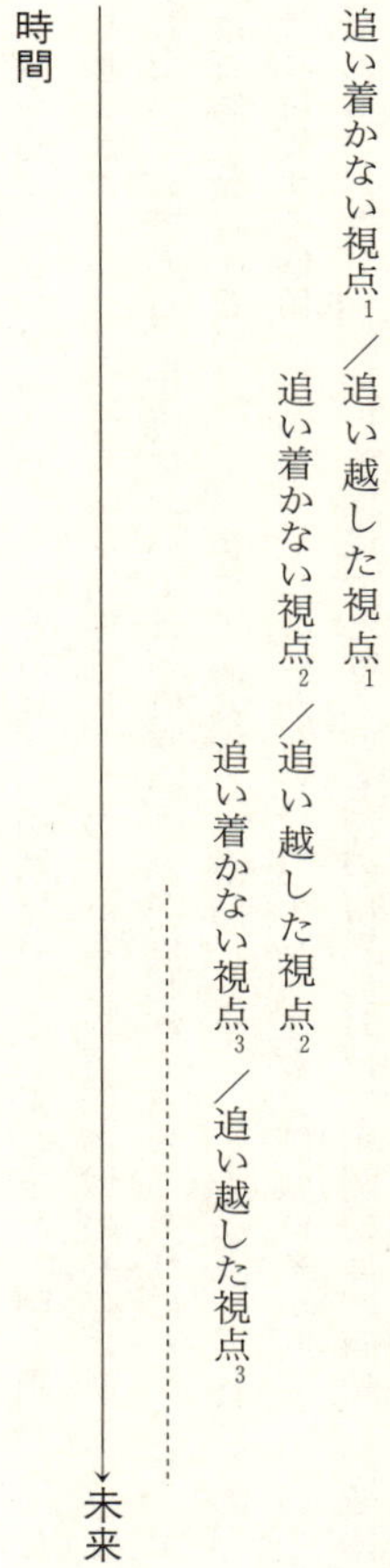

追い着かない視点と追い越した視点は、異なる経験可能領域に内属している、ということに気付くことが重要である。それぞれの視点は、それを「追い着かないもの」として定位するような「理想」を妥当性の極点（善なるもの）として位置づけるような規範の、経験可能領域に所属している。したがって、二重の視点が協働しているということは、二つの経験可能領域が潜在的に共存している、ということを意味している。追い着かない視点が所属する経験可能領域^{1}は、追い越してしまった視点が所属している経験可能領域^{2}の内部で、後者の経験可能領域^{2}に所属する諸行為が志向する「理想」の追求過程の部分として、あらためて位置づけを与えられることになる。要するに、追い越した視点が所属する経験可能領域^{2}の方が、追い着かない視点が所属する経験可能領域^{1}よりも包括的で普遍的なものなのである。

ここで、われわれは、ここまで描いてきた構図をいくぶん精確なものに修正することができる。プロテスタンティズムにおいて、神の完全な普遍性が確保された、という命題は、あまりに静的に過ぎる記述である。厳密には、規範が帰属する〈超越〉的審級（＝神）を不断により包括的なものへと置き換えていく、普遍化の動的な過程があるのみなのである。もちろん、それは、〈超越〉的審級を不断に抽象化していく動的な過程である、と言い換えてもよい。このような動的な過程のゆえに、常に、顕在的でより限定的な経験可能領域$_1$と潜在的でより普遍化された経験可能領域$_2$が、共同体の任意の時点において、重層化された形で共存することになる。前者を「現在」的な領域として、後者を「未来」的な領域（の現在への先取り）として、性格づけることができるだろう。

　このように理解することによって、プロテスタンティズムが資本主義の誕生に対して促進的な意義を担ったのはなぜか、ということが説明可能なものとなる。二つの経験可能領域が潜在的に共存しているということの経済の領域における効果こそが、剰余価値なのだ。言い換えれば、資本という現象の可能性は、このような経験可能領域の共存によって保証されているのである。市場においては等価交換のみが行われている。それにもかかわらず、剰余価値が発生するのは、――かつて柄谷行人が指摘したように――商品（と貨幣）の等価性を評価する価値体系が単一ではないからだ。つまり、複数の価値体系が共存しているのである。ここで「経験可能領域」と呼んだものの市場における相関物は、商品の価値体系であろう。詳しくは論ずることをしないが、現在的・限定的な経験可能領域（価値体系）と未来的・普遍的な経験可能領域（価値体系）との間の独特な視点のやりとりを通じて――後者に所属する視点を前者の内部へと還流させることを通じて――剰余価値は産みだされるのだ（詳しくは大澤［1996］参照）。

それゆえ、経済的な現象としての資本は、普遍化していく〈超越性〉の経済的な領域における現象形態であると言うことができる。したがって、逆に、われわれとしては、経済的現象に限らない広義の資本を、不断に普遍化・抽象化していく〈超越性〉を指示する一般的な用語として使用することにしよう。資本が、〈超越性〉の集約的な形態である、というのはこの意味においてである。

〈超越性〉の消耗

さて、ここであらためて留意しなくてはならないのは次のことである。追い越してしまった視点を追い着かない視点へと転換させることは、理想＝目的の置き換えを伴う過程である。ここまでの議論が示してきたように、この理想＝目的の置き換え運動は、〈超越性〉をまさに〈超越性〉として厳密に保持しようとした結果として出現する。しかしそれにもかかわらず、この運動は、やがてかえって〈超越性〉の存立可能性を脅かすこととなる。

理想＝目的を置き換えていく反復は、言わば〈超越性〉を消耗していく過程でもあるのだ。この点を簡単に説明しておこう。

置き換えは、述べておいたように、目的＝理想に「追い着かない視点」と目的＝理想を「追い越してしまった視点」との緊張関係から生ずる。「追い着かない視点」に立つという者にとっては、〈超越者（神）〉の意志は、原理的に確定することができない。すなわち、彼または彼女が目的＝理想に到達しうるのか、目的＝理想へと向かう適切な過程の内にあるのか、究極的には決定することができない。「追い越してしまった視点」を潜在的に前提にするということは、こういった〈超越者〉の意志を先取りして確定してしまうことを意味する。しかし、その意志＝選択が十全には確定できないということは、〈超越者（超越性）〉の権能を構成する条件である。それゆえ、原理的に未確定であるべき〈超越者〉の意志を先取り的に確定してしまうことによって、〈超越者（超越性）〉は、事実上、廃棄されてしまう。たとえば、予定説の場合には、神の救済の意志は、人間にはいかようにしても知りえない。このような不可知性は、神が〈超越性〉として人間に君臨することの証である。人間がそれを知りえたり、操作しうるとすれば、それは人間の傲慢であり、神の〈超越性〉は侵されるだろう。しかし予定説に従う者は、まるで、神の意志を知っているかのように――つまり彼（女）の救済を既定された前提として――振る舞う。そうすることで信者は、自身の意図とは逆に、神の絶対的な〈超越性〉を浸食してしまうのである。

もちろん、一旦〈超越性〉の権能が否定されたとしても、より遠方の理想＝目的が再設定され、「追い越してしまった視点」をあらためて「追い着かない視点」へと繰り込むような形態で、〈超越性〉が回復される。しかし、その度に〈超越性〉の権能を気がつかない内に否定してしまう――そして後でそのことに気がつく――という反復は、〈超越性〉の存在についての人々の現実性（リアリティ）を次第に希薄化し、消耗してしまうに違いない。だから理想＝目的がより包括的なものへと置き換えられるのに並行して、その背後で、理想＝目的というもの全般の効力を保証する〈超越性〉の権能が徐々に削減されていくのである。翻って考えてみれば、予定説の神は、〈超越性〉の合理化の極点にありながら、すでに、その否定への決定的な一歩を踏み出してしまっていた。神が提起する理想（救済）に人間的な実践がいささかも漸近できないとするならば、そのような神は人間にとって存在しないもほとんど同然なのだから。

近代的な時間を支持する機制――理想を次々と置き換えていく反復――は、今述べたように〈超越性〉を次第に消耗させていく。このことから、厳格な清教徒の直系の末裔として、「精神のない専門人、心情のない享楽人」が登場するのである。

こうして、ついには、〈超越性〉は、「神」のような自らを表象する積極的＝実定的な形象をもたない地点まで抽象化し、磨耗してしまうのである。近代の無限に直進する時間は、一見したところ「神」の実在に不関与に感じられる。だが、この外観に惑わされるべきではない。時間が、個人の生や共同体の具体的な関係性を越えて、抽象的に無限化していくには、強力な〈超越性〉の作用下にある終末論が前提になる。ただ、その終末論が純化されたとき、逆に終末論としては自己否定され、また〈超越性〉の積極的＝実定的な形象を還元してしまうのである。

この項では、〈超越性〉が次第に消耗される機制の概略を述べてきた。同じことを次のように表現することもできる。理想の置き換えは、規範的な裁可の対象となる経験可能領域が次第に普遍化していく過程でもあった。普遍化とは、先行する経験可能領域とそれに相関した理想を、後続の（未来の）経験可能領域と理想の中で相対化していくこと、唯一の妥当な選択肢として現れていたことがらを、いくつかの妥当的に可能な選択肢の一つに過ぎないものに位置づけ直すことである。このようなダイナミズムは、やがて、経験可能領域を「飽和量」に近づけていくことになる。一方では、極度に包括化した経験可能領域は、言わば輪郭が弛緩し、境界線が曖昧なものになっていく。経験可能領域があまりに普遍化してしまった場合には、それは、どんな行為や体験が許容されているのか、どの行為が「理想」に合致しているのかということを限定する潜勢力を失ってしまうのである。他方では、十分に包括化した（現在の）経験可能領域に対しては、それをさらに相対化しうる、しかも内容をもった（未来の）魅惑的な理想や規範を措定することが、次第に困難なものになっていくに違いない。それゆえ、（広義の）資本という〈超越性〉は、自らを磨耗していく過程によって維持されていくのである。このような自己破綻的な構成の、経済的な領域における対応物は——つまり狭義の資本の水準における表現は——、詳しくは論じないが、ハイパーインフレーションであり、恐慌である（大澤［1996］参照）。

同じ論理で、われわれが最初に確認した日本の戦後史の転換——「理想の時代」から「虚構の時代」への転換——の大枠を説明することができる。われわれが見たのは、「理想」が純化された場合に、やがてそれは自らを否定して「虚構」へと変容していく、という経緯であった。理想は、〈超越〉的なものの存在を前提にして機能する。〈超越性〉が、理想に、まさに理想たるに相応しい規範性を与えるのである。それゆえ、〈超越性〉が磨耗した場合には、現実（世界）の否定として提起されたヴィジョンは、人々をそれの「欠如」として意味づけるような規範性を失ってしまうだろう。〈超越性〉の喪失は、同時に、何が本来の（あるべき）現実であるかを決する準拠の喪失でもある。そのような現実の規範的な様態は、設定されている究極の理想との相関で決定されるからである。それゆえ今や、現実の否定は、現実（世界）と等価的な可能世界として、つまりは「虚構」としてのみ提起されることになるだろう。

いわゆる「冷戦の終焉」を、〈超越性〉が還元されていく運動のきわめて現代的に顕著な現象形態の一つとして、指摘しておく必要がある。冷戦は、それが意味する対立＝差異の構図を媒介にして、普遍的な妥当性がある（かのように見える）〈超越性〉を維持する機構であったと言えるだろう。たとえば、「ソ連」という否定的な項を有することができたからこそ、「アメリカ」が表象する「自由と民主主義」が、普遍的な説得力を有する〈超越〉的な理想として現象することができたのである。想い起こせば、戦後直後の「進歩」的知識人の最初の「理想」は、第二章1節で述べたように、冷戦の対立に対応するものであった。しかし、対立が還元されてしまったとき、「自由と民主主義」は具体的には何を意味しているのか——言い換えれば何を否定しているのか——定かではない空虚な理想へと堕してしまう。冷戦の終焉は、つまり、対立＝差異を通じて屹立することができた〈超越性〉を、最終的に解消してしまったのだ。

オウム真理教の初期の頃の「終末の像」は冷戦構造に規定されたものであった。すなわち、初期の最終戦争（ハルマゲドン）のイメージは、米ソの核戦争である。だが、オウムの最終戦争のイメージは、やがて、次第に米ソの対立から離れていく。それとともに、芹沢俊介［1996］が注意を求めているように、教団自身が、最終戦争の一方の当事者になっていく（米ソのような第三者同士の対立ではなく）。客観的な状況を見ても、オウム真理教が生まれ、そして拡大していく過程は、まさしく、ソ連や東欧諸国の破綻が明確になり、冷戦の東西対立が無効化していく段階であった、と言うことができる。私が直接に知り合うことができたある元出家信者は、実際、冷戦の崩壊にともなう敵＝対立の不可視化が、オウムの世界観に影響を与えたとの推測を、手紙を通じて私に示唆してくれた。

4　破壊する神

空しさ

オウム真理教の「諜報省」のトップである井上嘉浩（アーナンダ）が中学三年生のときに書いた童話の中の詩に、次のような文章があるという（切通理作［1995a］による）。

「時間に追いかけられて／歩き回る一日が終わると／すぐ、つぎの朝／日の出とともに／逃げだせない、人の渦がやってくる」
「救われないぜ／これがおれたちの明日ならば／逃げ出したいぜ／このきたない人波の群れから／夜行列車にのって」

ここには、日常生活から脱出したいとする願望が表現されている。しかし、そのような脱出を動機づける、具体的な内実をもった不幸や苦痛が描かれているわけではない。ただ、「時間に追いかけられて」いる一日とか、反復される日常性の一般（「すぐ、つぎの朝」「これがおれたちの明日ならば」）が、そこから脱出すべき場所として、指示されるのみである。

では、具体的には、どのような生の形態であれば、逃げ出したくないのか？　詩のこのような表現が意味しているのは、この人物は、どのような内容の生を営んだとしても、そこから逃げ出したいに違いない、ということである。たとえそれが、「成功」や「幸福」として意味づけられるような状態であったとしても、同じことである。そこでは、生の時間的持続そのものが、拒否されてしまっているからである。

近代的な時間を成り立たせている仕組みが、前節までに述べてきたようなものであるとすれば、それは、生全般の意味を無化していくような構造をもっていることがわかる。その論理的な構造は、次のように整理できる。①近代的な時間意識の下では、生に意味を備給するのは、未来に設定された理想である。しかし、どのような理想であっても、それが何らかの実質的・積極的な内容を有する限り、より未来に置かれた包括的で普遍的な理想の中で相対化されざるをえない。理想の置き換えが生ずるのである。置き換えが必然であるのは、理想を設定すること自身が、「追い着かない視点」と「追い越してしまった視点」の二重化を強いるからだ。②この視点の二重性は、理想の置き換えと並行して、理想の固有の価値を保証していた〈超越性〉を廃棄しまた再構成する機制を発動する。この〈超越性〉を廃棄・再構成することを通じて〈超越性〉の権威はいくぶんか減殺されざるをえない。③同じことは、再設定された理想に対しても反復されるだろう。だから、その度に〈超越性〉はその権威を次第に逓減（ていげん）させていかざるをえず、したがって、それによって担保されていた「理想」は、実効的に人々を魅惑する力を失っていくことになろう。結局、どのような理想もその度により本源的であると見なされた理想へと置き換えられるが、そのような置き換えを通じて、理想の魅力は次第に小さくならざるをえないのだ。それゆえ、生の意味が理想を準拠にして与えられている限り、その意味の密度は次第に低下していくことになる。このような機制が、近代的な時間そのものの構造の内に孕まれているのである。

もともと、近代の「終わらない時間」は、「目的／手段」図式の中で生の意味をより厳密に確保しようとする衝動から生み出されている。時間が無限化する場合にのみ、「目的／手段」図式の完全な有効性が保証されるのであり、その破綻から守られているのだ。ところが、こうして必然化した「終わらない時間」もまた、生の意味を奪ってしまう。

次の二二歳のオウム信者の「回心」の体験は、旧新宗教への入信動機のパターンとしてはほとんど見られないが、（オウムに限らず）新新宗教に関してはしばしば見出される入信動機を示す事例として、島薗進［1992］が引用しているものである。

「昨年四月、私は小児科病棟の看護婦として働き始めた。そこでは上司にも恵まれ、いろいろ失敗もあったが、仕事がとにかく楽しくて仕方がなかった。でも、仕事を終えて一人になると、ふとどうしようもない寂しさと不安が込み上げてくる。気晴らしに外出しても、友人と遊んでも、楽しいのは一瞬で、またその後の空しさが私を襲う。／どうして、他の人が楽しいと思ってやっていることが、私にとってこんなに空しいんだろう……。小さいころから感じていたが、年齢とともにその思いは強くなっていく。特にNさんという男性と付き合うようになって、〃私にはNさんしかいないけど、でもいつかNさんと別れなくてはいけないいんだ……。どうしたらいいんだろう……〃それればかり考えて、悲しくて、よく一人で布団をかぶり泣いていた。ますます私の不安は不安定になって追い込まれていく。／しかし、結局そのNさんの導きにより私はオウムを知り、Nさんと共にシッシャ〔出家者に対する当時の呼び方〕となった。（中略）／私がいつも寂しかったのは、教えの中にある〃すべては無常である〃ということを、小さい頃から感じていたからに違いない。そう思った。この寂しい思いの先はオウムなんだと……。」（『シッシャの歌』No.1、一九八九年）

ここには、旧新宗教への入信の場合とは違い、「貧病争」のような明確に特定できるような深刻な不幸はない。それにもかかわらず、彼女は、オウムに入信していく。結局、生の意味が空虚化してしまう理由は、生を囲い込む時間の形式的な構造の内にある。したがって、生のどのような具体的な内実によっても、奪われてしまった意味を再獲得することはできない。生がたとえどのような行為によって満たされていようとも、その行為は総体として空疎であり、そこには望ましいと実感しうる秩序は回復されない。先の井上嘉浩の文章の直前に、切通理作は、次のような女性出家信徒の言葉を引用している。

「現世で生きてても、なにをやっても楽しくないんです。旅行とかも、友達が楽しいっていう場所に、実際に自分が行くと楽しくないんです。」

絶対の否定

しかし、このような生の意味を空虚化する運動に抗して〈超越性〉の権能を回復する方法が、ただ一つだけある。すでに見てきたように、どのような積極的な内容を有する理想を設定することも、〈超越性〉を磨耗するこの運動に対する対抗策とはなりえない。逆に言えば、任意の理想が排除し、否定せざるをえないことのみを内容とするような理想を設定する場合だけは、生の意味の空虚化に対抗することができるはずだ。任意の理想から排除されている行為とは何か？　それは、――第二章３節で述べたように――、〈現実〉世界の全的な否定、〈現実〉世界そのものの殺害である。

世界の全的な否定を理想として設定した場合にのみ、その否定の営みの反作用として、消耗されることのない〈超越性〉が、かろうじて回帰してくる。積極的＝建設的な理想は、より一般的な理想の中で相対化されるのを、避けることができない。だから、そのような理想は、それ自身としての直接の正統性を帯びることはなく（包括的な理想の内部で位置づけられてのみ、正統化されるのだから）、その価値を保証する〈超越性〉の権威も相対的なものとして立ち現れる。しかし、微塵も積極的＝建設的な志向性をもたない理想は、このような相対化の操作に決して捉えられない。それゆえ、世界の——部分的ではない——全的な否定を一個の理想として選択することは、他の理想に準拠することなく（他の理想によって二次的に意味づけられることなく）それ自体として正統なものとして立ち現れるほかない。他に依存することなく、それ自身として正統であるような選択をなしうるもの、それこそが、定義上、〈超越性〉と呼びうるものであろう。こうして、全的な否定の操作の帰属点として、〈超越性〉が回復されるのだ。全的な否定を究極の理想として設定することは、〈超越性〉の効力を徐々に削減していく近代的な時間の中にあって、〈超越性〉を絶対的に回復する唯一の奇策である。

〈超越〉的審級の普遍化の運動とは、他の理想（を選択したということ）に依存し、その内部で相対化されてしまうような偶有的な理想を徹底して排除しようとする衝動を前提にしている。この運動は、積極的な内容を一切もたない理想を設定することによってしか、つまり世界そのものの絶対的な否定を理想とすることによってしか、最終的には、充足されない。そうであるとすれば、〈超越性〉を普遍化する運動に規定されて、世界そのものの破壊が、「偶有的な内容を一切含まないまったく自律的な理想」として最終的に導かれ、措定されることになるだろう。このような意味において、「世界の否定」は、資本の運動に対する究極の反措定である。それだけが、資本の運動に随伴する、〈超越性〉の磨耗の過程を、停止するからである。さらに、翻って位置づけなおしてみれば、市場の破壊、すなわち恐慌は、資本の運動に規定された「世界の否定」の経済的な領域における表現であると見なすこともできるだろう。

このようにして、オウム真理教が奉ずる否定的終末論が登場する。それは世界のこのような全的な否定を理想として掲げることによって、〈超越性〉の効力を恢復する奇策なのだ。この場合、世界を否定する瞬間は、つまり最終戦争(ハルマゲドン)は、十分に近接した未来に、しかも確定されている時点として想定されなくてはならない。たとえば、世界の破滅のときが、ただ未来に漠然と想定されているだけであれば、それは、いつまでも未来へと先送りすることができるから、その効果は無化されてしまうだろう。世界の殺害を想定することが〈超越性〉を再設定する効果は、その世界が殺害される瞬間が現在に近接しているほど、そして確定的であるほど大きくなるはずだ。実際、時を経るにつれて、麻原彰晃は終末を、確定的なものとして、そしてまた現在に近いものとして、予言するようになっていく。

それゆえ、この生を含む世界の絶対的な否定を確定的なものとして想定することによってのみ、逆説的に、(現在の)生の内容に積極的=建設的な意味が恢復することになる。

諸理想・諸目的の妥当性を構成する〈超越性〉が、全的な否定の反作用として設定されることになるからだ。全的な否定を究極の理想と設定することによって、その内部で、他の肯定的な理想が有意味性を獲得する空間が開かれるのだ。言い換えれば、根本的な破壊ということを前提にしてのみ、生を構成する諸行為の間に望ましい秩序が樹立されるのである。オウムの出家信者には、「ワーク」と呼ばれる作業が割り当てられる。ワークは、多くの場合、それ自体として見ればあまり楽しそうではない単純な作業である。しかし、多くの信者が世俗のもっと生き甲斐がありそうな仕事をあえて放棄して出家し、ワークに嬉々として従事するのだ。やがて来る究極の否定を確定的なものとして前提にしたときには、他の任意の行為に目的＝理想が付与されるのである。要するに、最終戦争（ハルマゲドン）に備える作業であれば、それは、ごく単純な労働であっても楽しいのだ。

かつては、神のさまざまな営為の中で最も重要なことは、世界の創造にあった。しかし、現代では、神になりうるのは、世界を決然と破壊する者のみである。麻原彰晃の主神がシヴァ神（ヒンドゥーの破壊の神）でなくてはならない必然性はここにある。今度の事件をきっかけに脱会したある元信者によると、麻原は、シヴァ神がまさに破壊神であるがゆえに創造神であると唱えることによって、「破壊」そのものを「救済」として提示しようとしていたと思われる。

否定的終末論

以上のような理由から、生の名状し難い空虚に苛まれていた若者が、否定的な終末論を掲げるオウム真理教に入信することによって救われるのである。かつての旧新宗教への入信者の場合のように、その生の中に、入信へと信者を追いやった明確な不幸や苦難を探り当てようとしても、まったく徒労に終わるだろう。そもそも、生のどこにもめりはりのきいた不幸や苦難がないということ、つまり(理想状態に対する)「欠如」がどこにもないということ、このことが、オウムへと参加する選択を規定しているのだ。もちろん、後から、ちょっとした理由が入信の口実として申し立てられることもある。しかし、問題なのは、生の内部にちりばめられた個々の事情ではなく、生を全体として枠づける時間的な特性なのだ。しかし、このような特性は、生そのものの前提なので、誰にとっても、対自化することは非常に難しい。それゆえ、しばしば、信者は、入信動機を説明せざるをえないとき、最後の決心のきっかけになったに過ぎない瑣末な事情を、「理由(口実)」として申し立てることになるわけだ。しかし、これに惑わされてはならない。

何度も繰り返し強調してきたように、以上のような機制は、われわれにとっても無縁ではない。すなわち、われわれ自身もまた、同じ資本制の機制に規定されて、最終戦争(ハルマゲドン)のような絶対の破局を待望しているのである。そして、オウム真理教は、われわれのこのような無意識の期待に応えてしまったのだと言ってよいだろう。地下鉄サリン事件以降の日本中を巻き込んだ大騒動の中で、多くの人々が、一方で事態を憂いながら、他方では最終戦争に類するものが近づきつつあるのを感じ、あるいはその種のものに自らが既に巻き込まれているような感覚をもち、高揚感を覚えたに違いない。このような態度は、最終戦争を恐れながらも、それに備えるのに生き甲斐を覚えていたと思われる、オウム信者の興奮とあまり変わらないものだったろう。九五年の四月一五日、新宿にオウム信者によってサリンがばらまかれるという流言飛語が広まったときがあった。この土曜日に、確かに、新宿の人出は普段よりはるかに減ったのだが、鶴見済［1995］が書いているように、このときあえて新宿にやってきた若者も相当数いたのである。もちろん、大破局を求めて。

ほぼ同じような論脈から、『完全自殺マニュアル』が熱狂的に受け入れられた理由も説明できる。鶴見済が一九九三年に著したこの本は、大ベストセラーになった。この本は、さまざまな自殺の方法を、すぐにでも実現できるほどに具体的に解説したものである。自殺を唆（そその）かしかねないこの本は、多くの人々によって批判された。ところが奇妙なことに、自殺について解説したこの本を読んで「生きる希望を与えられた」、「強い気持ちになれた」、「救われた」といった類の、非常に強い読者の反響があったのである（鶴見編［1994］参照）。なぜか？　世界に対峙する自分自身をまったく何の目的もなく殺害してしまうということは、世界そのものを否定することに対する（いくぶん矮小化された）機能的代替物になりうるからである。ハルマゲドンと『自殺マニュアル』の等価性については、筆者自身が自覚しており、序文の中で、このことを述べている。

「80年代が終わりそーな頃、〝世界の終わりブーム〟というのがあった。……僕たちは「デカイのがくるぞ!」「明日世界は終わるかもしれないぞ!」ってワクワクした。
だけど世界は終わらなかった。……
これでやっとわかった。もう〝デカイ一発〟はこない。22世紀はちゃんと来る。」

このような自覚からこの本は書かれている。つまり、ハルマゲドンの代替物として自殺を提示しているのだ。序文には、さらに、ハルマゲドンなき世界の中での生の無意味さが、つまり各個人の生が代替不能な「かけがえのないもの」になっていないということが、書かれている。逆に言えば、ハルマゲドンがあるとき、あるいは自殺の可能性を設定しうるとき、このような生の無意味さは解消されるのだ。しかしなぜ? 生の自然な持続を自ら否定してしまうことは、そのまったくの無目的性のゆえにかえって、――世界の破壊の場合と同様に――その否定の身振りを帰属させうる審級として、〈超越性〉を措定する効力をもっているからだ。ただし、自殺の可能性を措定することがこのような効果をもつためには、自殺について抽象的に論じても意味がなく、自殺の方法が、その気になればすぐに準備にとりかかれるほどに緻密に具体的に示されていなくてはならない。その徹底した具体性からもたらされる自殺の現実性（単に論理的にありうるということを越えた、生々しい現実化の可能性）が、予言された最終戦争の「確実性」や「緊急性」の代わりになるからだ。

だから、自らの死の迫真的な現実性は、最終戦争がもっていたのと同じように、〈超越性〉を措定する機能をもっている。実際、麻原の著作の一つの顕著な特徴は、死についての記述が非常に緻密で具体的だという点にある。たとえば、代表作の一つ『生死を超える』において麻原は、死をおおまかなひとまとまりの過程と扱わず、徐々に進行する死化の過程の内に繊細に分け入り、異様な現実感をもった記述を残している。芹沢俊介が指摘するように、それは、現代の生命科学や生殖技術が照準している、生と死のミクロなレベルでの記述と符合する。このようにして死という否定性を生々しく具体的な現実として想定することが、生そのものを有意味化する〈超越性〉を可能にしているのだ。

オウム真理教が代表するような否定的終末論は、次のような弁証法的な過程の最終産物として、結実する。もともと、有限な時間を想定する肯定的終末論がある。このような時間の構成を発展的に否定するものとして、近代の無限の時間が現れる。そして、この無限の時間の否定的な相関物として、否定的終末論が編み出されることになる。だから、否定的終末論は、もともとの終末論の「否定の否定」である。この弁証法的な過程を経由することによって、終末の像は、肯定的な救済に重点があるヴィジョンから、否定的な破局

〈戦争〉に重点があるヴィジョンへと裏返ってしまう。

最後に、オウムがユダヤ人を敵と見なしたのはなぜか、ユダヤ人は何の比喩なのか、ということを問うてみよう。ユダヤ人とは、おそらく、資本の人称化なのである。実際、『ヴァジラヤーナ・サッチャ』6号の特集「恐怖のマニュアル」は、ユダヤ系大資本を最大の敵の内に数えている。最終戦争という絶対の否定とは、今し方述べたように、資本に対する究極の反措定である。つまり、それは、資本のダイナミズムが〈超越性〉を蒸発させようとしているとき、〈超越性〉を一挙に回復する方法なのだ。逆に言うと、最終戦争を想定する否定的終末論にとって、資本こそがライバルである。その排除されるべき資本が、ユダヤ人という像によって具体化されていたのである。

今や、一旦「虚構」の領域へと解き放たれた「理想」が、世界の全的な否定という形式で回帰してくる理由が、理解しうるものになっただろう。理想の純化した形態が、虚構へと近接することを知ったときにわれわれが得ることができる哲学的な教訓は、現実が虚構に依存して秩序化されている、ということだった。しかし、虚構の領域へと溶け込んでいった理想は、現実世界へと回帰してくる。ただし、回帰してくる理想は、驚くべき反転を被っている。それは、ただ、全的な破壊という否定的な形式でのみ——つまりいかなる構成的な帰結をもたないような形式でのみ——、現実に関与しているからである。ここからわれわれが得る哲学的な教訓は、こうであろう。虚構は、否定的な形式において、現実に依存するほかない、と。現実を全的に否定する力を想定することで確保される〈超越性〉によってのみ、虚構（可能世界）の有意味性（魅力）が確保されるからである。次章の考察で、この点をもう少し厳密に検討してみよう。

第五章　虚構＝現実

1 アイロニカルな没入

アイロニーの意識

オウム真理教団は、一九九〇年の衆議院総選挙に挑戦し、失敗した。麻原彰晃を初めとする二五人の信者が「真理党」の名のもとに立候補したが、麻原が一七八三票を獲得したのが最高で、結局惨敗したのである。しかし、当時、その非常に独特な選挙運動は、人々の目を引いた。「ショ、ショ、ショ、ショ、ショ、ショ、ショ、ショーコー」の繰り返しを含む単純で覚えやすい歌詞を、やはり単純で覚えやすいメロディーに乗せて、大音響で流したり、あるいは白い宗教服を纏い、象(ヒンドゥー教の神ガネーシャ)をかたどった帽子を被った信者=運動員が、街頭や宣伝カーの上で奇妙な踊りを披露したりする。運動員は、象の帽子の代わりに、麻原彰晃のマスクを付けて現れることもあった。これが、彼らの選挙運動だったのだ。オウム真理教程度の規模の教団が、突然、総選挙に挑戦したとしても、常識的な現実感覚からすれば、一人として当選者を出すことができないだろうし、また今述べたような選挙運動は、ふざけてやっているとしか見えなかったので、非常に多くの人々が、オウム教団は、ただ一種のアイロニーとして選挙に挑戦しているだけだ、と思ったに違いない。つまり、教団は、本気で当選を狙っているのではなく、ただ選挙のまねごとをして遊んでいるだけだ、と思ったに違いない。だから麻原彰晃が、「トップ当選するだろう」とか「六万票は獲得する」といった楽天的な予想を表明しても、多くの人は、本気でそのように言っているとは受け取らなかったのだ。

ところが、選挙で落選した後の麻原の落胆ぶりや、さらに、何者かによって票が操作されたことが判明したといった彼の後の発言を聞いて、どうやら「本気」で当選を狙っていたらしい、本当に当選できると思っていたらしい、ということが明らかになった。たとえば、芹沢俊介［1996］は、選挙期間中は、わざわざ何千万円も使って選挙を皮肉るなんてなかなかおもしろい教団だと思ったのだが、選挙後、あれが本気だったことがわかり、それ以来、オウム真理教に対する興味を失ってしまった、と述べている。似たような感想をもった人は多かったはずだ。あれがアイロニーなら高度な遊びだが、本気だとすればただの馬鹿であったことを示しているに過ぎない、そう感じられるからである。だが、本当は、ここでこの教団に対する興味を喪失すべきではなく、むしろ、それゆえにこそますますオウム真理教に興味を引かれるべきではなかったのか？　ただのアイロニーとして演じているということと「本気」でうちこんでいるということとが矛盾しないような境位がどこかにあるのではないか？　われわれはこう問うべきだったのである。

たとえば、コマーシャルのことを考えてみるとよい。ほとんどのコマーシャルは「ふざけている」。そこには、アイロニーがある。しかし、だからと言ってわれわれは、あのコマーシャルの提供者は本気で商品を売ろうとしてはいない、とは考えない。つまり、コマーシャルに関して言えば、アイロニーの意識をもつことと本気であることとの間に何らの矛盾もない。オウム教団の選挙は、あるいは彼らがやろうとしていたこと全般は、このコマーシャルの世界に近いものではないだろうか。しかし、アイロニーの意識と「本気」の感覚との合致は、いかなる条件のもとで可能になるのか？　なぜわれわれは、ふざけた広告の主が「本気」で商品を売ろうとしていると考え、実際、われわれもそれを「本気」で買うのか（いわばその商品に一票を投ずるのか）？

アイロニーの意識をもつとは、どういうことか？　それは、まさに目下行っていることそれ自身やまさにかかわっている世界に対して距離を取ることである。ここでいう距離は、行為や世界を現実ではなく虚構である、と見なすことから生ずるものである。要するに、アイロニーの意識とは、虚構への意識であり、それを支える「距離感」とは、現実と虚構の差異である。それゆえ、アイロニーの意識をもつことと「本気」であることとの交錯という事態は、ポスト近代社会論ではなじみの主題に、つまり現実と虚構の区別の困難や恣意性という主題にかかわっている。そして、第二章に述べたように、オウム真理教こそは、虚構と現実とを取り違えているように見えたのである。

現実と虚構との混同はどのようにして生じたのか？　あるいは、前章の議論を引き継ぐような形式で問いを立てるならば、こうなる。虚構がいかにして現実――あるいはその延長としての理想――として機能できたのか？

この問題に対するステレオタイプの解答は、だいたい次のようなものである。今日、メディアによって媒介された精巧な擬似現実（ヴァーチャル・リアリティ）（虚構）と現実との区別が非常に困難な段階に、われわれは立ち至っている。テレビやアニメーション、コンピュータ等のメディアを通じて――特に幼い頃より――擬似現実（虚構）をシャワーのように浴びてきた者にとっては、次第に擬似現実（虚構）と現実との区別があいまいになり、やがて彼らは擬似現実（虚構）を現実と取り違えるようになる。

この説明の欠点は、間違っているということより、肝心な繊細さをもたないというところにある。この説明自身が非常に馬鹿な説明であるか、そうでないとすれば、この説明は、被説明者が過度に馬鹿であることを前提にしているように思われるのだ。だが、冒頭の観察が、このような説明、つまり「馬鹿な者が虚構の世界に熱中し、いつのまにかそれが虚構であることを忘却してしまう」という説明に対しては、疑問符を付すものだと言える。一方では、オウム真理教徒は、アイロニーとして選挙を行い、それを楽しんでいるようにみえる（だからこそ芹沢俊介は感心したのだ）。アイロニーとして行うということは、行っていることの虚構性（遊び）についての意識をもっているということである。それゆえ、アイロニーとしての自覚があるときには、原理的に、現実と虚構との混同は起きないように見える。ところが、他方で、明らかに、オウム教団は「本気」で選挙に没入していたのだ。そうであるとすれば、ステレオタイプの説明によっては、われわれの問題は解けない。あの説明が無視し、簡単に飛び越してしまっている部分こそ、つまりまさに虚構が現実として実践の中で混同されていく機制(メカニズム)をこそ明らかにしなくてはならない。

空虚な言葉

人間が非常に豊かな虚構の世界にかかわることができるのは、言語をもっているからである。まずは、オウム真理教が使用する言語の表面的な特徴を検討することから、考察の手掛かりを得てみよう。

元出家信者の永岡辰哉は、オウムの魅力をいくつも列挙した文章の中で、まず最初に、オウムが使用する用語の魅力に言及している。

「使われている言葉そのもの、つまり、サンスクリット語、パーリー語、チベット語……、サンスクリット語・パーリー語からのオウム流漢訳、英語と、実に多くの一般人にはまったく馴染みのない言葉を羅列してあることです。

これらの多くの言葉は一般人にとって、まったくと言ってよいほど聞いたことがないものばかりです。それらは実に新鮮さを持って耳に入ってきます。それを聞いた人たちは、その言葉を言葉の意味をよく考えずに鵜呑みにして聞き入れ、何となく分かったような気になってしまうのです。」（滝本・永岡［1995］）

この文章は、オウム真理教を批判することを目的に書かれたものだということを、最初に念頭に置いておく必要がある。このことによるバイアスを還元しながら、この人物が、オウムに出会い、また出家まで決意したときに覚えていたであろうような感覚を再現しなくてはならない。「マハーヤーナ」、「チャクラ」、「ボーディサットヴァ」、「バルドー」、「アストラル」、「変化身」……。この人物が指摘しているように、サンスクリット語、パーリー語、そしてその独特の漢訳、さらに造語等によって構成されるこれらオウムの用語は、日本人の常識的な教養の範囲のはるかに外にあるものばかりである。だが、この告白が示しているのは、これらの言葉はまったくなじみがなかったからこそ魅惑的であり、かえって受け入れられたということである。目新しい言葉が「かっこよく」感じられるということはよくあることだが、なぜそうなのかは自明なことではない。

通常、身体感覚に根ざした言葉がすぐれた言葉である、と考えられている。より深い身体感覚を意味できる言葉、その意味が身体感覚に彩られた言葉こそが、より良い言葉であると見なされているのだ。このような言葉は一般に、われわれの日常のコミュニケーションにおいて使われている言葉である。たとえば、今日、日本の哲学や思想において使用される中核的な用語は、西欧語を漢字に翻訳したものか直接の外来語であり、日常の会話に使われる言葉とはかけ離れている(西欧語からの翻訳を使うようになったのは、もちろん、主として明治時代以降のことだが、それ以前から、中国由来の言葉を「漢字」で日本古来の言葉を「かな」でという二元体制の中で、類似の状況がすでにあった)。だが、もちろん、もともとの西欧語は、日常語であったり、そうでなくても日常語に直接連なる造語である。「悟性」や「定在」などといった言葉は日常の会話で使われることはほとんどないだろうが、その原語である「Verstand(わかること)」とか「Dasein(そこにあること)」はごく普通の言葉なのだ。日常の自然言語からかけ離れた言葉を使っているから、日本では、哲学が真に理解されず(身体化されず)、人々の思考の道具として根づかないのだと言われる。だから、哲学の用語を日常の「やさしい表現」に差し戻そうとする運動が、繰り返し現れることになるし、日本の哲学(研究)者は、彼らの非日常的な専門用語を使うことに後ろめたさを覚えるのである。

だが、オウムのエキゾチックな用語は、日本の哲学の「専門用語」よりもさらに一層、日常言語からかけ離れている。オウム信者たちは、十分に消化されていなかった専門哲学用語を捨てて、身体感覚で充実している日常の言葉による表現の方へと帰って来るのではなく、まったく反対に、さしあたってまったく身体感覚の裏打ちをもたない、より過激に空虚な言葉の方にこそ惹かれていったように見えるのだ。オウムに入信した人々が、充実した言葉よりも空虚な言葉により適合感を覚え、自らの思想を——通常は困難な方にあると思われている——空虚な言葉をもって表現しようとしたのはなぜなのか？

非日常的な空虚な言葉を用いるということは、身体感覚に裏打ちされた「現実」から乖離した「虚構」をこそ指示対象にしていることになるだろう。ここで、第二章2節で行った哲学的レッスンを想起してほしい。そこで明らかにしたことは、現実には必ず〈虚構〉が張りついているということである。現実は〈虚構〉として受け取られることにおいてまさに現実として分節され、現実たる身分を獲得することができるのだ。一般に、言語の意味（シニフィエ）とは、この〈虚構〉である。人は少なくとも言語を使用する以上は——厳密には言語を使用しなくても——、感性的な現実（知覚・感覚によって如実にとらえられた事態）から幾分かは乖離した〈虚構〉をこそ、認識と実践の対象とせざるをえない。重要なことは、〈虚構〉が現実から乖離し、現実を裏切っているということが、現実そのものに対して破壊的に作用するのではなく、逆に構成的に働くということである。日常的な感性にほとんど満たされていない空虚な言葉は、〈虚構〉へと照準する言語のこのような本源的な性質を純粋状態において保持している、と見なすことができるはずだ。

オウム教団が使用する空虚な言葉の最も先鋭な形態、完全に空虚な言葉は、「ホーリーネーム」と彼らが呼んでいる宗教名である。麻原彰晃によって修行がある段階に達したと認定された信者は、麻原よりホーリーネームが与えられ、以降、教団内部ではその名によって呼ばれることになる。ホーリーネームは、仏教のかつての行者の名前などから採られることになる。したがって、それは、当然、一般の日本人の名前としてはほとんど絶対にありえないような名前であり、それだけではなく、日本人が比較的なじんでいる外国人の名前からも大きくかけ離れている（マイトレーヤ、ジーヴァカ、クシティガルバ、ティローパ等）。個人を指示するこの種の固有名の使用は——朝倉喬司が地下鉄サリン事件の後すぐに指摘していたことだが——、八〇年代の末期に『ムー』や『トワイライトゾーン』等の雑誌——オカルトや怪奇現象を扱った雑誌——に投書してきた読者たちの間にも見られた現象である。これらの投書者は、多くの点でオウム真理教信者と共通の特徴をもっており、実際、オカルト雑誌の熱心な読者であった者がオウム真理教に入信していったケースも少なくないはずだ。たとえば、投書者の多くが自身を、世界最終戦争（ハルマゲドン）を戦う「戦士」であると、幻想的に自己規定している。あるいは彼らは、オウムの場合と同様に、前世（という虚構世界）を想定しており、前世での関係（縁）によって現在を説明しようとする。彼らが投書してくるのは、投書欄を通じて前世での仲間を探したり、仲間に呼びかけたりするためなのである。このような投書は、編集部も予想していなかったものであり、編集部は、やがて「現実と虚構を混同した」このような投書をやめるように呼びかけ、ある時期からは、この種の投書の掲載をとりやめてしまう。ここで注目しておきたいのは、この種の投書者が使う「名前」、自分や仲間の「前世名」である。その名前は、日本人の名前であったり、また日本人が比較的よく知っている英米人やフランス人の名前であったりすることは絶対にない。それは北欧風であったり、インド風であったり、漢字の極度に技巧的な組み合わせによって作られたりしているのだ。オウムのホーリーネームにせよ、前世名にせよ、その極端にエキゾチックな性格のゆえに、具体的な感性的現実を喚起させる力をまったくもたない。

それでは、これらの名前が言葉としてもつ機能は何なのか？　これらの名前は、それらの使用者が互いに仲間同士であることを示す記号なのであり、それゆえ、互いはこの名前の使用によって互いを仲間として承認しあっているのだ。これらの名前は、この機能、つまり使用者同士の相互承認の機能に特化されており、よくなじんだ名前であればいくぶんかはもっていた、外部の知覚的・想像的な現実を指示する力（内容）を、一切持たないのである。

オウム真理教徒の言語使用の特徴が示していることは、日常の感性的現実によって充実した言葉ではなく、空虚な言葉がその空虚さのゆえに選好されているということ、このことである。

現実と虚構との交錯をめぐる以降の考察の中で、『天皇ごっこ』なる小説を、しばしば参照点として活用してみようと思う。この小説は、地下鉄サリン事件が勃発し、日本中がオウム真理教に注目していた同じ一九九五年に、いくぶん普通とは異なった経緯を通じて公刊されている。これは、もともと九四年度の新日本文学賞受賞作である。作者見沢知廉（みさわちれん）は、作品執筆当時刑務所にいたため、作品は非常に特殊な方法で、多分非合法的な方法で、出版社にまで持ち込まれたらしい。もともとの作品は、独立性の高い四つの短編を並べたオムニバス形式であった。刑務所で書かれたために、作品の内容や表現にかなりの制約があったと考えられる。受賞後、十二年の刑期を終えて出所した見沢は、各章をかなり加筆し、また部分的な修正を加えるとともに、さらに最も長い第五章を付け加えた上で、この作品を一冊の著書として出版している。全面的に後で付け加えた第五章は、いくぶんか他の章と性格を異にしており、これはこれで興味深い内容を含んではいるのだが、ここでは考察から外し、もともとからあった四つの章が主として言及の対象となるだろう。

なぜこの作品に注目するのか？　作者は、天皇制を護持しようとする右翼で、過激なナショナリストである（一水会、統一戦線義勇軍のメンバー）。彼は一九五九年に生まれている。ということは、オウム真理教の第一世代とも言うべき人たち、初期からの熱心なメンバーで事件当時大幹部になっていたような人たちとほぼ同じ世代（コーホート）に属していることになる。たとえば、村井秀夫（マンジュシュリー・ミトラ）は、見沢の一年前に、石井久子（マハー・ケイマ）は見沢と同年に生まれている。昭和三〇年代に生まれた者が（つまり私とほぼ同じ年に生まれた者が）、どのような理由で天皇制ナショナリストになりえたかは、ただそれだけでも、興味深い問題である。もちろん、この作品を取り上げてみる理由はこれだけではない。この人物の——あるいは作中の主人公たちの——天皇への信奉が、オウム信者の麻原への帰依と、いくつもの点で類似しているように見えるからである。

類似は作者自身にも自覚されているように思われる。第四章の書き足された部分に、そのことが示されている。第四章は、精神病院を舞台にしている。この章は、二つの物語が交互に撚（よ）り合わされるようにして構成されている。その内の一方の物語は、オリジナルな作品にはなかったもので、九五年に書き加えられたものである。それは、ある一人のパラノイア患者Tと精神科医との間の面談を描いたものである。この患者は、誇大妄想的な世界統一へのヴィジョンを延々と語りつづけるのだが、それは、麻原の妄想的な救済の理念とよく似ている。この患者のヴィジョンは、たとえばこうだ。——まず綿密な計画と世界観をもった前衛党の指導下で日本に革命を起こし、その一流のハイテクをもって日本を一級の軍事国家にしたてあげたのち、世界統一戦争を引き起こし、世界革命を実現する。めざされる社会は、科学と軍事を備えた、牧歌的な老荘的なユートピアである（オウムのロータス・ヴィレッジ」。――日本に革命を起こした後の国家体制についての計画も、オウムのヴィジョンを思い起こさせる。――胎児から義務教育化して、国民の九十パーセントを科学者にし、残りをグリーンベレー的な特殊部隊やモサドのような諜報機関員にする。総合商社を諜報機関化する。バイオ、核、オフト、LSIといった軍備によって世界一のNBC（核・生物兵器・化学兵器）軍を作る。地下には核シェルターを作る。放射能を遮断し、地震にも強い。――

この人物が次のように語るとき、麻原と天皇との類似性は明白になる。

「僕は強者の中の強者でなければならない。ヒトラーやスターリンは、現世的な強者でありメシア種の一種です。が、天皇はそれに加えて霊的強者でもあるのです。単に政治的権力として君臨するのみではなく、代々大嘗祭で天照大神の子孫の神霊を憑依し霊性の主宰者になるのです。だから、メシア種の一種であり政治的権力を目指した北一輝が天皇を恐れ、その前に屈したのです。僕も回転しました。頂点を目指さねばなりません。単なる現世的権力者のみでなく、霊性の指導者にもならねばならないのです。」（見沢［1995：184-5］）

天皇と麻原が類比的な関係にあるとして、この人物は自らを「マイトレーヤ（弥勒菩薩)」(オウム教団のスポークスマン上祐史浩のホーリーネームと同じ)に見立てている。

この小説が注目に値するのは、天皇への崇拝を「天皇ごっこ」という文脈に位置づけているからである。「ごっこ」という表現が示しているように、この小説は、天皇への帰依を「遊び」の感覚と結び付けている。言い換えれば、それは、天皇崇拝の行為を一種の「虚構」と見なしているのである。常識的には、自身の行為を虚構と化し、それを遊びとして演ずることは、その行為に深刻に関与(コミット)していないことを表示するものであると考えられている。ところが、「天皇ごっこ」という表題は、天皇への真実の崇拝とそれを虚構として受け取る感覚とが矛盾するものではないということを示しているだろう。

ところで、このような態度は、オウムの選挙に見た、アイロニーの意識をもつことと「本気」で没入することとが直接に通底してしまう構造と同じものであろう。そもそも、自らの組織を国家に擬し、日々の実践を最終戦争に備えた「ワーク」と見なすことは、一種の「ごっこ遊び(国家ごっこ、戦争ごっこ)」の類に属するものであろう。だが、彼らのテロリズムは、自身がかかわる世界をこのように虚構として距離化することが、オウムの教義や麻原への帰依が小さいことをいささかも意味するものではないことを示している。この一見矛盾した構成を可能にしている機制を、『天皇ごっこ』の読解から摘出することができるかもしれない。

われわれは、『天皇ごっこ』の方から、つまり右翼ナショナリズムの方から眺めることで、これとオウム真理教との類似性を指摘してきた。逆方向からも、つまりオウムの側からもこの類似に接近することもできる。たとえば、国家に擬せられている彼らの組織図から判断すると、麻原は、自らを「法皇」とか「神聖法皇」とも呼ばせていたことがわかる。この呼称は、露骨に、麻原が「天皇」に比せられていたことを示している。言い換えれば、麻原は、もう一人の（本当の）天皇となろうとしていたのではないか、と推測させるのである。彼らの教団の実質的な中心が、富士山のふもとにあるのはなぜだろうか。日本の象徴となる山の脇に拠点を定めるという選択が、ナショナリスティックな志向性を暗示している。一説によれば、麻原彰晃は『富士宮下文書』を愛読していたという。『富士宮下文書（富士古文書）』とは、いわゆる偽史を記したテキストである。この種の偽史は、たいてい、公認されているものとは異なる、「真の天皇の系譜や歴史」について書かれている。『富士宮下文書』の場合には、高天ヶ原を富士であると見なし、古事記以前の段階に、富士の裾野に超古代国家があった、と伝えている。少なくとも、麻原が偽史運動の有名なカリスマ的リーダー武田崇元が主宰する八幡書店の常連顧客であり、しばしば偽史的なものを掲載している雑誌『ムー』のライターであったことは確実である。また麻原は、やはり偽史的な古文書『竹内文献』の研究者酒井勝軍の示唆に従い、霊的な「超古代金属ヒヒイロカネ」の探索を行い、それを発見したと述べている。酒井の予言によれば、今世紀末ハルマゲドンが勃発し、神仙民族が生き残る。その指導者は、日本から出るが、今の天皇とは異なるとされている。麻原が、その「今の天皇とは異なる」真の指導者に自身を見立てたことは想像に難くない。

一種の偽史を構想し、その内部で、自らを、公認の天皇とは異なる真の天皇と見なそうとした人物として、われわれは、戦前の大本教の出口王仁三郎を知っている。以上の事実が示しているのは、麻原にも天皇への志向があったのではないか、ということである。しかも、その志向はあまりに強力であったがために、王仁三郎の場合と同様に、公認の天皇への崇拝を逸脱してしまい、ついにはその天皇とは異なる真の天皇として自身を提起するまでに至ったのではないだろうか。このように考えると、『天皇ごっこ』とオウム真理教の同時代性は、単なる偶然ではない。

見沢知廉は、統一戦線義勇軍書記長、一水会政治局長として、多くの非合法活動を指揮したという。ついに、八二年に、イギリス大使館焼き討ちゲリラやスパイ粛清事件で逮捕された。『天皇ごっこ』の各章の主人公たちの中で、右翼の活動家としての（刑務所時代を除く）見沢の境遇に最も近い人物は、第二章の主人公「オレ」だろう。この章は、エピグラフに「しかしテロルなしでは私の生活とは何であろう。闘争なしには、この世の諸々の法が私には無縁なのだという喜ばしい自覚なしには、私の生活とは何であろう？」というロープシン（サヴィンコフ）の言葉を掲げている。「私の生活」の有意味性のすべての基底としての闘争の賛美は、オウム信者の、最終戦争の「戦士」としての自己規定と類似している。ただ、決定的な戦争――世界の全的な破壊――に参与しているということの自覚だけが、生を虚しさから救うというわけだ。このエピグラフに呼応するように、第二章の主人公「オレ」は、右翼のテロリストである。彼は、この章の最後で、共産党の大物幹部石田を刺殺する。

「オレ」は（在日）朝鮮人である。と同時に、（日本に対する）ウルトラ・ナショナリストでもあるわけだ。ここでわれわれがどうしても思い起こさざるをえないのは、地下鉄サリン事件の約一カ月後、オウム真理教の幹部村井秀夫を、教団本部の前で、しかも報道陣の見つめるただ中で、刺殺した人物が、やはり、在日朝鮮人で右翼ナショナリストだったということである。刺殺事件当時、朝鮮人が天皇制を支持するナショナリストであるなどということはありえないかのように発言した評論家がいたが、見沢が脚注で述べているように、このようなケースは決して少なくない。在日朝鮮人であるがゆえに、彼は差別を受ける（たとえば彼の恋人の父親は「この世から一切の差別抑圧が消えねばならない」と演説する市民運動家だが、「日本人じゃないやつに私のあとがつげるか」と言って彼と娘との結婚を拒否する）。このことは、彼が日本人とまったく変わらない環境を与えられ、同じ教養や知識をもちながら、「日本人である」という自己同一性（アイデンティティ）に距離感を覚えずにはいられないだろう、ということを想像させる。この距離感にもかかわらず――というよりおそらくはそれゆえに――彼は熱心なナショナリストになる。

だが、物語の展開をつぶさに逐っても、彼をウルトラ・ナショナリストへと駆りたてる、内面の奥深くに触れるような思想的な背景は見つからない。そのようなものはどこにもないのだ。彼は、ただ、右翼が債務をとりたてに来たとき、借金のカタに右翼に入っただけなのだ。彼は、天皇批判を繰り返す共産党の幹部の暗殺を決意するのだが、この行動を正当化する思想的根拠をまったく持たない。この人物は、天皇制を支持するウルトラ・ナショナリストではあるが、これを支える内面的な思想によってこれを支えているわけではない。その意味では彼は、天皇制を相対化し、それに対して一定の距離をおいているとすら言える。もし内面的な理由を問われるならば、彼は、ただ、暫定的に天皇制を支持しているというほかない(借金のカタで右翼になった、という具合に)。にもかかわらず、彼は天皇制支持という立場をどうしても放棄することができず、それどころかテロすらも敢行してしまうのである。ここにも、またしても、アイロニーの意識をもっていることと「本気」であることとの接続が、グロテスクに誇張されて描写されている。内面的にはアイロニカルな意識をもって距離化しているイデオロギーに、行為の水準ではどうしようもなく没入(コミット)していくのは、どのような機制によってなのだろうか? 内面的な根拠をもたずにテロを敢行してしまった「オレ」は、暗殺の直後、その行為を説明したり正当化したりする言葉を何ももたない。

「こんな時、仕方がない、アリバイ的にでもあの名台詞しかないじゃないか。
『天皇陛下万歳！……』」

「天皇陛下万歳」は、充実した内容を何も意味しない、空虚な言葉である。それは「アリバイ」でしかない。つまり、それは、この人物が右翼であるという同語反復的な自己指示以外のなにものでもない。天皇を支持することの思想的な根拠への遡及が、ここでは絶対に生じないからだ。

2 「ごっこ」の存立構造

右翼＝左翼

『天皇ごっこ』第二章は、テロリストの「オレ」と彼によって殺される共産党幹部石田の人生が、交互に描かれていく。そして最後の刺殺の現場へと収束していく。二人の、くんずほぐれつ揉み合う場面は、二つの人生の重なりを象徴する。「二つの、よく似た人生が重なった。暗い暗い二つの同じ人生が」。この二つの人生の同一性は、当事者にも直観されている。刺された石田は、朦朧とした意識の中で思う。「こいつの顔はわしの顔に似ている。ネガとポジ、結局は同じ道をゆくのだ……」。

日本という社会的な文脈の中では、徹底した右翼と徹底した左翼は同じことに帰せられる、ということが『天皇ごっこ』の一つの主題である。作者見沢知廉自身の人生が、このことを体現している。見沢は、まず中学生の頃、既成右翼の活動を手伝うが失望し、高校生のときには今度は、新左翼（ブント戦旗派）の活動に参加する。そして再び失望し、二〇歳を過ぎてから、新右翼の組織に加入するのである。『天皇ごっこ』が示しているのは、右翼と左翼が交錯するポイントに天皇崇拝がある、ということである。だが思想の内容の面ではまったく対立する二つの立場が一点に収束する、とされるのはなぜか？『天皇ごっこ』の第三章が、この問題に解答を与えてくれる。

第三章では、一九七八年に成田空港開港阻止のために三里塚で戦う新左翼の活動が描かれる。この時期は、見沢が新左翼の活動家だったときなので、この章の描写は彼の実体験にも根をもっていることだろう。主人公は、機動隊との闘争の中で、「戦争は……美しい」という恍惚（こうこつ）感に浸る。そして、小学校の校舎が壊される様には、「世界の終わり」の感慨を与える。そうすると、七八年の三里塚が、九五年の上九一色に少しばかり重なって見えてくる。

この章の中心は、一旦三月に開港阻止に成功した後に、二度目の開港阻止のために執り行われた五月二〇日の集会である。赤、白、青等の色によって象徴される新左翼系諸セクトが集まっている。しかし、全体集会はまったく盛り上がらない。次々と各派のアジテーターが演説をしても、その度に、一部のセクトだけが喝采を送り、他は白けてしまう。戦略、闘争目的、そしてそれらを基礎づける理論のすべてにおいて、各派の主張が異なっているからである。開港阻止といっても、その理由は多様であり、朝鮮侵略反革命の軍事空港になるからだと主張するセクトもあれば、日米帝国主義戦争の兵站(へいたん)になるからだと主張する者もあり、また農民弾圧が許せないとするセクトもある。議論がかみ合わないならせめて「インター」を合唱しようとしても、「あれ狂う」という歌詞を、(差別語の回避という理由で)「あれすさぶ」と歌うセクトもあり、歌さえも揃えられそうもない。はてはトイレの順番待ちの列でこぜりあいを始めてしまい、農婦に怒鳴られる始末である。

最後にアジテーションの名人戸川反対同盟委員長がマイクを握る。最初は戸川でさえも全体をまとめることができない。だが戸川のある一言によって情況は一転する。さて、と一呼吸おいてから、戸川は続ける。「そして何よりも我々の唯一の目的は、天皇を、打倒することです……」。この言葉が吐かれた瞬間、オオオオという地鳴りのような叫びが一万数千人の参加者の全員からあがり、左翼系の諸団体が、彼らの間の主張の相違をこえて、一つになって共振した。「天皇を……殺すんです……」という戸川の呼びかけに対して、嵐のような絶叫が称賛の意を表する。この参加者たちの盛り上がりとまったく対極の動きを示したのが、（日本の）報道機関である。集会の様子を伝えるために集まっていた、テレビカメラ、数十台のカメラ、テープは、目配せして一斉にスイッチを切ってしまった。これとは反対に、それまで退屈していた外国のメディアだけは、大喜びで集会を中継する。だが、日本の報道陣は、「これ」だけはどうしても撮りたくない（撮れない）。左翼の絶叫とメディアの完全な沈黙は、同じ機制（メカニズム）に媒介されているに違いない。左翼系の諸団体は互いにどれほど理論と思想が異なっていたとしても反・天皇の立場においてのみ一致することができる。この一致ぶりは、裏返しのファシズムだ。「ウォー‼ その瞬間、狡猾で理屈っぽく敵意の塊の反逆者達は、逆の意味で〈天皇の赤子〉になった。——おそらく、マルクスやレーニンが生き返ってアジっても、もう決して一つになれない老大家達が。可愛い可愛い、陛下の赤子に。」

他者の想定

われわれの問題は、こうであった。虚構に対していかにアイロニカルな距離を取っていたとしても、なおその虚構に内属してしまうのはなぜか？ ここで問題になっているのは、意識と行為の逆立関係だということに気がつかなくてはならない。意識の水準だけみれば、虚構の外部にいるように見えるのに、行為の水準をみると、虚構の内部にいるように見える。意識の水準では虚構から離れても、行為の水準では虚構に内属してしまうのはなぜだろうか?

さて、今や、『天皇ごっこ』の以上の箇所の検討から、われわれは、虚構に対していかにアイロニカルな距離を取っていたとしても、なおその虚構に内属してしまうのは、つまり行為の水準ではその虚構に準拠してしまうのはなぜか、という問題に対する重要な鍵を得ることができる。人が虚構に準拠して行為するのは、その当人が、問題の虚構を(現実と)信じているからではない。そうではなくて、その虚構を現実として認知しているような他者の存在を想定することができるからなのである。当人自身は必ずしもその虚構を信じてはいない。信じているのは、私ではなく他者の方だ、というわけだ。ここに、意識において、アイロニカルな距離が張られる余地が生ずる。厳密に言えば、想定する他者は任意の他者、与えられた共同体の範囲における任意の他者でなくてはならない(ただし後に述べるが、この「任意の」ということの意味は、たいへん微妙である)。たとえば、新左翼の諸派が「天皇」の一言で突然盛り上がり、一致することができたのは、日本人が全員天皇の存在を承認しているということを、つまり全員一致で天皇を承認している他者たちの存在を、想定することができるからである。同じことは、カメラを一斉に止めてしまった報道陣にも言える。個々のカメラマンは天皇制を必ずしも支持しているわけではないだろうが、他の皆が支持しているだろうと想定してしまうがゆえに、スイッチを切るのである。人々の行為を規定しているのは、何を信じているかではなくて、何を信じている他者を想定しているかである。自らは虚構を信じていなくても、その虚構を信じている他者を想定して行動してしまえば、虚構を信じている者と結果的には同じことをやってしまう。

共同性の範囲を画定しているものは、共有された信念ではない。人々の集合が一つの共同体と見なしうるのは、それらの人々が、共通の信念を有する他者を共通に想定しているからである。成田の集会において、報道陣と新左翼は、同じ他者を想定している限りにおいて、同じ共同体に所属している。そのような想定ができない、外国のプレスはその共同性の外部にいる。「新左翼／（国内外の）報道陣」という境界線よりも、「（新左翼＋日本の報道陣）／外国の報道陣」という境界線の方が、ずっと重い。

日本社会においては、天皇の存在は、任意の他者がその妥当性を承認している（少なくとも否認していない）と想定しうる、特異的な現象としての意味を担っている。他のどのような現象の妥当性についても、——自分自身がそれを支持するかしないかのいかんにかかわらず——、それを肯定する他者もいれば、それを否定する他者もいるだろうと予期することができる。成田空港の開港に賛成の者もいれば、反対の者もいるだろう。成田空港を朝鮮侵略反革命の拠点であると見なすものもいれば、そのように見なさないものもいるだろう。ただ天皇の存在についてだけは、日本社会という共同性の文脈に限って言えば、他者たちの間の普遍的な合意を想定することができる。あるいはむしろ、逆に、その内部で天皇についての普遍的な合意（積極的な支持か、あるいは「あえて反対しない」という意味での消極的な承認かは問わないとして）を想定しうる共同性の範囲が、日本社会であると定義してもよいかもしれない（本当は事態はもう少し複雑である。日本社会で通用しているのは、次のような想定であろう。「（天皇制に積極的に反対した場合には右翼からの致命的な妨害を受けると予期して）任意の他者は天皇制にあえて反対しないだろう」）。その意味では、天皇の存在は、特定の志向性を担った他者の（共同体の内部における）普遍的な存在を代理＝表象しているのだ、と言うこともできるだろう。

右翼も左翼も、このような（天皇制を積極的にか消極的にか承認する）他者の存在の想定から活力を得ているという点では、まったく同じところに根拠をもっている。右翼が、このような想定の内にあるのは明らかだろう。だが、それだけではなく、左翼もまた、同じ想定のもとにあるからこそ、反・天皇制で熱狂することができるのである。天皇制が（共同体内の）他者たちにとって賛成したり反対したりしている案件であれば、たとえば他者たちの半分が反対している（と思える）ようなことがらであるならば、反・天皇の主張も、反・日米帝国主義の主張と同じように、たちどころに白けてしまっただろう。決定的な分かれ目が、信念の内容よりも、想定している他者の内容である。そうだとすれば、日本の文脈では、右翼も左翼もほとんど同じものになってしまう。

信念の直接の内容よりも、他者の想定の方が、行為の規定因としてより基本的であるということは、「貨幣」という現象のことを思うとすぐに理解できる。交換において、人はなぜ貨幣を受け取るのか？　岩井克人が述べているように、それは、他者が貨幣を受け取るからである。市場に参加するすべての人が、貨幣を受け取ってくれる（後続の）他者が広範に存在していると想定できるとき、そしてそのときにのみ、貨幣は流通する。自分自身が貨幣を欲望しているのではない。貨幣を欲望している他者が存在していると皆が想定しているときに貨幣が流通できるのだ。貨幣を欲望しているのは他者の方である。

たとえば、マルクス主義者は、しばしば、商品や貨幣に対する物神崇拝（フェティシズム）ということを言う。この場合の物神崇拝とは、商品が（交換）価値をもったり、貨幣が価値をもつのは、本当は社会関係の効果なのに、商品や貨幣がそれ自身として価値をもっているかのように錯認することである。だが、われわれは本当にこのように錯認しているか？　否である。われわれは、貨幣それ自身に価値があるのではなく、貨幣がただある種の社会関係の効果に過ぎないということを、つまり人々の約束によって、それが市場に投入された事物に対する請求権を表示する記号となっていることをよく知っている。その証拠に、もはや誰も貨幣を欲望していないことが明らかになれば、われわれにとって貨幣は屑も同然になってしまう。貨幣が価値をもつということは、虚構であり、われわれはその虚構性を自覚している。虚構を信じているのは（想定された）他者である。だが、だからと言って、われわれ自身が貨幣の物神崇拝から自由なわけではない。虚構を信ずる他者を想定したとたんに、いかにその虚構性に自覚的であろうと、貨幣を求めて行為することになるのであり、行為の水準でみれば、虚構を信じているものと区別がつかないからである。このことを、スラヴォイ・ジジェクは、われわれが「理論上ではなく、実際的に、物神崇拝者なのだ」と表現している(Žižek [1989 : 23-26])。

以上の考察により、われわれは確実に一歩前進した。しかし、問題の解決に到達したわけではない。ここまでの議論が明らかにしたのは、厳密に言えば、〈虚構〉と表記したような事態が、どのようにして存立しているのか、ということである。廣松渉が論じたように、現実は常に「それ以上の何か」として把握される限りにおいて、現実たりえている。この「それ以上の何か」=〈虚構〉を可能にしているのは、(任意の)他者がこの〈虚構〉に志向していることについての想定なのである。だが、われわれが説明しようとしているのは、単なる虚構(作り話)が現実化しているように見える、という現象である。〈虚構〉についての議論を、虚構一般の議論へと拡張するための水路を見出さなくてはならない。

とりあえず、次のことを確認しておこう。現実が〈虚構〉に張りつくのは、現実と〈虚構〉との間の距離が意識されている限りにおいて、であった。逆に、虚構の現実化は、この距離が失われたときに生ずる。重要なことは、〈虚構〉の虚構性が還元され、現実の方に解消されるような形式で両者の距離が失われる(現象学的還元の目指すところ)のではなく、逆に、現実が〈虚構〉の方へと解消されるような形式において両者の距離が失われなくては虚構と現実の交錯は生じないということである。

〈超越性〉の生成

前項の議論を、もう少し繊細なものに置き換えておかなくてはならない。先に、人々の行為は、想定された任意の他者の志向に準拠するのだ、と述べておいた。だが「任意の他者」とは何であろうか？　われわれは「任意の他者」というものに直接に遭遇することはない。実際に遭遇するのは、その度に、個別の具体的な他者である。だが「任意の他者」は、個別の他者からの帰納的な一般化によって導き出されるわけでもない。「任意の他者」は、個別の他者とは直接には関係ないのである。このことは、「反例」になるような他者に遭遇しても、「任意の他者」についての想定が、必ずしも変更されない、ということによって証明されるだろう。天皇制を支持しない誰かに出会っても、天皇制が任意の他者たちによって承認されているという想定は、直ちに崩れるわけではない。あるいは、われわれは誰も、貨幣を直接に欲望の最終目標としているような具体的な他者を見出すわけではなく、われわれが実際に出会うどの他者も、貨幣を便宜上の記号以上のものとは見なしていないが、貨幣を欲求する他者の存在についての想定は崩れない。少なくとも当初から自分自身は天皇制を特に支持していなかったり、貨幣それ自身に価値があるとは信じていいないのだから、仮にもう何人か、自分と類似の事例を見出したとしても、もともとの想定が大きく傷つくわけではないのだ。そのときには、こんなふうに言われる。「私（たち）は信じていない。しかし他の皆は……」と。

だが「反例」を見つけても、「任意の他者」についての想定が崩れないということは、矛盾ではないのか？　「任意の他者」は誰にとっても他者である、ということを理解することが肝心である。出会った具体的な他者が天皇制を支持していなくても、その他者が、「任意の他者が天皇制を承認していること」を想定していれば十分なのである。つまり、他者が「（その他者にとっての）任意の他者」について想定していることを想定することができれば、行為に対する同じ効果が維持される。このように任意の他者についての想定は原理的には何重にも重層化される（任意の他者についての想定の想定の想定……と）がゆえに、「反例」がもともとの想定を覆すことができないのだ。

だが、そうであるとすれば、「任意の他者」が実効的なものとしてわれわれに与えられるのはいかにしてであろうか？　「任意の他者」は、私の考えでは、われわれの他者体験の最も原初的な層に由来する機制によって結節する。この機制について、ここではごく概略を示すにとどめるしかない。他者体験の原初的な層が何であるかということを、われわれは、すでにオウム真理教が修行やイニシエーションを通じて希求した身体の様相として、示しておいた。それは、身体の自己性（ここ性）への内在が他者性（そこ性）へと通底してしまう現象である（一〇五頁）。このような体験の中に顕現する他者を、〈他者〉と表記しておいた。それぞれの身体は、自己であること——「ここ」から世界にかかわる固有性であるということ——において、同時にその根源的な否定である〈他者〉——「そこ」から世界にかかわる固有性であること——でもある。このような身体が相互に出会った場合には、互いに互いを、（自己でもあるところの）〈他者〉として定位しあうだろう（シャクティ・パットはまさにそのような体験として記述できる）。それは、諸身体が、それぞれの積極的な性質の共通性によってではなく、それぞれが自己の否定＝〈他者〉でもあるということを共有することにおいて、相互交流している状態である。このとき交流しあう身体の全体——これを私は「間身体的連鎖」と呼んでいる——は、まさにそれが自己の自己性の根源的な「否定」を接続の媒介としているがゆえに、どの身体とも同一視しえない独自の他者としての実在性を獲得する蓋然性をもっている。その独自の他者は、交流しあうすべての身体を代表すべきものでありながら、それらのどの個別の身体にも還元することができないものとして現れるはずだ。「任意の他者」とは、このようにして浮上する「独自の他者」のことであり、私はそれを「第三者の審級」と呼んでいる。第三者の審級は、一度、形成された場合には、諸身体の相互交流の現場から独立して存続する抽象的な実在性を確保することになる。

あらためて整理すれば、第三者の審級とは、そこに帰属していると想定された（つまりそれが承認していると認知された）ことがらについては、任意の他者が学習すべきことについての（価値的な）規範が成り立っているかのように現れる、特権的な他者のことである。その最もわかりやすい事例は神である。神によって与えられたと見なされた法（規範）は、まさにそのことのゆえに、誰もが学習すべきものとして定位される。前章で〈超越性（先験性）〉と呼んだ働きは、第三者の審級に帰属するものとして認知された選択性のことである。第三者の審級に選択されたものとして見なされた規範の働きによって、行為と体験に妥当な形式と非妥当な形式との区別が与えられ、経験可能領域が構成されるからである。先に「任意の他者」と呼んだものは、「第三者の審級」に置き換えられなくてはならない。個別の経験的な他者が、「任意の他者」の反例になりえない理由は、こうしてみると明らかなことである。第三者の審級とは、任意の他者の先験的な水準における先取りなのであって、個別の経験的な他者の方こそ、学習を通じて、これに適合しなくてはならないのだから。天皇の身体が――あるいはより厳密には天皇の身体の現前が含意してしまう先取りされた合意が――、日本という共同体を区画する第三者の審級である。

　第三者の審級としての他者は、抽象性をその本源的な性質としている。すなわち、第三者の審級は、経験的な現前の内に還元しつくされることはない。たとえば、自らの欲望あるいは承認の視線によって貨幣の価値を構成している〈超越〉的な他者に、直接に出会うようなことはない。貨幣は、常に、それを受け取る用意のある後続の他者の想定によって流通するのだから、貨幣の価値を構成する〈超越〉的な他者は、経験の現在の内に現れ尽くすことなく、未来に先送りされていくのである。もちろん、他方では、第三者の審級が実在性を（人々に対して）確保するためには、何らかの痕跡を経験の内に残さなくてはならない。だから、たとえば第三者の審級としての天皇の身体は、一定の具象性を備えている。だが、天皇の身体が〈超越〉的なのは、それが、まさに一個の物質であるということに解消しえない何かとして、現れているからである。この具象的な物質性に還元できない残余が、天皇の身体に「神々しさ」を与えるのだ。このように、第三者の審級は、具象的なものとして実在性を確保することと抽象的なものであることとの間の緊張関係の中に、常に置かれている。

第三者の審級の抽象的な本性を最も徹底して首尾一貫して確保しようとしたときに結果したのが、前章で検討したプロテスタンティズムの神であり、その教義上の帰結が「予定説（神の判断の完全な〈超越性＝先験性〉）」である。あるいは、より厳密に言えば、プロテスタンティズムの神の存立を支えた機制を不断に動員しながら、第三者の審級を次々と抽象化していく運動が、（広義の）資本を産みだすのだ。

十分に抽象的な第三者の審級の支配が人々の身体に及ぼす効果を探究したのが、ミシェル・フーコーの権力論であると解釈することができる。たとえば、フーコーが近代的な権力のモデルとして提起した「一望監視装置（パノプティコン）」は、監視人の身体の具体的な臨在なしに作動し（つまり監視者の身体を完全に抽象化してしまい）、そのことでかえって、完全に持続的な――つまり普遍的な――監視を可能にする。十分に抽象化した第三者の審級は、少なくとも理念的には、与えられた社会的な領域に対して権力の完全に普遍的な支配を可能にするのだ。こうした普遍化した権力への絶え間なき従属は、フーコーの議論が示唆するように、その逆説的な帰結として、「個人」の身体の「主体化」をもたらす。主体化とは、この文脈では、〈超越〉的な第三者の審級を個人の内的な契機として保有することであると考えることができる。

ところで、『天皇ごっこ』は、第三者の審級の位置に置かれた〈超越〉的身体が、その輝きを圧倒的に昂進させる瞬間を描いている。第一章は、昭和天皇崩御前後の刑務所を舞台にしている。ここに登場する囚人たちは、みな、崩御にともなう恩赦を期待している。恩赦は、彼らにとって千年王国にも等しいものとして――言わば積極的な希望＝理想として――待たれているのだ。それゆえ、右翼の「田村」をはじめすべての囚人が、天皇のできるだけ早い死を望んでいる。そして天皇は死んだ。ところが、肝心の減刑令が出そうもないということが、次第にはっきりしてくる。囚人たちの希望＝理想は実現しそうもなく、彼らは皆失望する。田村の失望も大きい。呆然とした意識の中で、田村には、もし減刑令がなければ殉死しよう、という観念が湧いてくる。それは、もともと偶発的な思いつきであり、「単なる逃避の上に、美名の修辞を被せただけのものだった」のだが、彼はこの殉死という観念の虜になる。「民族派とはいえ田村は元新左翼で、それほど天皇に興味があるわけではなかった。しかし、殉死のアイディアを思いついてから、急に天皇は田村の中で神になった」。これは、一種の宗教的な回心であろう。オウム信者が独房修行で解脱に向かったのと同様に、田村もまた独房において回心の体験を得るのだ。殉死のアイディアとの相関で、天皇の〈超越性〉が高揚する。しかし、なぜだろうか？　次の点だけを想起しておこう。とりたてて思想的な根拠のない、自己目的化した自殺は、個人化した最終戦争（ハルマゲドン）とも呼ぶべき効果を生に及ぼすという点を（第四章4節）。

田村の天皇に対する距離をおいた戦略的な態度は、この「回心体験」の後も続く。というよりこの種の態度がますます強くなる。田村にとって、「神」となった「天皇」の仕事は、たった一つしかない。恩赦を与えることである。それは、囚人のまさに囚人としての生の長さを規定している点では、彼らのあらゆる行為に影響を与えるものであるとも言えるが、しかし、どのような具体的な行為をも構成したり禁止したりする決定でもないという点では、まことに周縁的で消極的なものに過ぎない。田村は、まるでゲームをしているかのように、天皇即位の恩赦を獲得しようとあらゆる手を打つ。たとえば、法の小さな抜け穴を利用して、あらゆる官公署や国会議員に「請願」の手紙を出しまくったり、老囚を訓練して政令恩赦の申請書を書かせ、提出させる。もちろんこれらは功を奏することはないが、「天皇ごっこ」と呼ぶにふさわしい遊びとして享受されているように見える。

3 〈内在〉と〈超越〉

科学とオカルト

ここで、現代社会の知的な前衛や宗教に広く見出され、そしてオウム真理教においても典型的な形で見出される、よく知られた逆説——しばしば説明が試みられてはいるが、十分に説得力ある形で解明されているとは言いがたい逆説——に注目してみよう。それは、科学的合理性とオカルト的神秘主義との混融という現象である。科学的な合理性は、少なくとも、オカルト的な神秘主義を拒否することを要件にして成り立っているようにみえる。だが、両者はしばしば交錯する。オウム真理教の教義や世界観においてもそうである。このことが、彼らの教義と世界観を高度に幻想的なものとし、虚構が現実化しているとの印象を強める重要な一因ともなっていた。科学とオカルトの交錯はなぜ生ずるのか？ ここでこの問いを発するのは、〈超越〉的なもののあり方との関係で、これを理解することができるように思われるからである。

たとえば、オウム真理教は、十九世紀末の優れた電気科学者ニコラ・テスラに強い関心を示していた。テスラは、交流の送電システムや高周波変圧器の発明者である。無線通信やラジオ放送の実用化を最初に図ったのも、一説によれば、この人物である。彼は、当時、エジソンにも匹敵する学者として高く評価されていたらしい。しかし、その後しばらくは科学史の主流からは忘れられることとなった。だが、一九八〇年代以降、再び彼を評価する者たちが一部に現れる。実は、オウム真理教団も、そのような一部の人々に含まれている。彼らは「ニコラ・テスラ協会」を名乗り、自ら積極的にテスラの未公開資料の整理まで行おうともくろんでいたのである（以下、オウムとテスラの関係については、吉見俊哉[1995]参照）。

テスラにここで注目したのは、彼の仕事が、科学とオカルトの混融を鮮やかに具現しているからである。彼が構想していた装置には、空中送電システムをはじめとして、気象コントロール装置、殺人光線、粒子ビーム兵器、エネルギー・シールド、無限エネルギー装置などが含まれていたという。ここには、オウムが制作しようとしていた「劇画的な」兵器の先駆を見ることができるだろう。兵庫県南部地震との関連で、オウムのメンバーが引き合いに出した、地震兵器という構想もテスラに由来している。教団の雑誌には、次のように記されている。

「実は、アメリカですでに一〇〇年前に、人工的に地震を発生させる実験が行われ、見事に成功しているのだ。／一八九六年、ニューヨーク市イースト・ヒューストン・ストリート四十八番地の中古ビル。ここに一人の超天才科学者がいた。／その名はニコラ・テスラ。ユーゴスラヴィアの出身の風変わりな科学者である。高周波・高電圧の電磁波の研究が専門であった。／彼はそのとき、小さな機械振動子の実験を行っていた。だが、その振動は、研究所内の別の機械を共鳴させたのである。／その共鳴による振動はどんどん大きくなっていった。激しい振動で床がうなり、窓ガラスがなる。それは実験の成功を示していた。／だが、この実験は成功しすぎた。揺れはどんどん激しくなり、ガラスが割れ、ビルが崩れるかと思われるほどの震動が伝わってくる。テスラは、危険を察知し、その振動装置を破壊した。／実は、揺れたのはこのビルだけではなかった。マンハッタンの一角に奇妙な音がとどろき、激しい震動が発生。窓ガラスが粉々に崩れ、電気・ガス・水道などのパイプが各所で次々と破壊されたのである。／……／……この技術を応用すれば、地球を二つに割ることもできるという。」

(『ヴァジラヤーナ・サッチャ』8号)

十九世紀末のヨーロッパでも終末論が流行していた。その「科学」的な裏付けは、エントロピーの不可逆的な増大を予想する熱力学第二法則である。テスラは、このような終末も、独特な工夫によって科学的に乗り越えることが可能であると説いていた。テスラによれば、終末を乗り越えるためには、宗教、道徳、清潔、純粋な水、菜食が必要であり、また女性は家事と出産のみに専従すべきであり、ギャンブルや過度な労働、コーヒー等の嗜好品を禁止しなくてはならず、またテスラコイルの放電で生産される窒素酸化物を肥料にした食料の増産が望ましい。この提言の中では、明らかに、宗教と科学とが一体化している。これらの提言に従った生活は、来るべきハルマゲドンを乗り切るためのオウムの共同生活とよく似たものになるだろう。

ここでテスラの神秘主義的な科学を概観してみたのは、彼の仕事が、科学がどの地点でオカルトと混融するのかを見定めるための契機を与えるからである。テスラが、もともと、電磁波の研究家であったことに注目しておこう。科学と神秘は、電磁波に隠喩を求めることで表現できる何かへの想像力の中で、混融しているように見えるのだ。たとえば、地震兵器は、空中を伝播する共鳴現象として理解されている。このような知覚しがたい（ほとんど不可視の）媒質を伝播する振動の原型として想像される現象が、電磁波であろう。言い換えれば、地震兵器は、電磁波の共振の隠喩的な拡張として構想されているのである。科学と神秘の混融は、この電磁的・電気的なものへの想像力の中で生じているように見えるのだ。

異なるものの間の共振は、さらに、典型的には、コミュニケーションの様態を採るだろう。この場合、電磁波は、電気・電子メディアとして構想されることになる。テスラが送電システムを発明し、また無線通信やラジオ放送の非常に初期の実験を試みていたことをあらためて想起しておこう。要するに、科学とオカルトが混融するのは、直接の知覚が及びがたい——したがって自覚に先立つ——層で実現されている、身体や感覚のコミュニカティヴな共鳴の現象においてなのである。それは、当事者にとっては、先に「極限的に直接的なコミュニケーション」と呼んだものとして現れる。オウム真理教の場合には、科学とオカルトの共存がもたらした顕著な発明品として、先にも言及した「PSI」と呼んでいたヘッドギアがある。以上のことを「補助線」として、混融が引き起こされる機制（メカニズム）を考察してみよう。

言説の二つの体制

科学的合理性と神秘主義的オカルトの交錯を、言説の構成において捉えてみよう。厳密さを犠牲にして大雑把に言えば、言説には、二つの体制がある。J・L・オースチンが提起した有名な用語を使えば、それらは、事実確認文（constative sentence）の体制と行為執行文（performative sentence）の体制と、それぞれ呼ぶことができるだろう。文の一つの機能は、外部の「事実」を記述することにある。このような機能を有する文が、事実確認文である。事実確認文は、「真／偽」という二値的な規準によって評価される。だが、オースチンは、真／偽とは関係のない、したがって事実を記述しない文があることを発見した。そのような文は、それを発話することが一つの行為の執行を意味してしまうような文である。「明日、喫茶店で会おう」とか「私はあなたに、明日までにこの仕事を仕上げてしまうように、命令する」といった文は、何らかの事実を記述しているわけではない。これらの文を他者に向けて発することによって、約束とか命令といった行為（事実）を構成するのである。こういった文を、行為執行文と呼ぶ。それは、「真／偽」ではなく、「適切／不適切」という対立の中で評価される。

科学の合理性は、言うまでもなく、事実確認文の領域に属している。一つの「知」として眺めた場合の科学の特徴は、それを表現する言説の全体を、ことごとく事実確認文で埋め尽くそうとする顕著な指向性にある（科学の実証性）。このような言説の体制の中で、許容されている文と文との間の積極的な関係は、因果の連鎖を記述する論理的な関係のみである（無矛盾性）。

他方で、行為執行文の体制は、このような合理性の外部にある。行為執行文が効力を有するためには、――スラヴォイ・ジジェクもラカンの「知」の二分法との関係で指摘しているように――論理的にも因果的にも根拠をもたないような「原的な否定性」が前提になるからである（スラヴォイ・ジジェクも、ラカンがS_1、S_2といった記号で表現した知の二分法が、オースチンの事実確認文（S_2）と行為執行文（S_1）の二分法に対応することを確認した上で、S_1

は大文字の「NO」を導入する記号（シニフィアン）の連鎖である、と指摘している。Žižek［1993：216-219］参照）。原的な否定性とは、それ以上もはや根拠を要しない否定、つまり始発的な禁止のことである。行為執行文の効力は、常にその度に、原的な否定性を前提にする。このことは、説明を要するだろう。

ある発話行為が、たとえば約束するとか約束を守るとか、あるいは命令するとか命令に従うといった発話行為が、適切であったり不適切であったりするのは、どのような制約の下であるかを考えてみよう。あるコンテキストの中で結んだ約束を守ることが、「適切なもの」として特徴づけられるのは、その約束を破ることが、（因果的にみれば）無条件に禁止されているからである。決定論的にせよ、確率的にせよ、ある行動が実現する因果的な傾向性があるような場合には、そのような行動が実現したことは、別段、適切でも不適切でもない。ある行為が適切であると見なされるのは、不適切な行為を採用することが因果的には十分に可能であるのに、したがって適切な行為が出現する因果的な根拠はどこにもないのに、あえてその適切な行為の方が選択されているときに限られるのである。だから、適切であったり不適切であったりする発話行為が可能であるためには、因果論的には根拠を与えることができない始発的な禁止、つまり原的な禁止がどうしても前提になる。

行為執行文が原的な否定性を前提にしているということは、次のことを含意している。すなわち、行為執行文の体制を機能させるためには、因果論的には無根拠な否定性に実効性を与えるような〈超越(論)〉的審級(第三者の審級)が要請されるのである。否定性は、〈超越(論)〉的審級に帰属されることによって、実効性を確保し、人々の経験を構成することができるのだ。このことは、原的な否定性の「理念型」がいわゆる「原罪」を構成するような禁止であることを思うことによって、理解することができるだろう。「リンゴを食べてはいけない」ということに、何の根拠もない。たとえば、リンゴに毒が含まれているとか、望ましくない農薬がかけられているといったような事情がある場合には、リンゴを食することを回避する行動は、そのような事情から因果的に当然に予想される傾向であり、仮にリンゴを食べなかったとしても、それは「命令」に従った適切な行為とは見なされない。その「リンゴを食べるな」という無根拠な——つまり理不尽な——命令が、人々を捉えるのは、それが神によって発せられているからである。原的な否定性は、このように、それに実効性を与える〈超越性〉の存在が前提になる。

原的な否定性を支持する〈超越(論)〉的審級は、かつては「神」であった。今日では、それは、人間(身体)の主体性によって、つまり「自由意志」によって担われている。このことから理解できることは、原的な否定性によって、はじめて、「選択」という現象が意味をもつことができる、ということである。原的な否定性を前提にして、ある行動をとることが——たとえばリンゴを食べないということが——、(不)適切な行為の選択という性格を帯びることになるのだ。原的な否定性がなければ、ある行動の出現は、ただ決定論的にか確率的にかある出来事が生起したことを意味するだけであって、選択として性格づけることはできない。行動が「選択」であるためには、生起しなかった出来事が、現実化していないにもかかわらず可能的なものとして潜在的に維持されている（これが否定ということである）、と見なされていなくてはならないからだ。

このことから、次のような結論を導くことができる。自由とか選択といったことが意味をもつためには、事実確認文の体制／行為執行文の体制という言説の二元性に対応するような世界の二元的な構成が維持されていなくてはならないということ、これである。事実確認文の体制で記述される世界は、機械的な因果関係によって支配される世界である。自由や選択ということが意味をもつためには、この因果関係の世界に解消されていない領域――つまり原的な否定性が作用する特異点――が、確保されていなくてはならない。

このことをよくよく理解していたのは、カントである。カントは、『純粋理性批判』の中の有名な二律背反（アンチノミー）についての議論の一つとして、世界の中に、必然の法則（因果関係）に支配されない無制約者（自由意志）がありうるか、と問うている。カントの結論は、理論理性（純粋理性）によってはこの問いに対する解答は決定不能に陥らざるをえない、ということである。一方では、理論理性によって認識されるあらゆる現象の中に、そのような無制約者はありえない。つまり、否定的な解答が真であるように見える。しかし、他方で、このような認識の及びうる現象の彼方に、「物自体」として、そのような無制約者を

——いわば消極的な仕方で——想定せざるをえない。つまり、今度は、肯定的な解答が真であるように見える。理論理性の領域とは、もちろん、科学の領域である。カントは、科学の領域に還元できない、世界の二元性——事実確認文の体制に対応する世界と行為執行文の体制に対応する世界の二元性——を維持しようとしているのだ。こうして維持される二つの領域は、『純粋理性批判』においては消極的に——つまり二律背反（アンチノミー）の解消不能性として——示されるだけだが、『実践理性批判』では、「わが上なる天空〔因果的な動きによって支配された自然の世界〕」と「わが内なる道徳法則〔責任や選択が問題になる世界〕」として積極的に名付けられることになる。

いくぶん長い迂回路を通ってきたが、今や、本来の問いに答える準備ができあがった。

合理化の逆説

見てきたように、われわれは、通常、言説の二つの体制に対応する、互いに還元不可能な二元的な世界を生きている。カントが二律背反（アンチノミー）によって示していることからもわかるように、この二元的な構成が存在しているということを、直接の合理的な論証によって確認することはできない。言い換えれば、このような世界の二元的な構成は、理論的には、曖昧な不決定性としか現れようがないのだ。

もしこのような不決定性を排除し、合理性を貫徹させようとしたらどうなるであろうか？　合理性の貫徹とは、この場合、事実確認文の体制と行為執行文の体制という二元性を解消し、前者によって後者を覆い尽くしてしまうということを意味している。実際、真理の権威を科学が独占するということは、少なくとも認識の対象については、述べたような仕方で世界の二元性を解消してしまうことを意味しているだろう。このような世界の一元化（合理化）が、どのような帰結を導くかを、推論してみよう。

世界が偶有的であるという感覚、つまりこの世界は別様でもありえたという感覚は、決して還元できない、世界についてのわれわれの原初的な感覚であるように思われる。このような偶有性は、われわれが世界に内属していながら、しかし同時に、認識的にも実践的にも、全体としての世界に対峙しているということから、不可避にもたらされる感覚であろう。この偶有性の感覚――偶有的な世界がしかし特定の形態において現実化していることがもたらす問題――は、次のように処理されてきた。神や自由意志のような〈超越性〉が想定されているときには、偶有性は、このような〈超越性〉が担う選択性に帰せられることによって処理されたのである。たとえば、世界が別様でもありえたのにまさにこの様であるのは、神がそのように欲し、神がそのように世界を創造したり、導いているからだ、と見なされたのだ。あるいは、別様でもありえた世界が現実にはこの様であるということは、人間の自由意志の選択に責任帰属されることで説明されてきたのである。だが、事実ものになる。

確認文の体制によって言説の全体を覆うとき、偶有性のこのような処理法は許容されない

世界が事実確認文の体制へと一元化されているときには、偶有性をもたらす「選択性」が、事実確認文によって言及されるような諸要素の作動の内に、散りばめられていなくてはならないはずだ。だが選択性の働きを実質的には担うことになる諸要素とは何か？　それは、われわれが自ら「選択した」と自覚――というより錯覚――するときには、すでにその作動を完了させているような要素でなくてはならない。言い換えれば、それは、「自由意志」や「神」よりも微細な要素でなくてはならず、その要素がたくさん集まった集合の内部で生ずる要素間の相互作用を無視し、集合を分解不可能な統一的なまとまりのように粗雑に把握したときに、そのまとまりが「自由意志」や「神」として結節するように構成されていなくてはならない。

そうであるとすれば、たとえば、ほとんど不可視の媒質の、多様にそして微妙に変容する振動（の複雑な組み合わせと相互作用）は、このような選択性を担った要素の作動として、位置づけうるものとなろう。このような振動が、諸身体の間を、自覚的な意識活動に先立つ水準で伝播し、人々の感覚や意識活動を構成していくのだとすれば、それは、実質的には世界の偶有性を処理する選択の機能を果たすことができるだろう。もちろん、構成される意識活動の中には、「自由意志」についての自覚＝錯覚も含まれている。ところで、自

覚的な意識活動に先立つ水準で身体の間を伝播していく振動こそは、たとえばニコラ・テスラの科学的言説の中で、あるいはオウムの想像力の中で、電子・電気メディア的なコミュニケーションの隠喩に託されていたことではないか。電子・電気メディアの隠喩が表現していたものは、言語のような媒介を経由せずに、身体と身体の間の共振によって成り立つ「極限的に直接的なコミュニケーション」であり、それは、他者の「選択」を構成する作用を有するものとして思い描かれていたのだから（電子メディアが表象するような「振動（共振）」だけではなく、たとえば、個体を構成する微細要素である「遺伝子」の合目的的な作用が、同じような働きを担うことができる。オウム教団は、教祖麻原の超能力が、教祖の遺伝子を取り入れることによって伝達されうる、と主張していた）。

だが、その集合的な作動によって選択性を構成する諸要素は、事実確認文の体制が言及する世界の中で、つまり「科学」的な言説によって記述される世界の中で、まるで「意志」をもって選択する物質やエネルギーのように、描かれることになるだろう。このような選択性＝意志を発動させる物質やエネルギーは、もちろん、機械的な因果関係によって支配されている世界の中で、非合理的な神秘的作用素として意味づけられることになる。こうして、科学が代表するような合理性によって言説の全体を覆おうとすると、かえって、その言説や実践は、非合理的な神秘を自らに内在させざるをえないことになるのだ。科学的な合理性の支配領域の拡張は、この合理性が自らの外に分離してきた神秘とあらためて合流していくことになるわけだ。

逆に言えば、科学的な合理性を純粋状態に保つことができるのは、科学によって記述することができない領域を、科学の外部に、――たとえば「神」や「自由意志」といった形式で――残存させている限りにおいてなのだ。一度、そのような（科学にとっては）曖昧な外部を撲滅しようとすると、科学の合理性の領域は神秘によって浸食されることになる。

ここで、行為執行文の体制が維持されるためには、原的な否定性を発効させる〈超越（論）〉的審級が保持されている限りであった、ということをあらためて想い起こそう。言説の体制が、事実確認文の体制へと一元化しているということは、この否定性を根拠づける〈超越性〉が還元され、経験的な世界へと全面的に内在化しているということを示している。社会的な領域において、このような〈超越（論）〉的審級が実効的な働きを失いつつあることの、言語への反映として、事実確認文の体制への言説の一元化が進捗しているのではないか。

俗物ということ

一九九五年のテレビのワイドショーは、三月二〇日以降、そのほとんどの時間をオウム真理教関係の話題に費やした。ワイドショーのオウム関係の話題の中で、秋以降、オウム信者でもない一人の奇妙な人物が主役となっていった。麻原の私選弁護人横山昭二である。もともと教団の顧問弁護士は、熱心な信者でもあった青山吉伸だったが、彼が五月に逮捕されたため、麻原は弁護人を失ってしまった。麻原は、最初、仏教者でもある遠藤誠に弁護を依頼するが断られる。横山弁護士はそんな麻原の弁護を自らかって出たと言われており、麻原にも気に入られ、私選弁護人の任に着いたらしい（結局、公判より前に解任され、麻原の法廷に立つことはなかった。麻原には一二人の国選弁護人が付けられた）。相当に高齢なこの弁護士（六七歳）は、少なくともワイドショーの文脈で見る限り、かなり風変わりな人物であるとの印象を与えた。これほどの大事件の弁護は、とうてい一人ではこなしきれるはずがなく、通常は一〇人以上のチームを組んで行うものだが、彼は他の弁護士の協力を要請する様子はまったくなかった。検討すべき書類等の量は膨大なもののはずだが、そういったものの検討に十分な時間をかけているようにも見えなかった。そして、オウム真理教についての知識も乏しく、彼があえて麻原を一人で弁護しようとする動機もわかりにくかった。

ワイドショーは、この人物への取材にかなりの力を傾注した。もちろん、最初は、麻原に唯一接見することができたこの人物を通じて、麻原彰晃について知ろうとしたのだが、次第に、興味の中心が、この人物そのものに向けられるようになっていく。全体としては、この人物は、相当に否定的に言及された。オウム真理教や麻原彰晃自身が、社会の「敵」

と見なされていた文脈の中では、麻原を進んで弁護すること自身がまるで悪いことをしているかのように見なされた、ということもあるが、このこととは独立に、横山弁護士が、いかがわしい人物として描かれたのである。とりわけこの人物が金銭に関して貪欲であることが強調され、ワイドショーや週刊誌は、彼に関する金銭的なトラブルや「不正行為」を暴き出そうとした。たとえば、弁護士としての地位を利用した詐欺的な行為を行ったことがあり、訴えられているとか、法外に高額なギャラでテレビ出演をしたとか、多額の報酬とひきかえに秘密の書類を週刊誌にリークした、といったことが報道されたのだ。また、彼のオウム弁護が売名行為ではないか、と指摘する者もあった。要するに、横山弁護士は、金銭欲に代表されるような、あまり高尚ではない俗悪な欲求に、過剰に規定されている人物として、マスコミによって造形されたのである。

このような否定的な造形にもかかわらず、他方で、ワイドショーはこの人物に魅了されていたようにも見える。各局のレポーターが、芸能人を追いかけるときと同じように、横山弁護士を追いかけ、一緒に移動し、彼が週末に何を買ったか、移動中に何を食べたか、どんな芸能人を好んでいるか、といったことまで報告したのである。ワイドショーの関係者も、そしてこれを見つづけた視聴者の多くも、この人物に親しみを感じていたようにすら見えるのだ。その扱いは、明らかに注目の「人気者」に対するものであった。オウム事件やオウム真理教の実態を知るという目的からすると、あきらかに無用な、横山弁護士に対するマスコミの注目は、何に由来するのだろうか？
麻原彰晃は、自らをシヴァ神とほとんど同一視し、また最終解脱者であると自認する。そしてもちろん、このような自己認知は、信者たちの全員によって承認されている。麻原彰晃という身体が、オウム真理教（の出家・在家の信者）が形成する小規模な共同体に対して第三者の審級の位置を占めて君臨していたことは間違いない。彼は、固有の〈超越性〉を帯びて信者たちの共同性の上に君臨していたのである。たとえばある信者は、——もちろん一種の比喩的な強調として——麻原は人間ではないかもしれない、とまで言っている。

したがって、オウムを攻撃するマスコミの基本的な戦術は、麻原の身体が帯びる〈超越性〉を——つまりその「カリスマ性」を——脱色しようとすることに焦点が当てられた。麻原がいかに普通（以下）の人物であるかを証明しようとしたのである。ワイドショーや週刊誌の報道の中で使用された麻原への形容詞の中で、最も頻出した語は、おそらく「俗物」という語であろう。麻原がメロンが大好きだったこと、ラーメンが好きだったこと、ファミリー・レストランでたらふく飲食したこと、信者に禁じている肉も食べたこと、あるいは何人もの女性信者と性交し淫乱であったこと、女性の陰毛を収集していたこと。このように、麻原の食欲や性欲の強さを示す「事実」が、麻原の「俗物ぶり」を証拠だてることとして提起された。そして、俗物性の最も強力な論拠として繰り返し指摘されたことが、麻原の金銭欲の大きさである。それは、教団に贈与することが求められた布施の高さによって示されると考えられた（出家の際には、全財産を布施することが望ましいと考えられていたようだ。もっとも、若い人の場合には、全財産といっても大した金額ではなかっただろうが）。食物や性や貨幣といったものに対する、誰もがいくぶんかの羞恥心をともないながら少なからずもっている欲望が、麻原に顕著に見出されることを指摘するのは、彼が「神」ではなく普通（以下）の「人間」であることを証明することになると考えられたのだ。この証拠の極点には、逮捕されたとき、麻原が、建物（第六サティアン）の中に急造された秘密の空間の中で、一千万円近い現金をもって隠れていたという事実が置かれている。ここから、彼の小心さや逃走資金と思われる現金への執着が明らかになる、というわけだ。

麻原を特徴づける言説と横山弁護士を特徴づける言説との類似は、明らかである。そうすると、われわれは問いたくなる。ワイドショーを享受していたわれわれにとって、横山弁護士とは、麻原のいくぶん戯画化された等価物だったのではないか、と。麻原彰晃は、実際には、地下鉄サリン事件後、公の場に一度も姿を現さなかった。われわれは麻原を見たいと渇望しているのに、その視線の前には空白があるばかりだ。その空白を、われわれは徹底した俗物性によって特徴づけられる人物についての、造形されたイメージによって埋めようとやっきになったわけだ。このとき、対象を見出せずに空転するわれわれの渇望に答えるようにやって来て、その空白を埋めたのが横山弁護士なのだ。それほどに俗物を見たいのならば、よろしい、俗物だけで成り立っている人物の事例を出してやろう、というわけだ。（取り調べにあたっている関係者を別にすると）唯一麻原と接見できたこの弁護士は、われわれの無意識の想像力の中で麻原と同一視されていたのではないか？　つまり、われわれの麻原への興味が横山弁護士に転移されていたのではないか？

通常は、麻原が〈超越〉的な人物であるということと彼が俗物であるということとは、完全に矛盾すると考えられている。その俗物性は、われわれには見えているが、信者には見えていないものと考えられている。しかし、麻原の俗物性についての証拠は、ほとんど（事件の前まで）信者であった者たちの証言から集められたものではないか。そうだとすれば、信者にとっても、麻原彰晃は、ある意味で「俗物」ではないか。俗物という形容詞が目指している内容は、形容された対象がただの弱い人間であるということ、つまり〈超越〉的ではなく〉〈内在（経験）〉的な存在だということである。

だから、同じ性質を肯定的に表現すれば、たとえば、それは「親しみやすさ」と言われるに違いない。実際、多くの信者が、麻原との初対面時にこの種の言葉で表現されうる感覚を味わっている。たとえば信者の一人都沢和子は、初対面の麻原には、「優しそうだなというのと、安心感がありましたね」と述べている。この印象は、続けて述べられている「見透かされているというか、『あっ、すべてわかっていらっしゃるんだ』という聡明感」

と対になっているのだろう。人の内面の感情や思考を見透かしてしまう能力、そうして見抜いた性格にもとづく的確な人材配置の能力は、麻原に敵対する者ですらも認めている。この種の能力は、「極限的に直接的」という言葉で表現してきたコミュニケーションの、日常的な相互作用の場における現れであると、言えるだろう。

だから、麻原彰晃においてわれわれが見なければならないのは、〈超越性〉（人間を越えた神であること）と〈内在性〉（ただの俗っぽい人間であること）との合致という現象である。徹底した俗物性、過剰なまでの〈内在性〉が、逆に、麻原の〈超越性〉の根拠になっているのではないか。たとえば、辺見庸は遠藤誠との対談の中で、麻原に実際に会っている遠藤が麻原には「俗物性」以上のものは見当らないと言うのに対して、「それを聞けば聞くほど、逆に麻原ってすごいなというふうに思うんですね。つらいですね、悪と俗物性だけで百パーセント成り立っている人間がいるのだとしたら……」と応じている（辺見ほか[1996]）。麻原を支えたのは、この種の反転の機制ではないか。唾棄すべき俗物として記述した横山弁護士にいつのまにか魅了され、その動向から目が離せなくなっていたとき、人はこの反転のとば口のところまで連れて行かれていたのだ。われわれの横山弁護士への過剰な関心は、信者の麻原への敬愛や帰依の感情の――はるかに矮小化された――再現であろう。ところで、われわれは、今し方、科学とオカルトの混融は、〈超越〉的なものが完全に経験的な〈内在〉性の領域に解消されてしまったことが、こういった言説の編成に与える効果として理解しうる、と述べておいた。そうであるとすれば、麻原／横山の身体の両義性は、こういった言説の編成に見合ったものだと言わなくてはならない。つまり社会的な相互作用の水準で、麻原を〈内在〉的かつ〈超越〉的なものとして構成する同じ機制の、言説上の反映として、科学とオカルトの一体化を理解することができるのである。

4 真我の理論

不可能性の実体化

第三者の審級の〈超越性〉を厳密に、首尾一貫したものとして確保しようとすると、それは、必然的に抽象化される。第三者の審級の抽象化は、それが照準しうる経験可能領域を普遍化させることの代償である。ここまでの考察――「科学とオカルトの混融」、「麻原彰晃と横山弁護士の想像的等価関係」についての考察――が示唆していることは、この過程に逆説が孕まれているのではないか、ということである。第三者の審級の〈超越性〉を確保すること自身が、かえってその経験的な〈内在性〉へと反転してしまう、というような逆説が。

第三者の審級の普遍化は、なぜ、いかなる必然性に基づいて生ずるのだろうか？　常にその度に、経験可能領域（規範によって可能的なものとして承認されている行為と体験の領域）に統合されていない異和的な体験の可能性が見出され、それが（第三者の審級に帰属する）規範による新たな承認を要求するからである。この過程は、「この体験は未だに認められていない」ということの発見の反復である。このようにして見出される未承認の体験はあらたに経験可能領域に統合され、経験可能領域が包括化していく。このことは、経験可能領域が次第に明確な限定性を失い、そこに含まれているものと含まれていないものとの区別が曖昧になっていくことでもある。このように経験可能領域の内部を限定する境界線が次第に外部へと後退していき、それとともにその領域の同一性が曖昧化していくことの半面として、その経験可能領域の統一性＝単一性を代表する第三者の審級が、経験の領域から撤退し抽象化していくことになる。

資本こそが、このような運動の社会的な表現である。たとえば、モード（流行）という現象は、このような過程に従っている。モードとは、未来の他者（未来の第三者の審級）の承認をめぐる闘争に、自己の現在を賭けることである。現在すでに主流であるようなこと（既存の経験可能領域の内部で確たる位置づけをもつこと）は、モード（流行の先端）には含まれない。それは、常に圧倒的な主流に対する異和でなくてはならない。しかし、それだけでは、モードとして成立しない。他者たちがそれに追随し、やがてそれが主流（未来の経験可能領域）にならなくてはいけないのだ。つまりモードは、未来の他者たち（未来の第三者の審級）が承認するはずのものを現在において提起すること、未来の経験可能領域を先取りしようとすることなのだ。モードは、かつて奇抜で不適切であると見なされていたことを、ただちに当然で陳腐なものに変えていく。そのことによって、規範的に適切なものとそうでないものとの際立った区別を浸食していくのだ。資本の運動は、このようなモードを導こうとすると同時に、それに規定されてもいる。

資本において現象しているような、第三者の審級の普遍化とこれに随伴する抽象化の過程は、決して終わらない。経験可能領域をいかに包括化しようとも、それが規範的な承認によって統一的な領野を構成する限りは、未だに認められていない異和的な体験の可能性が常に見出されるからである。

したがって、第三者の審級の普遍化は、さしあたって、「これは（第三者の審級に）未だに認められていない」という否定の身振りの反復によってのみ、その持続が保証される、ということになる。このとき、やがて、このように否定されているということ、つまり第三者の審級の完全な普遍化の不可能性自身が、志向されているものとしての同一性（アイデンティティ）を獲得するようになるだろう。要するに、第三者の審級の普遍化の不可能性を表現するような新しい第三者の審級が、つまり承認されていないということを承認するような新たな第三者の審級が、志向の対象として結晶するのである。常に「未だに完全な普遍性に到達していない」という否定によってのみ、第三者の審級の完全なる普遍性が表現されているからであり、そうであるとすれば、その否定がそれ自身第三者の審級を規定する積極的な性質となりうるからである。

第三者の審級の普遍化は、まさにその普遍化の不可能性を具現してしまうような対象としての性格をその当の第三者の審級が帯びることによって、かえって完結することができる（かのような外観を獲得する）。「常に未だ普遍化されていない」ということを、つまり普遍化の不可能性をその第三者の審級があらかじめ表現し、含意してしまうならば、原理的に、その承認から逃れる領域は存在しえない。その第三者の審級の承認の視野に包括されていない外部であるということ――普遍化が未了であること――自身が、承認されてしまうからだ。

第三者の審級の普遍化は、その抽象化を随伴するのであった。第三者の審級の抽象性（経験的な操作の対象に還元できないということ）は、第三者の審級の〈超越性〉の程度に対応している。それに対して、自らの完全な普遍化の不可能性を表現する第三者の審級は、必然的に、具象的な実体として対象化されなくてはならず、経験的な領野に内属する事物でなくてはならない。もともと、どのような程度において具象的に限定された第三者の審級に対しても、それに相関した経験可能領域に統合されきれない残余があるということ――未だに承認されていない部分があること――、しかもその残余がやがて第三者の審級の内に統合されるべきものとして現れること、これらのことのゆえに、第三者の審級の抽象化が強いられていたのである。そうであるとすれば、逆に、残余を自らの（経験可能領域の）否定的な外部として放置するのではなく、それ自身の内部に先取りして表現してしまうためには、第三者の審級は、「もはやこれ以上抽象化していくことがないもの」として（経験的な現前に還元しえない「含み」を持たないものとして）示されなくてはならない。要するに、第三者の審級は、経験可能な事物としての具象性をもたなくてはならない。このことによって、普遍化が未だ完了していないという否定的な事態に、積極的な表現が与えられるのである。

抽象性を剝奪し、具象的なものとして取り戻された第三者の審級は、どのような様相を呈するだろうか？　もともと、他者体験の原初的な位相は、第三者の審級が抽象的な超越性として君臨する限りにおいて、抑圧される。他者体験の原初的な位相とは、「極限的に直接的なコミュニケーション」である。つまり〈他者〉についての体験である。だから、第三者の審級を具象性において設定するということは、第三者の審級を〈他者〉の形式において、つまりそれに従属する者たちが「自己に内在する他者」として直観しうる対象として、確保することを意味する。第三者の審級が〈他者〉と同じものになってしまうのだ。

そこで、われわれの仮説はこうである。オウム信者にとって、麻原彰晃は、まさにここに理論的に導出したような、自らの普遍化の不可能性を自己指示的に具現する第三者の審級ではないか、と。実際、麻原は、オウム教団の内にあって、コミュニケーションの極限的な直接性の焦点にあった。また麻原彰晃が、神的でありかつ人間的でもある（俗物でもある）のは、この点に由来する。述べてきたように、〈自らの不可能性を自己指示することによって〉完全に普遍化した規範をもたらす〈超越〉者は、同時に、経験的な世界に〈内在〉するただの人間でなくてはならない。この二重性こそが、麻原の本質であろう。そして、〈超越〉的なものが経験的な世界に〈内在〉する事物でもあるというこの二重性は、つまり事物の領域の外部に〈超越性〉の領域が確保されていないということは、オカルトと科学の混融が引き起こす究極の規定因でもある。

第三者の審級をより包括的なものへと置き換えていく反復は、つまり第三者の審級の終わりなき普遍化の過程は、その第三者の審級に服属する当事者にとっては、癒されない――その原因が説明されえない――苦痛として感覚されることになるはずだ。それは、欲求の特定の目的に到達する、その度に、本当の目的――より包括的な普遍性を体現する目的――が、より先に再設定され、未来の方へと退いていく状態を意味するからだ。どのような目的も到達したとたんに、真に欲求されていたものではないものとして体験されるのである。このことの苦しみは説明不能なものとして現れる。というのも、「まさにあれが手に入らないことが不幸の原因だ」と指示されていた「あれ」が手に入っても、決して、完全な充足に達することはないからだ。このような目的の未来への終わりなき後退は、逆に言えば、得られるべき快楽の「総量」が、拡大再生産的に上昇していることを意味している。その増大した快楽に比して、常に、得られている快楽が「不足」として感覚されるのである。

これに対して、普遍化の不可能性自身を表現している第三者の審級を投射するということは、当事者にとっては、述べてきたような苦しみを何かの積極的な目的物によって充足させるのではなく、まさにその苦しみ自身を快楽として享受すること（を命ずること）を意味している。永沢哲が私との対談で述べているように、麻原は、弟子たちに、カルマ（悪業）落としを口実に、いじめとも解すべき難題を課していく（マハームドラーの教え）。するとやがて弟子たちは、苦痛への中毒を呈するようになり、苦痛自身に快楽を覚えるようになるのである（永沢・大澤［1996］）。オウムは「絶対自由、絶対幸福、絶対歓喜」と述べるが――私がインタヴューした、仏教に詳しい元信者の一人が指摘したことだが――、そこには、生の具体性にふれる内実がまったくない。このスローガンが目指していることは、たとえば歓喜すべき具体的な生の内容を与えることではなく、苦痛に対する生の形式的な構造を変形することにあるからだろう。

〈超越〉的審級（第三者の審級）を、まさにその〈超越性〉としての本性を損なうことなく十全に確保すること、つまり十分に抽象化された実体として確保すること、このことが、先に少しばかり述べたように（二二三―二二四頁）、個人を主体（自由意志の主体）として結節させる。だが、今や、その主体性を構成した肝心の条件が失われ、〈超越〉的審級自身が、事物として経験の〈内在〉的な領域に回帰してくる。このことは、主体性を可能にしていた原理を根本から反転させてしまうだろう。

オウム信者の解脱を目指す修行は、つまり、あらゆる自我の同一性（アイデンティティ）から脱却し、気体化・流体化した身体を目指す修行は、身体を、（少なくとも物理的に）可能なあらゆる経験が生起しうる場へと転換しようとする試みであろう。つまり、それは、普遍化した経験可能領域の受容体として、身体を形成しようとするのだ。どのような規範も、個人の身体を何者かとして――つまり規範に適合した内容によって――同定する。こうして、身体は規範に対応した「意味＝役割」を帯びる。個人としての身体に投入されたあらゆる同一性を解除することは、したがって、さしあたって、規範に関して、完全に無記の身体になることである。無記の身体とは、どのような特定の規範に対しても執着しない身体であり、それゆえに、いかなる規範をも受容しうる身体である。だから、オウム教団が希求する身体は、経験可能領域の普遍化を目指す資本のダイナミズムにそったものであり、そのダイナミズムを先取りし、極限にまで延長させたときに現れるような身体であると言うことができるだろう。

繰り返せば、流体化・気体化し、〈他者〉への直接の内在を許容するような身体を得るには、身体の個人としての同一性を、したがって自我を無化してしまわなくてはならない。これが解脱ということである。しかし、それは容易なことではない。人はさまざまな欲望や利害関心を抱き、それらに執着しているから（そしてその執着こそが個人の同一性を構成しているから）である。だが、師（グル）の身体を、身体の自己同一性の解消を促進する触媒として利用するならば、解脱は相対的に容易なものとなる。つまり、もし信頼にたる師（グル）を得たならば、同一性（アイデンティティ）からの離脱ははるかに容易なものとなるだろう。すべての判断を師に委ね、自らは何事も決定・選択しなければ、事実上、自らの欲望・利害関心を空無化したも同然だからである。すなわち、弟子たちは、師に絶対的に帰依することで、自己の利害関心や自己主張の一切を放棄し、結果として身体の個体的な同一性や自我を解除するのである。『虹の階梯』によれば、密教固有の加行の最後の、そして最も重要な修行は、「グル・ヨーガ」と呼ばれる瞑想だが、それは、グル（ラマ）へのまったく曇りのない信頼を前提にしてのみ可能なものだとされている。グル（ラマ）が弟子に灌頂（ワン）を授ける（弟子の身体の内に成熟の種子をまく）。オウムも、この密教の教えを引き継いでいる。第一章で村井秀夫を特権視する元信者の言葉を引いたが、村井が特別だったのは、その信者によれば、他のどの信者にも増して村井が、グルへの完全な帰依が、つまり「自らを空っぽにしてグルの意思を満たす」ことができていたからである。だから、村井は、その内心をうかがい知ることができないものとして現れたのだ。村井自身の固有の「内心」は、もともとまったく空虚なものであり、それゆえ「うかがい知る」べき積極的な内容をもたなかったのだ。その内心の空虚さの点において村井は純粋だったのだ。

問題はその先である。弟子たちの身体の内的な〈他者〉性を一身に収奪する師の身体もまた、自身の自己同一性を全的に解除し、空無化していなくては、弟子の身体は自我や個人としての同一性から解放されつくすことはない。だが、私がインタヴューすることができたある元信者（この人は最も初期の信者の一人だが、八九年には脱会した。しかし、現在でも独自に仏教を研究する非常に聡明な人物だった）が示唆してくれたことだが、そしてまた永沢哲［1995］が指摘していることだが、麻原の思想と実践は、最終段階において、なお自我の究極の実体的同一性を、すなわち「真我（アートマン）」の存在を、前提にしてしまっている。麻原彰晃は、たとえば、仏教でいう四無量心（しむりょうしん）を独自に解釈し（というより改釈し）、その第四番目の最も重要な項目として、あらゆる頓着（執着）から離れること（聖無頓着）を挙げる。このとき、麻原は、頓着からの離脱ということへの究極の頓着を弟子たちに命ずることによって、彼らの自我の同一性（アイデンティティ）に最後の——しかし堅固な——砦を与えるのである。こうして、弟子たちは、一旦は自身の小さな自我を離脱するかもしれないが、麻原において体現される大きな自我（真我）の内に再度捉えられることになる。

真我の代わりに、実体なき無際限の差異性が、つまり「空性」が置かれなくてはならなかった。しかし、空性の空虚の場所に、真我の実体性が据えられてしまう。なぜか？ 第三者の審級を抽象化することは、それの経験的に確認可能な実在性を希薄化していくことである。つまり、抽象化とは、第三者の審級を空虚へと次第に漸近させていくことである。だが、述べてきたように、まさにこの抽象化の運動に規定されるようにして、具象的な実体性を担った第三者の審級が突然回帰してくる（ことがありうる）。オウム真理教徒の師（グル）麻原彰晃とは、まさに、そのようにして回帰してきた具象的実体としての第三者の審級である。それは、抽象化の果てに望見されている空虚を具現する実体として、無を代理する存在として立ち現れるのである。真我とは、このような無を偽装している経験的な身体（麻原彰晃において現実化している身体）である。こうして真我の理論に、オウム真理教は呪縛されていく。オウム真理教の挫折の究極の原因はここにある。

以上の挫折を、オウム真理教の実践に即して――実践するものの視点に定位して――言えば、こうなる。解脱の触媒となる師の方は、弟子たちがそれを信頼し、それに帰依しうるような具体的な内実をもった判断を示さなくてはならず、弟子とは異なり、自らの自我を空無化してしまうことはできない。しかしこの段階では、解脱は真正なものではありえない。というのも、一旦消し去った自我が、師の身体の上で再現しており、師への帰依を媒介にして、やはり欲望や利害への執着は続くからである。だから、師としては、いったん弟子たちを徹底して帰依させた後に、今度は、師自身の自我を滅却してしまうことが、つまり言わば弟子たちが昇ってきた梯子（はしご）をはずしてしまい、「なにごとかへの帰依」という構成自身を自己否定してしまう必要があったのだ。オウムの実践の中になかったのは、この最後の「梯子はずし」に対応する部分であり、梯子（師への帰依）なしでも空無化した自我を保持する強さである。修行という化学反応（弟子の解脱）の場合には、通常の化学反応とは異なり、触媒（師）自身も消え去らなくてはならなかったのだ。

第三者の審級が抽象的なものとして君臨しているとき、「第三者の審級への徹底した従属」は、従属した個人の主体性へと反転する。第三者の審級へのこの徹底した従属は、第三者の審級の効力が普遍化されていることによってもたらされるものである。その普遍化は、第三者の審級の抽象化に相関した結果である。だが、第三者の審級が、その普遍化された効力を保持したまま具象化された場合には、個人の、その第三者の審級への完全な従属が、直接に露呈することになろう。結局、あまりに純粋な主体性を得ようとすると、かえって逆に主体性のまったくの喪失が、つまり一切の主体性なしの従属が帰結するのである。徹底した指導者崇拝が、このようにして結果する。

第三者の審級を「真我」の形式で実体化したことは、つまり第三者の審級の極限的な普遍化を——その普遍化の不可能性を具現する第三者の審級を具象的な実体として措定することによって——（見かけの上で）実現したことは、その第三者の審級に従属する者たちの時間的・空間的（社会的）な視野に独特な影響を与えずにはおかない。

共同体が、第三者の審級を普遍的な意義を有するものとして確保しようとした場合には、歴史意識の深化とでも呼ぶべき現象が帰結する。共同体の起源が非常に古い過去に求められ、自らをそのような過去から連続するものと見なそうとするのである。起源を過去深く設定することは、共同体がかかげる規範（文化）の意義（妥当範囲）を普遍的なものとして確保しようとする傾向の、時間軸への反映である。国民・民族が、どこでも、古代史や考古学に異常に関心があるのは——たとえばヤマタイ国論争——このためである。そもそも、歴史が大学の中で講座をもつほどに有力な学問となったのは、一九世紀に国民国家が成立して以降のことである。

だが、第三者の審級が普遍化の不可能性を自ら具現してしまうことで、逆説的に完全な普遍化を実現してしまった場合には、歴史意識に特異な変容が生ずる。共同体の起源が古代の経験的な出来事（たとえばヤマタイ国や大和朝廷）に求められていたのは、共同体が普遍化への傾向を宿しながらそれが完結していなかったからである。しかし、今や、共同体の同一性を規定する第三者の審級の普遍化が完結したかのように、事態は現れている。このとき、共同体の起源は、可能的な経験的歴史のすべての端緒でなくてはならないだろう。したがって、それは、任意の経験的歴史を越えたさらなる過去に、歴史以前の歴史に求められなくてはならないはずだ。こうして、経験的歴史のさらなる過去にあるもう一つの幻想的な歴史に、たとえば超古代や輪廻の時間に、自らの起源を求められるのである。このとき、歴史的時間は、一方では異様に深く、他方では異様に浅い。すべての過去を遡る過去が主題化されている点では、歴史的時間は非常に深いとも言えるが、現在が途中を省略して一挙に超古代に短絡してしまっていると感覚されている点では、それは、これ以上ありえないほどに浅い。

だから、ここには、次のような逆立の関係がある。第三者の審級が抽象化されている限りは、それを奉ずる共同体は、自身の過去を経験的な歴史の内に求める。しかし、第三者の審級が具象的なものとして経験の領域に回帰した瞬間に、共同体は、その起源を、経験的な歴史の外部の幻想の内に求めることになるのだ。

こうして設定された幻想的な歴史は、オウムの場合、彼らを結ぶ「極限的に直接的なコミュニケーション」が投影されるスクリーンのような役割を果たしているように思われる。たとえば、麻原と弟子との関係が、前世での親子関係等の因縁によって説明されるわけだ。

あるいは、オカルト雑誌の投稿者たちが、自分たちの「前世名」をかかげ、それに「ピンとくる人」を探すとき、彼らによって期待されている、見知らぬ——物理的には遠く離れた——者同士の間の直接的な感応の関係は、「極限的に直接的なコミュニケーション」を擬態するものでもあろう。こうして、通時的な歴史意識は、共時的な社会空間の感覚とも連動している。

自分自身オウムのことが感覚的によくわかるが、まさにそれだけに許せないと告白する切通理作のオウム批判のポイントは、彼らが「大人」として成熟していない、ということにある(切通[1995b])。ここで「大人」になっていないというのは、自己と社会の間の断絶の意識がないということである。通常、社会の全体は、諸個人とは異なった原理によって動いている。たとえば、自分自身の感性を社会の全体に一般化することはできないし、また諸個人が善意で行為したとしても、全体としての社会にとって善と呼べる状態が帰結するとは限らない。このような断絶を痛烈に自覚していない者を、切通は「大人ではない」と指摘するわけだ。個人と社会の断絶に対する鈍感さは、どこからくるのか?

第三者の審級に帰属する視点を仮定し、それを類推することによって、人々に、自らが所属する共同性の全体を見渡すことができる。第三者の審級の普遍化は、このような全体を、自己自身を中心とした直接の——面識関係の積み重ねによる——コミュニケーションのネットワークとは不関与な、抽象的な統一体として認識させることになるだろう。たとえば、人が「日本」とか「地球社会」の一員であるのは、そういった共同体のメンバーの一人ひとりをよく知っているからではない。

さて、今、完全に普遍化された共同性を体現する第三者の審級が具象的で経験的に対面可能な他者として確保されている、としよう。実際上は、そのような他者(たとえば麻原)を中心にして形成されうる共同体の範囲は、人数に関しても、またその内的な多様性に関しても、ある一定水準を越えることはできないだろう。しかし、他方で、当事者にとっては、その共同体が包括しうる内的な多様度こそが、経験の可能的な普遍性の全体を代表できるものとして——つまり普遍化された経験可能領域が現実化される場として——現れている。このとき、当然、共同体の各メンバーにとっては、共同体の内部での経験からの単純な類推によって外部の社会を想像したとしても、大過ないかのように感覚されることになるだろう。こうして、自分たちとはまったく異なった感覚や思想をもった多様な他者たちを包括する全体社会に対する想像力の極端な貧困が、つまり社会的視野の狭窄(きょうさく)が、帰結することになる。

この視野狭窄は、実際上は特殊的な共同体が普遍的な意義を有するものとして短絡的に認定されていることからくる。同じ短絡が、社会空間に対してではなく、事象に対して向けられるとき、「オタク」的な熱狂が帰結する。オタクを定義するのは、情報の濃度が意味の濃度を圧倒的に超過しているように見える、ということであった。つまり、他者から見ればさして意味がない些細な事象に関して、圧倒的に大量の情報が収集されているとき、われわれはここに「オタク」を見出すのである。このような意味と情報の不調和は、特殊で限定された主題が、それ自身で普遍的な領域として――つまり重要な外部をもたない自己完結的な宇宙として――設定されていることから帰結するように見える。要するに、客観的には特殊な有限の領域が、可能的な宇宙の多様度を集約させうる場として、つまり無限性として、設定されているのだ。逆に言えば、無限なるものの有限化として、それぞれの「オタク」的な主題が囲い込まれているように思われる。

このように、時間的には超古代の極端な遠方へと向けられたその同じ視線が、空間的には、身近な人々や事象の範囲にしか、つまり極端な近傍にしか向かわない。

5 虚構＝現実

虚構＝現実

さて、われわれの本章での課題は、虚構と現実との混交を理解すること、虚構が現実として機能するのはいかにしてなのか、ということを解明することにあった。長い迂回路を経たのち、この問題に直面するに相応しい段階に到達した。

第二章の「哲学的レッスン」の項で述べたように、もともと、現実には〈虚構〉が張りついている。しかも重要なことは、〈虚構〉の虚構性が維持されている限りで、つまりそれが直接に現前している現実ではないものとして設定されている限りで、〈虚構〉は、現実を枠付け、現実を維持することを可能にしている、ということである。

現実をまさにそれとして構成する、現実と〈虚構〉との距離は、どのようにして保持されているのか？〈虚構〉は、想定された第三者の審級に帰属する認知として、構成される（「皆がそう思っていること」として）。したがって、その問題の距離は、第三者の審級がまさに決して経験的な現実の中に現前しないということによって、つまりその抽象性によって保たれているのである（つまり、〈虚構〉を本気で受け取っている他者には、実際には会うことができないわけだ）。

しかし、今やわれわれが到達しているのは、第三者の審級の抽象性が還元され、具象的な実体として直接に経験的な現実の中に登場している、という事態である。このことの代償は、今や明白であろう。〈虚構〉と現実の間の距離が無化されてしまうということ、これである。現実は「仮に〈虚構〉として」受け取られる限りにおいて、意味を与えられるのだが、今や、この「として」という構成を可能にしていた現実と〈虚構〉の区別が失われてしまう。〈虚構〉は、もともと現実との差異によってまさに〈虚構〉としての地位を獲得していたので、その差異が消えたときには、ただの虚構へと差し戻されてしまう。このとき、第三者の審級に帰属するものとして認知されていたことがらが、つまり〈虚構〉が、あるいはむしろ（すでに現実との距離を失っているので）ただの虚構が――、直接にそのまま、言わば文字通りに、完全に現前する現実として妥当することになる。虚構が現実を分節化するための擬制として受け取られるのではなく、そのまま直接に生きられてしまうわけだ。虚構と現実はこうして完全に等置される。虚構の現実化とは、このような現象を言う。

もともと、〈虚構〉が現実との間に保っていた区別が、現実に「深み（現実の直接の現前に還元できない何かがあるという感覚）」を与えていた。知覚している「これ」に尽くされていない、「これ」とは異なる何かがあるという直観が、現実に深い「意味」を付加するのである。第三者の審級が経験的に現象してしまい、問題の区別が抹消されてしまったときには、このような深みが、現実＝虚構から奪われてしまう。「これですべてである」とされたときに、現実に深い「意味」を読み取る余地が失われてしまうのである。「これ（現実）」がすでに解釈の余地もなく「意味（虚構）」だからである。これと同じことが、メディア等によって技巧的に作られた「現実（仮想現実）」に対しても妥当する。たとえば、内田隆三は、今日の映像技術の高度化にともなって、一方では、映像の精細度が上昇し、他方では、映像が構成する意味内容やストーリーへの注目度が下降していく、と論じている（内田［1993］）。この二つの傾向には相関関係があるだろう。あまりに精細度が高い仮想現実（ヴァーチャル・リアリティ）は、知覚されている事柄を越えた「より以上の意味」を浮上させる弾力性をもはやもたないのである。だが、留意すべきことは、知覚的に現前している仮想現実と意味との間を隔てる余地を埋めてしまうのは、仮想現実の諸知覚に対する精細度だけではない、ということだ。より一層重要なのは、仮想現実への態度を規定する〈超越〉的なものに対するわれわれの関係である。ときに、オウム真理教が作った拙い（精細度の低い）虚構も、そのまま現実となる。

人を戸惑わせたのは、オウム真理教において、虚構に対してアイロニカルな意識をもっているということと、それを「本気」で受け取っているということとが、まったく両立しているように見える、ということであった。この奇妙な両立は、次のように説明されるだろう。アイロニカルな意識をもたらしているのは、その虚構が、自己ではなく、他者（第三者の審級）に帰属しているからである。信じているのは私ではなく、他者の方だ、というわけだ。だが、行為の選択において人が準拠するのは、自己の内面的な信念ではなく、その他者、その想定された特異的な他者（第三者の審級）の認知なのである。そうであるとすれば、いかにアイロニカルな意識によって虚構から距離をとっても、なお行為の水準では、虚構に内在してしまうだろう。だが、準拠となっている特異的な他者（第三者の審級）が、その経験的な実在性に関してある「曖昧さ」をもっている間は、つまり存在は想定されてはいるが経験的な世界の内に十全に現前し尽くされない（何らかの程度において）抽象的な何かとして想定されている間は、虚構は現実との間の区別を保ちつつ現実に構成的にかかわるに過ぎない——つまりここで〈虚構〉と表記したあり方に止まっている。しかし、その他者が経験的な世界に完全に回帰してしまった場合には、虚構と現実の間の余白が埋め尽くされ、行為は、まさにその虚構を直接に演ずるものとして現れざるをえない。結局、オウム信者は、一方では、自己が直接に有する一切の判断や信念を停止して、他者（麻原）に帰属する判断に定位している限りで、「アイロニカル」と形容したくなるような仕方で虚構を相対化しつつ、他方では、その特異的な他者が〈超越性〉を保持しつつ経験的な〈内在〉的存在者として君臨するがゆえに、その虚構を「本気」で文字通り演ずるほかないのである。

他者として生きる

このような態度の極限には、「他者として生きる」とでも表現するほかない生の様態が帰結する。自己の身体の上に現れるあらゆる行為の選択が自己ではなく、他者に帰属するような生の様態が、つまり自己の一切の行為が他者のために、他者が設定する目的に適合するように選択されているような状態が、極限に待っているのである。オウム信者は、日常的な感覚によって充実していない空虚な言葉にこそ魅惑されている、ということを確認しておいた。空虚な言葉とは、自己にとって疎遠なままにとどまる言葉である。要するに、それは、他者に帰属する言葉であって、自己自身には完全には固有化されえない言葉なのである。だから、このような言葉の使用は、他者としての生へと方向づけられていることを示す兆候ではないか。

そして、極限の「自己の生が完全に他者に奪われてしまうような状態」とは、つまり「自分はもはや自分自身ではなく他者であると主張する状態」とは、分裂病に代表されるようなある種の精神病にほかなるまい。『天皇ごっこ』の第四章は、精神病者の物語である。そこに含まれている二つの筋の内一つはすでに紹介した。もう一つは、精神病者の演劇療法に関する物語である。

ある精神病院で、患者自身に芝居（＝虚構）を作らせ、自ら演じさせ、そしてやはり精神病患者である観客に見せるという治療を試みる。主人公は、この演劇療法のために依頼されたプロの演出家である。この物語によると、精神病者の間で、天皇は異様に人気がある。あまりに多くの病者が自分は天皇であるとか、天皇のご落胤だとか、皇后と結婚する等の妄想をもっているため、主人公は最初、「天皇を敬え」といったような治療上の方針でもあるのか、と看護婦に尋ねたくらいである。脚本は、自分は皇帝だと主張する元大学教授が書いたもので、とてもシュールな筋である。――チルチルミチルが青い鳥を求めて、天国や地獄のいろいろな強く偉い人たち（ヒトラー、ロシアのツァー、スターリン、乃木将軍、双葉山等）の所を巡り歩いた後、最後に昭和天皇の所に至り付き、そこで玉音放送を賜る。とそこに、突然、八岐（やまた）のおろちが暴れながらUFOから降り下り、草なぎの剣で天皇がその腹を割くと、そこから青い鳥が出てくる。皇族がぞろぞろと出てきて、一般参賀のときのように皆で手を振って終わる。――演劇大会は、たいへんな治療効果を発揮した。天皇が登場すると急に観客が盛り上がり、たとえば鬱病患者や分裂病患者が活き活きとした感覚や関心を取り戻したのである。

　ここでは、「ごっこ」が、つまり虚構を演ずることが二重化している。患者は、すでに日常的な状態において、虚構を文字通り生きている。つまり他者（天皇）として生きている。だから、創作された演劇は、劇中劇である。この劇中劇を演じたり見たりすることは、すでに生きられていた――しかし通常は妄想として否定的に扱われていた――「天皇ごっこ」を、患者自身に自覚的に自己肯定させることになるだろう。演劇療法の成功は、この自己肯定からくる逆療法的な効果に違いない。

　このような劇的な治療効果にもかかわらず、マスコミの注目を恐れた院長によって、演劇療法は中止になる。突然天皇を失った患者たちは深い虚無感に陥り、彼らの症状は一律悪化して、痴呆化が進む。そんな中から、何人かの患者が教祖を自称し、他の患者たちを引きつける。最後に、オウム的世界観を披瀝したあのパラノイア患者T（二〇三―二〇四頁）が、電気を受けたようにして啓示を受け、白馬に跨がり、「諸君、私は天皇である。皇祖皇宗のおんみ霊を体現するスメラミコトである。……私に帰依して楽になりたまえ！」と演説すると、演劇療法のときと同じように、すべての患者がこれに感応して、歓呼の声を上げる。Tは、病みきった日本と世界を救うのだと指示して、病院の正門に向かって行進すると、患者だけではなく病院職員までもが、感情失禁して思わず涙を流し、跪いてしまったのである。この『天皇ごっこ』第四章の結末部分は、ほとんどあからさまにオウムを念頭においている。あの創作劇の最後は、チルチルの「よかったね、ここに来て。やっぱり本当の青い鳥は地上にはなかったんだよ！」という科白である。青い鳥は、もちろん希望＝理想の象徴だ。地上にはなかった青い鳥は、「ここ」つまり虚構の内にあったのだ。しかも、虚構の内にあって地上＝現実へと直接に穿たれた穴のような場所に。だからこそ、それは、Tの「世界救済への行進」を動機づけることができたのである。

ホロコーストのような

麻原彰晃とオウム教団の何人かの信者が引き起こしたとされている数々の殺人事件には、顕著な特徴がある。第一に注目されるのは、とりわけ地下鉄サリン事件や松本サリン事件に見られる、異様な無差別性である。攻撃対象は、ほとんど誰であってもよかったかのようである。そこには、警察庁とか裁判官のようなあいまいな核があったとは言え、本質的には任意の現代人が無差別的・匿名的にターゲットになっていたのだ。第二に、死体の痕跡を抹消してしまおうとする徹底した執念に関して、際立っている。たとえば「教団への裏切り行為」の疑いで殺害された信者の死体は、何日もかけてマイクロ波で焼却されており、さらに残った遺骨は硝酸によって溶解され、排水口から流されたという。こうして、死体の痕跡が完全に滅却されてしまう。言わば、信者は二度殺されているのだ。殺されたあと、まさに殺されたという事実の痕跡が再び殺されているからだ。

このような殺人の方法は、ナチスのホロコーストへの連想を導くことになる。ヒトラーを尊敬していたと言われている麻原は、実際、ある程度ホロコーストをモデルにしていた可能性もある。ホロコーストの第一の特徴は、ユダヤ人を無差別的に殺戮の対象としており、死から個人性をまったくはぎとってしまっているという点にある。強制収容所が象徴しているユダヤ人虐殺の第二の特徴は、それが、殺害の記憶の抹殺を伴う殺戮であったという点である。ホロコーストは、この世界にユダヤ人がいた、という事実そのものを消し去ることに指向している。そのためには、生き残って証言しうる者を残さず、全員を殺戮しなくてはならず、そしてまた死体等の痕跡を余すことなく消去しなくてはならない。これが、ナチスの言う「ユダヤ人問題の最終解決」ということだったのである。これらの諸特徴は、オウムの殺人とまったく並行している。つまり、それは、ホロコーストの隠喩によって語りうるような殺害の形態なのである。

オウム真理教をもたらしたのは、〈超越〉的存在（第三者の審級）を経験の領域において現象する身体（麻原）として所有したことにある。この逆説によって、その〈超越〉的存在の効力は、当事者たちにとって、完全に普遍化されたものとして現れることになるのだった。〈超越〉的な他者を経験の領域に回帰させるということは、その他者を、他者体験の最も原始的な水準に、つまり〈他者〉に格下げすることと同じことである。〈他者〉は、第三章で見たような、自己に内在してくる他者の水準である。〈他者〉は、その本性上、自己に内在しているまさにその形態においては、積極的に対象化して捕らえることはできない。もともと、〈超越〉的な第三者の審級は、この〈他者〉の対象化から逃れていくという性質をいわば踏切板のように利用することによって、投射されるのである。このように第三者の審級が措定されることによって、逆に、〈他者〉の水準は隠蔽される。だが、第三者の審級を経験の領域に回帰させることは、それを、その本来の「素材」の形態において、つまり〈他者〉として確保することを意味するだろう。実際、オウム信者の麻原との繋がりは、理念的には、「極限的に直接的なコミュニケーション」として描くことができるのであった。「極限的に直接的なコミュニケーション」とは、〈他者〉との関係の様式である。麻原は、信者の身体に直接に内在してくると実感されるのであり、このとき、これは「私」なのか「他者（麻原）」なのか区別することが不可能であるような状況が出来するのだ。事件にかかわったある信者は、法廷で、職業を「麻原尊師の直弟子である」と答えた。おそらく、麻原とは、「直」弟子と表示されるような直接性においてしか真に関係することはできないのだ。つまり、理論上、すべての信者が直弟子なのである。しかし、規範の普遍的な妥当性を保証する〈超越性〉を、〈他者〉の形態で保持することは、解消不可能な矛盾をもたらすことになる。

〈他者〉は、自己であるということが他者であるということと両立してしまうような体験の水準であった。自己性と他者性のこのような圧縮は、身体と事物のあらゆる同一性を停止させてしまうはずだ。「これが私（たち）であり、あれがあなた（たち）である」という分割は、他の身体や事物が「なにものか」であるための最低限の条件だからである。したがって、〈他者〉は、どのような（社会的な）規範の照準にも入らない。規範は、身体を個別化して、その「役割」によって同定することを前提にしているのだから。

第三者の審級は、経験可能領域を規範的に承認された統一的な領域として確保することにその本質的な機能を有している。本来、経験の無限に普遍的な可能性を承認するということは、〈他者〉の体験をも許容することを含意するだろう。だが、今し方述べたように、体験の可能性の集合を、規範によって承認された首尾一貫した領域として保持するためには、少なくとも体験の一つの様式だけは、つまり〈他者〉だけは、排除されなくてはならない。だから、自己性と他者性の横断が生ずるような体験だけは、――たとえば「狂気」

として——規範的な審問の対象から排除しておくことを前提にしてのみ、経験可能領域の「普遍性」が確保されるのである。このことは、（ある種の体験の排除を前提にしているという意味で）限定された特殊的な経験可能領域を、無限に普遍化された経験可能領域として提起してしまうことである。

特殊性と普遍性のこうした短絡は、〈他者〉の過激な排除を帰結せざるをえない。オウム真理教にとっての敵とは、この〈他者〉なのである。重要なことは、〈他者〉とは、本当は自己自身であるということ、自己の分身（ドッペルゲンガー）だということだ。確かにオウムは、敵を、たとえばユダヤ人として、あるいは公安警察や、はては現代人一般として、自らの外部に特定しようとする。だが、ここで第三章の考察を思い起こしておこう。そこでわれわれが仮説的に得た結論は、オウムが獲得した身体、エネルギーの流れ（クンダリニー）としての身体の裏面こそが、彼らが恐れたサリンではないか、彼らが敵の表象として捉えたサリンではないか、ということであった。ここから示唆されることは、彼らは、自己の内的な〈他者〉性を外部の他者に投影し、それを敵と見立てているということである。遥か彼方にいるはずの敵が自分たちの内部に深々と浸透しているのではないかという彼らの恐怖も、この点に由来する。敵はもともと彼ら自身のことだったのである。身体を流体・気体として実感されうる水準に漸近させることで生ずる自己性と他者性との間の混乱や横断を、つまり〈自己＝他者〉とでも表記しうる体験を、再び強引に「自己（味方）／他者（敵）」と分節し、身体の自己同一性を恢復しようとする。このとき、結節する敵の像こそが、《他者》（遠くて近い敵）である。他方、味方としての自己の像の焦点には、真我（アートマン）がある。

オウムの敵は、徹底的に無差別的である。たとえば、敵の中核は「ユダヤ」として特定されているが、誰がそのユダヤであるかははっきりせず、実際上、誰もがユダヤでありうるのだ。このような無差別性は、もともと、敵が自己の分身だからである。自己の分身を投影しうる他者は、誰であれ敵たりうるのだ。

留意しておかなくてはならないことは、次の点である。基底に規範的な特殊性と普遍性の短絡があるときには、それが結果する排除は、《他者》への攻撃性として現象するということ、これである。すなわち、《他者》を彼らの共同体の外部に放逐して無関心でいるというわけにはいかず、その《他者》を抹殺しようとする強い攻撃性が帰結せざるをえない。彼らが一貫した規範（ルール）を要求するならば、述べてきたように、《他者》は原理的に排除されなくてはならない。つまり、《他者》は、現在の事実として共同体の外部にいるだけではなく、共同体の内部にやがて参入してくる可能性すらもってはならない。彼らの特殊的な規範が普遍化された規範として想定されている限りは、その規範によって可能的にすら被覆されえないような外部（〈他者〉）が、「存在してはならないもの」、「原理的に存在するはずのないもの」として定位されるほかないのだ。だから、《他者》は、抹殺・抹消されなくてはならない、と見なされるわけだ。ホロコーストを思わせる彼らの死体処理の強迫的な徹底ぶりも、ここから説明がつく。《他者》がかつて存在していたという事実すらも、消し去ろうとしているのである。教団は、たとえば戒律（教団内部の規範）に違反した信者の記憶を消す技術（電気ショックと薬物チオペンタールナトリウムの注入による）にも、執着を見せている。記憶の消去は、《他者》を抹殺しようとする意志のもう少し弱められた表現であると、考えることができるだろう。記憶を消してしまえば、その否定的な事実（戒律違反）をなかったも同然のことにすることができるからである。

こうして、われわれが今出会っているのは、第四章の最後に見たのと同じ、徹底した破壊によってこそ〈超越性〉を保持している神である。その神にとって、救済とは、《他者》の抹殺である。しかし、その救済の作業は終わるまい。それどころか、《他者》を殺害すればするほど、《他者》の脅威はますます増大するだろう。《他者》とは、自己の分身にほかならないからである。結局、こうした神を信奉する者は、生産的な結果を一切残さない、全的な破壊へと導かれることになるだろう。

終章　ポアの思想を越えて

「総括」と「ポア」

オウム真理教団（の一部）が引き起こしたと見なされている一連の事件から得られる教訓について、書いておこう。私の考えでは、連合赤軍の悲劇と対照させてみると、この事件がわれわれに教示していることは、明確になる。

連合赤軍の悲劇が教えてくれたことは、どのような積極的な理想や規範であっても、あまりにも厳格に追求され、遵守された場合には、悪へと転化してしまう、ということである。善の絶対主義は、それ自体、悪なのだ。このような逆説が導く自己批判＝自己否定こそが、連合赤軍が「総括」と呼んでいた、凄惨な私的制裁である。

だが、今日では、このような悲劇はよく知られている。オウム教団の失敗も同種のものであれば、われわれは比較的容易にこれを乗り越えることができるだろう。しかし、私の見るところ、教団の過激な攻撃的行為は、この悲劇とはまったく裏返しの構造をもっているのだ。

述べたように、オウムの修行は、まずは自我の同一性を徹底して解除しようとする。その実践は、自我の行為に一貫性を与えるいかなる規範をもカッコに入れ、その妥当性についての判断を留保することを強いるはずだ。つまり、規範が徹底的に相対化されるのである。麻原彰晃が仏教の「四無量心」を改釈しながら説いた条項の一つ、「聖無頓着（何事にも頓着しないこと）」とは、このような過激な相対化の態度のことである。規範の相対化とは、善なる行為と悪なる行為を等価な選択肢と見なすこと、したがってその気になればいかなる悪をも犯しうることを意味する。

だが、相対化を貫徹させることは、絶望的なほど困難なことなのである。このことは、自我の相対化が最終地点において真我の同一性へと反転していった教団の運命が、よく示している。われわれはこの反転が生じてしまう機制について、ていねいに見てきたのだ（とりわけ第五章で）。規範の相対化の極北で、突然に、「高次の」規範の絶対化が生ずるのである。このとき人は、一旦規範の過激な相対化を経由しているがゆえに、（通常の規範にとっての）いかなる過激な悪をも、しかもそれを「悪」として自覚した上で、遂行することができるのだ。それを、より高尚な「善」として解釈換えした上で。オウムが示したことは、悪の相対主義が、絶対の最高善の輝きへと転化するということだ。

通常の悪が――あるいはそこまでいかないとしても、教団が「ワーク」と呼んでいた出家者（サマナ）の日常の労働が――、最高善に奉仕するものとして解釈換えされるときには、判断のための視点は、究極の普遍性を体現しうる地点へと移し換えられていることに、あらためて注意しておかなくてはならない。諸行為は、輪廻する世界の全体（六道）を代表しうるような視点――変化身の視点――から、判定されているのである。今、私が内在している局域の視点からすると、それは悪に見えたり、つまらない労働のように見えるかもしれないが、それだからといってこれらを拒否するならば、輪廻するすべての魂にとって善であるはずのことを斥けたことになる、というわけだ。こうした視点の転移によって、悪が、あるいは苦しい日常の単純労働が、受け入れうるものに変換されるのである。

　このような変換が導く過激な他者否定を、オウムは「ポア」と呼んでいる。「ポア」とは、もともとチベット仏教において、死にゆく者の心を確実に身体から抜き出し、より高い状態に移し変える技術を指す語らしい。オウムは、この語を、独特に解釈された救済思想——金剛乗（ヴァジラヤーナ）の教え——の中で正当化される殺人を指す語として使用している。オウムの思想と実践は、決して相対主義によっては乗り越えられない。少なくとも、相対主義にともなう逆説を回避する術を獲得していないうちは。

　これは、ひとりオウムのみが直面している困難ではない。われわれの時代は——ここで虚構の時代と呼んだ段階は——、相対主義の時代だからである。相対主義へのトレンドを最深部で規定しているのは、（広義の）資本のダイナミズムである。それは、より普遍化された規範への不断の置き換えとして現れる。より普遍化された規範を獲得するということは、その内部で既存の諸規範が等価な選択肢として相対化されるような視点を獲得することを意味する。たとえば、デリダ派の脱構築主義（デコンストラクショニズム）は、相対主義の最も洗練された思想的表現である。オウムが示したのは、相対主義の困難である。そして、何らかの規範や理想の原理主義的な絶対化の困難は、すでに連合赤軍によって知らされている。こうして、われわれは可能な二つの手を両方とも封じられてしまっているように見えるのである。

権力構造の転換

オウムが提起した困難を、いかにして超克することができるのか？　とりあえずオウム真理教事件を経由して浮上してきた皮肉な構図に注意しておかなくてはならない。それは、オウムを正面から批判したり攻撃する者の方が、しばしば、オウムに似てくるという構図である。オウムを批判し攻撃したりすることが、逆にかえって、意図することなくオウムを模倣してしまうのである（反対に、オウムに比較的に好意的な論者は、本質的にオウムと似ていないことが多い）。このような意図しない模倣が最も顕著に現れたのは、オウムを取り締まる権力の構造において、である。

まず、オウムの組織内権力を、理念型として整理した場合に、どのようなものになるかを示しておこう。もちろん、権力の原点には、師(グル)である麻原彰晃の身体が置かれる。この師の身体は、極限の直接性において弟子たちを捉える。弟子が仮に孤立状態にあろうとも、師の身体は弟子の身体に直接に内在することによって（より厳密には、そのように弟子たちに実感されることによって）、弟子たちの行為をチェックする。この師の弟子への権力は、そのあまりの直接性のゆえに——つまり弟子の「これは私である」という基礎的な同一性（アイデンティティ）の自覚にすらも先立つような水準に照準しているがゆえに——、弟子の了解や承認をまったく経由することなく作用する、という点に特徴がある。つまり、弟子には、一切の判断ぬきの無条件の帰依が求められており、権力はこれを根拠に作用するのだ。この権力は、第三者が客観的な見地から眺めると、師の弟子に対する理不尽ないじめのようなものとして現れる。あるいは、たまたま不運にして見つかってしまった戒律違反に対する、過剰な制裁（サンクション）として現れる。ＰＳＩを経由して無意識裡に作用する電波——どんな遠隔にあっても瞬時にして届く電波——が、この権力のあり方をよく表象している。

　他方、地下鉄サリン事件以後の、警察と司法権力とそして第四の権力たるマス・メディアによる、オウム真理教への攻撃は、ある過剰さを呈するものだった。その過剰さが頂点に達したのは、多数の信徒に対する、公安警察によるいわゆる「微罪逮捕」である。通常だったら決して逮捕されることがないような「微罪」によって——たとえばホテルの宿泊名簿に偽名を記載したといったようなことによって——信徒たちは次々と逮捕され、（その逮捕された罪とは異なる主題をめぐって）取り調べを受けたのである。このような権力が「過剰」なのは、それが、合法性の臨界をほとんど越えそうになっているからである。微罪逮捕が、はっきりと非合法的であるとは言わないまでも、正常なものではないこと、それゆえまかり間違えば非合法なものと見なされうることは、多くの人々によって自覚されていたことであった。この権力の過剰分は、もちろん、この事件が、「戦争」と見なしても差し支えないほどに異常事態であるという共通の認識によって埋め合わされていた。とはいえ、もちろん、その「異常性」の決定する基準それ自身も、法的な根拠をもっていたわけではない。

この過剰な権力は、それを目の当たりにした人々に、次のことを示したことになる。第一に、現代社会においては、いったん権力がその照準の中に入れてしまえば、その権力は、照準内の者の行動をすみずみまでほとんど確実にチェックすることができるということ、そして、彼が何をしていようとも、彼を捕らえることが可能であるということ、こういったことを人々に印象づけたのである。たとえば宿泊者名簿への記載によって逮捕されるということは、警察にずっと尾行され、行動のすみずみまで観察されていたことを意味しているだろう。このように、権力は、照準に収めた者の身体に言わば密着している。ところで、この直接性は、オウムの半ば幻想的な組織内権力を、まるで大規模な社会で具体化したかのようである。

第二に、行使された権力と権力に向けられた承認との間の圧倒的なアンバランスが、この過剰な権力をめぐる現象の特徴である。権力や支配の理論の一般的な了解からすると、権力の正統性に対する承認とその権力の効力との間には、比例的な関係がある。人々に承認された権力でなくては、広範囲の社会空間を実効的に捉えることはできず、まったく承認を受けていない権力は、ついには崩壊する、というわけだ。合法性の領域は、現代の制度のもとで、人々が権力に与えた承認の限界値を示している。そこからの過剰分は、承認の外にある。今日の権力は、承認を経由することがなくても、ゆうゆうと機能することができるのである。この点でも今日の権力は、了解や承認による支持をまったく受けることなく、過激に作動するオウムの組織内権力と類似している。

承認と権力行使のアンバランスは、事件の捜査が進められている最中にたまたま行われた国政選挙の（あるいはその直前の地方選挙の）失敗によって、印象的な仕方で証示されてしまった。九五年七月の参議院選挙で、投票率がついに五割を割ってしまったのである。今日の制度のもとでは、代表者を決定する選挙によってこそ、人々の権力に対する承認が示される。だが、投票する者が半分にも満たないということは、代表という制度が機能障害に陥っていることを示している。人々は、権力を承認することも、そしてあえて否認することすらもしない。議会によって（あるいは自治体の首長によって）自らが代表されているということに対する不信感が高まっているのである。そんな中で発動された警察の権力は、したがって、承認ということとは無関係に行使されたものである。中枢に対する承認を担保とすることなく、末端の権力は過激に作動するわけだ。

こうして、たとえば権力の構造において、われわれはオウムを攻撃することによって、かえってオウムと似てきてしまう自らを見出さざるをえない。あわせて、オウムの組織内権力によって、あるいはまた公安警察や司法当局のサリン事件の捜査によって具体化された権力は、ミシェル・フーコーが記述していたような近代的な権力がすでに姿を消したということをも示しているように思う。フーコーは、普遍化された権力の永続的な監視によって、個人の身体が主体化される様を描いたわけだが、このような権力が効果をもつためには、その永続的な監視が統一性を呈すること――統一的な意志の表現のように見えていること――が前提条件となる。だが、人々の承認や了解を遥かに越えて行使される権力の背後には、統一的な意志を投射することができない。過激な直接性において個々の行為がチェックされはするが、それらのチェックを支える統一性を見出すことができないのだ。そもそも、だからこそ、それを承認したり否認したりすることもできないのである。この意味で、オウム事件は、権力構造の大きな地殻変動の指標でもあったのかもしれない。

共存の技術

オウムへの攻撃が、ときにオウムをかえって引き写す結果になるのだとすれば、われわれはオウムの挫折をいかにして乗り越えれば良いのか？　解決のイメージを提起して、この論考を閉じておこう。

オウムの絶望的な攻撃は、《他者》に寄生されていることの恐怖に由来するものであった。攻撃の究極のねらいは、その寄生状態の除去にあると言うことができるだろう。ところで、第一章で確認したように、寄生されているという感覚、異和的な他者がわれわれの身体に内在しているという感覚、われわれ自身がまさにわれわれとはまったく異なる原理で動く他者に近接してしまっているのではないかという感覚は、現代社会において広く共有されている。そうであるとすれば、オウムが歩んだ道を、われわれがまた歩まないためには、われわれの内に侵入してくる他者に対する徹底した寛容が不可欠の条件となるだろう。

この点で、われわれに創造的なイメージを提供してくれるのが、岩明均のマンガ『寄生獣』である。これは、あるとき突然地球上に現れた寄生獣をめぐる物語である。寄生獣は人間の身体に侵入し、首から上を食べてしまい、身体の他の部分を残したまま首を、したがって中枢神経を占拠してしまう（寄生獣自身が、非常に高い知能をもっている）。この寄生獣は、異常な可塑性を備えており、ほとんど自由自在に姿や硬度を変えることができ、ときには鋭利な刃物と化す。が、通常の状態においては、寄生獣は元の人間の顔を完全に復元して、そのまま首を占拠しているため、外見からは元の人間と区別がつけられない。問題は、寄生獣が人間を食って生きている、ということである。したがって、寄生獣とは、想像しうる最も危険な他者の象徴である。このマンガの主人公シンイチも、寄生獣に寄生されている。が、彼だけは、ある偶然から、寄生獣は右手に寄生している。したがって、一つの身体の上に、二つの中枢神経（人格）が共存しているのである。

物語の序盤は、この寄生獣と人間との対決が主題となる。たとえば、寄生獣がそこかしこにいることに気がついた人間たちは、策を労して寄生獣を駆除しようとする。だがやがてシンイチの心境は徐々に変化して、最後には、寄生獣と共存することを選択する（そのとき寄生獣は主人公の身体に完全に溶け込んでしまう）。マンガは、シンイチのこの心の成長過程を説得的に描きだす。またマンガは、そもそも、由来の知れないこの寄生獣たちが、実は、人間の社会が自ら産みだした他者性であることをも示唆している。われわれに求められているのは、このマンガが示唆するような極限の寛容である。たとえば、シンイチは、最愛の母を寄生獣に食われているのである。それでもなお、彼は、共存を選んだのだ。

『風の谷のナウシカ』が、同じ方向の解決のイメージを示唆している。『ナウシカ』は、多くの点でオウムと世界観を共有している。だが、このマンガの結末部には、微妙なズレが用意されている。このマンガは、毒ガスによって汚染されたこの世界を浄化することが主題となって、ずっと進行していく。この毒ガスが、オウムにとってのサリンと類比的な両義性をもっているということはすでに指摘しておいた。ナウシカは、最後に、浄化の神に出会う。だが、驚いたことに、ナウシカはこの浄化の神を拒否するのである。ナウシカの主張はこうである。長い間、腐海（毒ガス源）と共存してきた人類の身体は、すでに汚染にある程度適応してしまっている。にもかかわらず、大気を浄化することによって人類を救済しようとすれば、逆にかえって人類を滅ぼすことになるのであり、したがって、その「救済」は完全に欺瞞だ、というのだ。こうして、毒ガス＝他者との共存が、ここでも選ばれるのだ。

『ナウシカ』には、微妙な仕組みが隠されている。まず、腐海や王蟲(オーム)が、汚染するものであると同時に浄化するものであるという両義性をもっている。だから、まず単純に腐海や王蟲を敵視する態度が拒否されている。それゆえ、最初は、この両義性を利用した完全な浄化が、最終的な救済として描かれるかのような印象を、読者はもつ。その上で、このような逆説的な浄化そのものが、もう一度、拒否されるようになっているのである。つまり、拒否は二段階にわたっているのである。

すでに述べたように、オウム真理教を浮上させる基底的なトレンドは、相対主義へのトレンドである。だが、他方で、麻原は、「絶対」という形容を好む（「絶対の真理」「絶対幸福」等）。これは、相対主義的であること（「聖無頓着」）の絶対化である。相対主義は単純な絶対主義や原理主義よりも寛容な態度であるように見える。だが、相対主義の徹底化は、やがて相対主義的であることの絶対化へと転化するのだ。『ナウシカ』の浄化の神は、世界を「相対主義」へと純化しようとしているのである。相対主義から転化してきた絶対主義は、もともとの相対主義よりもはるかに不寛容なものとして結晶する。

だから、われわれが求める寛容は、内部に二段階の相対化を含んでいなくてはならないのである。オウムの教義や実践の中には、一段階の相対化しか含まれていない。最初の相対化を経て、まさにそれが完結し、「絶対」に到達しようとしたその瞬間に、もう一段階の相対化が企てられなくてはならないのだ。

オウムが、あるいはオウム的なものが、私自身もそうでありうる可能性を示している、という自覚なしには、このようなものを書くことはなかっただろう。

オウムは、少なくとも八〇年代末期以降の社会を席巻した思想やサブ・カルチャーのパロディである。たとえば、彼らのハルマゲドン思想は、八九年以降しばしば語られてきた、「(歴史の)終焉」をめぐる思想の戯画のようなものである。確かにオウムの思想や実践には、どうしようもない「くだらなさ」がある。これを嘲笑するのはあまりにもたやすい。だが、こういった「くだらなさ」が、とりたてて特殊ではない多くの人々の行動を捉えてしまった根拠にまで遡行するならば、オウムそのものと、それがまさにパロディになっている、より洗練された思想や実践との間の距離は、微妙なものとなろう。もちろん、そこになおある「距離」のゆえに、洗練された思想や実践の立場からオウムを考察に値しないものとして切り捨てることはさしあたって可能だが、そうすることは、語り、実践する者自身の立場を同時に無化してしまいかねないものであるように思われる。つまり、どこに視点を据えて、オウムを否定したり、嘲笑しているかがわからなくなってしまうのである。というのも、オウムと、もう少しばかり洗練されているように見える思想・実践との間の距離は微妙で、どの地点で、後者が前者に転ずるかをきちんと確定することはほとんど不可能だからである。だから、オウムは、目下のところどうしても、考察する者自身が内属している〈現在〉として分析されねばなるまい。

この種の態度に立脚した分析の前例を、われわれは、たとえばカール・マルクスに見出すことができる。「二月革命」を経過した後の十九世紀半ばのフランスは、当時としては最も先進的な民主主義体制を敷いていた。そのフランスで、ナポレオンを模倣する人物がク・デタを起こして政権を獲得し、しばらくのあいだ独裁的な指導者として君臨する。民主主義体制の下で極端な独裁が国民の広範な支持を獲得できたのはなぜか。マルクスは、この人物、ルイ・ボナパルト（ナポレオン三世）のク・デタが人民投票で承認された直後に、彼が政権を獲得するまでの過程を社会学的に考察する『ルイ・ボナパルトのブリュメール十八日』を著している。今日でもなお、マルクスのこの議論は、ボナパルトが成功しえた理由についての、最も説得力ある分析であろう。ちょうどこのマルクスの分析のような、私たちが内属している「オウム」という文脈に対する透徹した考察が必要である。というのも、考察の営みを継続することが結果として導いてしまう距離だけが、〈現在〉からの解放を保証するからである。

今日オウムについての言説が氾濫しているのと同様に、マルクスの時代にも、ボナパルトについて書かれた物がいくつも発表されている。ヴィクトル・ユゴーの『小ナポレオン』はその代表的なものである。ユゴーによれば、ク・デタは青天の霹靂（へきれき）である。つまり、ユゴーは、事件を一個人の暴力的な蛮行と見ているのだ。このような見方は、この個人とその思想をくだらないものとして清算するためになされているのだが、それは、むしろ逆の結果を生むとマルクスは批判している。独裁の成功がボナパルトの暴力行為に起因すると見なすならば、このことは、その個人に、稀に見る個人的な主導力を認めることであり、結果として、かえってその人物を大きくしていることになるのだ、と。私の考えでは、今日のオウムに関する言説の主流に対しては、まさにこのマルクスによるユゴー批判が妥当する。われわれは詐欺師によって不意打ちを食らわされたのだ、と言っても何も片づかない。そんな言いまわしをしても、「謎が解けるわけではなく、謎の出し方がかわっただけ」なのであって、われわれはその謎を誘発する同じ文脈の中に呪縛されたままであろう。

地下鉄サリン事件以来の一年半程の間に、この問題について私と不断に議論して下さった多くの方々に感謝したい。とりわけ、長時間のインタヴューに応じて下さった、オウムの信者・元信者の方々に深く感謝したい。これらの方々の幾人かは、私にとって抗しがたい魅力をもっていたということを告白せざるをえない。最後に、時間切れぎりぎりの所まで私の仕事におつきあい下さった、筑摩書房編集部の山本克俊さんにもお礼を申し上げたい。

一九九六年五月一六日

大澤真幸

補論　オウム事件を反復すること

I　反復による乗り越え

オウム真理教事件とともに、日本の戦後精神史の中の一つの時代が終結し、新しいフェーズへと突入した。私は、松本サリン事件・地下鉄サリン事件へと至る事態の推移が明らかになりつつあった一九九五年に、このように診断した。そして、このとき終結しつつあった時代を、見田宗介に倣って、「虚構の時代」と呼んだ。

十三年を経た今日の時点から振り返っても、あのときの診断は妥当なものであったと、私は考えている。このような判断を傍証する事実の一つは、この時期を境にして同種の事件が反復されてきたということである。ここで「同種の事件」とは、無差別殺人を極限におくような不可解な暴力の暴発を指している。いわゆる「凶悪犯罪」が増加してきた、と述べているのではない。凶悪犯罪は、むしろ、減少しつつある（たとえば、日本における殺人の認知件数は、一九六〇年がピークで、以降、長期的な減少傾向にある）。ここで問題にしているのは、動機に関して常識的な理解可能性が及ばない――さりとて犯人が明白に「狂気」であるとは認め得ない——殺人や暴力である。それは、犯人が被害者に対して強い個人的な恨みももっていないし、犯人にとって現金などの明確な利益も見込めず、したがって何のためだったのかその目的を第三者が理解できない——ときには当人自身すらうまく説明できない——殺人・暴力である。オウム真理教による「無差別テロ」の場合には、当事者にとっては、「ハルマゲドン」の遂行等の宗教的な目的があるが、そうした目的に訴求した説明自体があまりに荒唐無稽で、一般的な理解可能性を与えるものではないので、結局、それは、何のためであったのかを納得できない殺人、殺人のための殺人としか見なしえない殺人となっており、やはり、この種の殺人・暴力の大規模な一例となっている。

このような不可解な殺人や暴力が、オウム事件の頃より、つまり一九九〇年代前半より、繰り返し、起きている。犯人は、多くの場合、オウム事件と同様に、十代・二十代の若者である。無論、こうした出来事は、統計的な処理に耐えうるほどの多数には至らないが、しかし、それ以前には、(明白な精神病者による犯罪を別にすれば) このような殺人や暴力がなかったことを思えば、社会の総体としての質的な転換を示唆するものであると解釈できるだろう。よく知られている代表的な例としては、「酒鬼薔薇聖斗事件」(一九九七年)、「西鉄バスジャック事件」(二〇〇〇年)、「大阪池田小学校児童殺傷事件」(二〇〇一年)、「佐世保女子同級生殺人事件」(二〇〇四年)、「秋葉原無差別殺傷事件」(二〇〇八年) 等を挙げることができるだろう。

さらに、私は、虚構の時代（一九七〇年—）より後は、日本を、閉じられた社会であるかのように分析することの社会学的意味は著しく小さくなっていると考えているので、視野を、日本という境界を越えて拡大してみよう。そうした場合には、類例は、いくらでも増やすことができる。一九九九年にアメリカのコロラド州でおきた「コロンバイン・ハイスクール銃乱射事件」や、二〇〇五年にフランスで起きた移民労働者たちによる無目的で大規模な暴動、あるいは二〇〇七年にアメリカのバージニア工科大学で起きた銃乱射事件等を考えたらどうであろうか。あるいは、二〇〇一年の九・一一テロさえも、宗教的な大義を掲げた、先進国の大都市の中心部で引き起こされた無差別テロであることを思えば、地下鉄サリン事件の拡大された反復のように見えてくる。

無差別殺人をその極端なケースとするような、不可解な殺人や暴力の特徴は、犯人にとって自余の社会が、そして逆に社会にとって犯人が、それぞれ互いに、これ以上はありえないほどに深い〈他者性〉を帯びてたち現れている点にある。犯人が、個人的な恨みにも利害にも関係しない他者を——ときに無差別に——殺しているとすれば、その犯人にとって、他者たちは、もはや、交流可能な生ける人間としては現れていないことになる。と同時に、犯罪の動機の極端な理解不能性は、犯人と社会の間に、最小限の規範すら共有されていないことを示している。このように、犯人と自余の社会とは、互いに端的な〈他者〉として外在しあっている。

しかし、同時に、本文の第一章で――無論オウム事件に即して――論じたように、こうした相互的な外在性とは真っ向から対立するような事態が、両者の間には成立している。客観的に見て、互いが互いに対して抱く感情――恐怖や不安の感情――は、まるで合わせ鏡のように対称的である。さらに、こうした感情がもたらされる原因にまで遡れば、それぞれの側に、外的な〈他者〉である相手を、きわめて近いものとして、そしてついには自らのアイデンティティに内在する契機として受け取る主観的な感受性を見出すことになる。相手に対して抱く恐怖は、〈極端に外的なものの内在〉という矛盾を拒絶し、忌避しようとする感情的な反応として解釈することができるのである。

*

われわれは、オウム事件以降、類似の犯罪、類似の暴力が反復される時代に突入した。この種の出来事が、まるで幽霊のように、現代社会に、われわれの社会システムにとり憑いている。どうして、反復されるのか？　オウム事件が、真に徹底して〈反復〉されていないからだ、と答えたとしたら、逆説を弄しすぎであろうか？　しかし、ここで、〈反復〉という語は、ベンヤミンの歴史哲学の線で、あるいはキルケゴールがこの語に込めた意味で、使用されている。どういうことか？

たとえば、フロイトを乗り越えるということは、フロイトを〈反復〉することではないだろうか。フロイトを外部から批判した場合には、たとえばフロイトを、彼の理論とは無縁の脳科学や行動主義心理学の立場から斥けようとした場合には、われわれはむしろフロイトが創設した地平の内部から抜け出すことはできない。フロイトにとり憑いた謎や問いがそのまま残ってしまうからだ。フロイトを乗り越えるためには、フロイトが提起した問い、フロイトの思考を駆動した謎を、フロイト以上に徹底して探究し、フロイトが挫折した地点を越えて前進するしかない。つまり、フロイトを超える新しさは、ただ、フロイトの〈反復〉を通じてのみ、生まれてくるのである。たとえば、ラカンがやったことは、このような意味でのフロイトの〈反復〉であった。

マルクスは、『ルイ・ボナパルトのブリュメール十八日』の冒頭で、歴史は繰り返すが、二度目は笑劇となる、と述べている。ここで彼は、二月革命からナポレオン三世がク・デタで皇帝になるまでの過程は、フランス革命の果てにナポレオンが皇帝の座に着くまでの出来事の反復だった、と述べているのである。このマルクスの説明は、フランス革命に対する彼のコメントと合わせて理解しなくてはならない。マルクスは、自由、平等、同胞愛をめぐる熱狂が去った後の、つまり革命が終わった後のなんともお寒い現実を嘲笑している。結局、残ったのは、利己的・功利主義的な市場の計算だったではないか、と。われわれは、これを、仮面の裏に隠れた下品な素顔を暴くといった類の、紋切り型の一種と解釈してはならない。ここでマルクスが言わんとしていることは、まったく逆のことである。卑俗な現実の背後に、自由や平等、あるいは同胞愛に彩られたユートピア的な領域が隠れており、一旦革命が起きてしまえば、それは、現実に取り憑いたまま離れることがない、これがマルクスのコメントの含意である。功利主義的な世界は、必然的に、その隠れたユートピア的期待への裏切りや約束違反として現れてしまう、というわけである。そうであるとすれば、革命は反復されなくてはならない。果たされなかった約束を果たすために、である。ところが、実際にはしばしば、繰り返された革命が、もう一度、そのユートピアへの展望を裏切ることになる。つまり、約束は果たされぬまま返上されてしまう。このとき、二度目の革命は、もはや悲劇というよりは笑劇の様相を呈する、とマルクスは言っているのである。言い換えれば、二度目が笑劇となるのは、真の〈反復〉が実現されていないからである。裏切られた期待を充足するようなほんとうの〈反復〉が実現していない限りで、歴史は、笑劇を繰り返さざるをえなくなる。オウム事件以降に繰り返し起きてきた不可解な犯罪もまた、この種の「笑劇」だと考えたらどうであろうか。

ちなみに、ジル・ドゥルーズの「顕在的 actuel/潜在的 virtuel」の区別は、以上のことと関係がある。革命の顕在的な結果は、けちくさい資本主義的市場であった。しかし、希望が託されたユートピア的な社会は、革命が起きてしまった後には、もう一つのありえた可能性として、つまり潜在的な次元として、顕在的な現実に対して付きまとうことになる。

だが、フランス革命の実現されなかった希望と同じような意味で、オウムによるテロの実現されなかった希望について語ることができるだろうか？　そんなことはまことにおぞましく、不可能なことに見える。つまり、オウム事件を、解放への希望の裏切られた現実化（顕在化）として、あるいは普遍的な解放に至る試みの挫折した帰結として、解釈することは、とうていできない。この事情は、ファシズムと似ている。ときどき指摘されているように、社会主義に関しては、「現存した社会主義」という語を用いて、これとは異なる、未だ潜在的な「真の社会主義」ということを主張することができ、仮に現存の社会主義がことごとく失敗に終わったとしてもなお、真の社会主義を目指す革命が〈反復〉されなくてはならないと論ずることができるが、同じようなことをファシズム（ナチズム）について云々することはできない。つまり、「現存したファシズム」などという表現を用いて、これとは異なる「真の（よい）ファシズム」がありうるかのように思い描くことはできない。同様に、「現存したオウム真理教」とは別の「真のオウム」などというものはない。現存したオウムが、オウムのすべてであって、それ以上でもそれ以下でもないのだ。

だが、オウムとナチス（ファシズム）との類比を、もう一歩前に進めてみよう。ナチスの場合、少なくとも一人の偉大な哲学者が、単にナチズムを拒否するためにではなく、むしろ、「真のナチズム」を救出するためにこそ、「現存のナチズム」を批判したのであった。彼は、ナチズムの極端な人種主義や技術主義が、ナチズムの潜在的な可能性――その「内的な偉大さ」――を蹂躙していると考えた。その哲学者とは、二十世紀最大の哲学者、ハイデガーその人である。ハイデガーがナチズムの中に（勝手に）見出した「内的な偉大さ」までを、ナチズムの中に包括させてみれば、ナチズムを、その潜在的な可能性へと向けて〈反復〉するということも無意味ではなくなるだろう。さらに付け加えれば、ハイデガーの思い入れ、ハイデガーのナチズムに見出した可能性も、誤った認定であったとしたらどうであろうか。つまり、フランス二月革命がフランス大革命に対してそうであったように、ロシア革命がフランス革命に対してそうであったように、ハイデガーの試みもまた、笑劇的な繰り返しに終わっていたとしたらどうであろうか。このとき、ますます真の〈反復〉が求められるだろう。

オウムに眼を転じてみよう。オウム事件が発覚する前には、教祖麻原彰晃やオウム真理教を賞賛し、精神的に支援した、優れた思想家、批評家、学者が何人かいた。オウム真理教よりも大きな教団は、いくらでもあるが、これほど知識人からの評判がよかった新宗教教団はほかに見当たらない。オウム真理教を賞賛した思想家たちは、サリン事件や、それ以前にもさまざまな犯罪が、オウム教団によってなされたことが発覚した後、批判され、また罵倒された。これら思想家たちを信奉していた多くの者が、このことをきっかけにして、師から離反した。確かに、オウムを賞賛したり、オウムに賛意を示した思想家たちは、誤ったのだろう。彼らの中の誰一人として、オウムがあのようなテロや殺人を犯すことになると予期してはいなかったはずだ。だが、今しがたハイデガーとナチスとの関連に託して述べたことから類比させれば、だからこそ、われわれは、オウム事件を、あるいはオウム事件が提起した困難を、〈反復〉しなくてはならないのではなかろうか。事件の帰趨を知ったあとで、オウムを応援した思想家たちを嘲笑することはたやすい。だが、われわれがなすべきことは、事件や教義を外から否定することではなく、内側から〈反復〉することで乗り越えることである。私は、一九九六年の前半に、そのような〈反復〉のための小さな挑戦のつもりで、本書を執筆したのであった。

2 二つの「追跡」

さて、本書の本文で、私は、オウム真理教事件を、それより四半世紀近く前の連合赤軍事件と比較している。言い換えれば、オウム事件を、連合赤軍事件の一種の「反復」として解釈しているのである。この論点を、いくぶんかずらした形で再論することで、本文の論旨を明確化しておこう。

「いくぶんかずらした形で」とは、次のような意味である。ここで、「追われる犯罪者」を撮った二つの映画を比較してみたいのだ。二つの映画は、互いの間にまったく影響関係をもたないが、同じ年に、つまり二〇〇七年に制作されている。したがって、日本での公開もほぼ同時期であった。どちらの映画も、国際的な映画祭で賞を受けており、専門家の間の評価は高い。これらの映画の比較が、「連合赤軍事件／オウム真理教事件」という反復・対照の再確認にどうしてつながるのか、このことは、以下の説明から次第に明らかになるだろう。

二つの映画とは、若松孝二監督の『実録・連合赤軍』とコーエン兄弟の『No Country for Old Men』（註1）である。『実録・連合赤軍』は、ベルリン国際映画祭で最優秀アジア映画賞等をもらい、『No Country』は、アカデミー作品賞・監督賞等を受けている。前者は、連合赤軍事件の詳細をドキュメンタリー調に表現した映画なのだから、われわれの目的に適うことは容易に理解できるだろう。だが、後者が、オウム事件と対応しているということに関しては、若干の説明が必要になる。ともあれ、まずは、「追跡」という主題に即してみた場合に、両者の間には明確な対立を認めることができる、という点を指摘しておこう。『実録・連合赤軍』では、言うまでもなく、犯罪者は、つまり連合赤軍の若者たちは追い詰められ、最後には逮捕される。つまり、「追うこと」は成功裡に終わる。だが、『No Country』では、「追うこと」は失敗する。単に、犯罪者を逮捕できないというだけではなく、追うという行為そのものが失効しているように見えるのだ。「追うこと」をめぐるこのような落差はどこから来るのだろうか？

『実録・連合赤軍』は、いわゆる連合赤軍事件へと到る経緯と事件の最終的な帰趨を、時間的な順序にそって、そして資料に基づいてできるだけ客観的に映像化している。「実録」

の名にふさわしいリアリズムに徹しており、事件はまさにこのようであったに違いない、と思わせる迫真性がある。

一九六八―六九年が盛り上がりのピークだった左翼学生運動は、七〇年代に入ると先細りになり、次第に大衆的広がりを失っていく。映画は、この過程を描くところから始まる。一九七〇年から七一年にかけて、赤軍派など新左翼系のセクトでは、幹部クラスが次々と逮捕されたり、拠点を求めて国外に脱出してしまう。赤軍派に残された幹部は、敵前逃亡の経験もあり、リーダーの器とはとうてい思えない森恒夫だけだった。森が率いる赤軍派と永田洋子が率いる京浜安保共闘が統一されて結成されたのが連合赤軍である。彼らは、警察の追跡から逃れて、北関東の山岳地帯に入り、そこにある「山岳ベース」で「軍事訓練」を行う。連合赤軍は、その間、「総括」と彼らが称したリンチによって、仲間を次々と粛清していく。映画は、この凄惨なリンチ殺人を、克明に映像化している。最後に、広く知られているように、メンバー（の一部）は、警察の捜査網を破ろうとして逃亡した果てに、浅間山荘にたどり着き、そこで、人質をとって十日間籠城した後、逮捕される。

『No Country』は、元保安官が語り手となり、彼の視点から、引退のきっかけとなった連続殺人事件を描くという構成になっている。事件の発端は、麻薬取引のもつれによって生じた殺し合いの現場に残された大金を、男モスが持ち逃げしたことである。モスは、組織が雇った殺し屋シガーに追われることになる。この殺し屋を追うのが、保安官ベルである。したがって、この映画では、追跡は二重になっている。追う者（殺し屋）を追う（保安官）というかたちで。

本来は、主人公で語り手でもある保安官による追跡が中心であるはずだが、映画は、殺し屋によるモスの追跡を圧倒的な緊迫感をもって描く。どのような意味で、この映画がオウム事件に対応しているというのか？　ポイントは、無論、この殺し屋にある。彼は、たまたまこのときには組織に雇われてはいるが、もともと完全な一匹狼である。彼は、理由もなく誰をも殺す。実際、殺し屋は、モーテルからモーテルへとモスを追跡していく過程で、夥しい数の人を殺していく。彼の殺人は無差別的であって、本来、何の目的もない。組織が彼に支払っているだろうと思われる金さえも、彼にとっては重要ではない。この無差別殺人は、オウム事件以降、反復されてきた不可解な殺人の理念型的な純粋化でなくて、何であろうか。この殺し屋は、モスの追跡の過程で人々を無差別的に殺していくわけだが、それは、ハルマゲドンの遂行というかたちで無差別的に殺戮を敢行したオウムの犯罪を連想させないだろうか。

『No Country』は、どのような結末を迎えるのか。モスのはらはらどきどきの逃亡劇こそは、映画の最大の見せ所なのだが、この逃走は、途中で、いわば流産してしまう。綱渡りをするように、必死に巧みに逃げてきたモスは、突然、あっさり殺し屋に殺されてしまう上に、肝心の殺害場面は省略されているのだ。こうして、本来だったら大団円になるべきシーンが回避され、「殺し屋→モス」という追跡ではなく、この追跡を外から包み込む「保安官→殺し屋」こそがほんとうの主題だったということを、観客にあとから思い起こさせるかのように、モスが死んでしまった後も、映画はだらだらと続く。それならば、保安官は、殺人鬼を捕まえることができたのかというと、それもできないのだ。殺し屋の逃亡を終わらせたのは、彼の不注意から起きた交通事故である。こうして、映画は、物語の内在的な展開とはまったく関係がない、偶発的な事故の場面で終わることになる。

したがって、『No Country』は、『実録・連合赤軍』が犯罪者たちの逮捕のクライマックスへと劇的に収束していくのとは、まったく対照的である。結局、『No Country』は、追跡の挫折、追跡することとの不可能性を表現しているのではないか。二つの映画のこうした差異を規定している究極の要因は何か？　それは、両者において「善と悪のポジション」が正反対になっているという点に求められる。

連合赤軍のメンバーたちの符丁は「共産主義化」である。彼らは、「総括」において、「一人ひとりが共産主義化しないとダメなんだ、お前は十分共産主義化されていない」等と非難されながら殴殺される。しかし、この語が何を意味するのか、ほんとうは誰もわかっていない。共産主義化という美名＝善は、実は、各人の小さな利己的欲望＝悪を隠す仮面なのだ。たとえば永田は、女性としての劣等感からくる復讐欲を、共産主義化を口実にして実現する。本文でも触れた、遠山美枝子殺害は、こうした欲望に発した殺人の典型である。あるいは森恒夫は、仲間から臆病者であると見なされるのを恐れるあまり、容赦のない「総括」を命じてしまう。このように、悪が善の衣を着ているような場合には、われわれは、より純粋で包括的な善によって、欺瞞的な善を相対化し、斥けることができる。たとえば、この社会にいくら欺瞞や小さな悪があふれていようと、そこを支配している規範は、「共産主義化」という空理空論よりは相対的に優れた、現実に根付いた「善」であると感じられる。追跡に成功するということは、このように、偽の「善」(共産主義化)を、相対的にましな「善」によって駆逐することを意味しているのである。

「共産主義化」に対応するのは、『No Country』では何か? 殺し屋が挑んでくるコイン投げのゲームである。彼は、誰であれ、出会った人に、いきなりコイン投げのゲームを挑んでくる。コインを放り投げ、こう命令するのだ。「Call it(表か裏か言え)」と。言われた者は、何がなんだかわからないのだが、その強い命令をどうしても拒みきれない。表/裏を正しく言い当てることができた場合には、赦されるのだが、もしはずれた場合には、この殺し屋に殺されてしまうのだ。殺し屋は、この偶然のゲームによって殺すと決めた相手を、絶対に殺す。先に述べたように、その殺人には、何の目的もない。彼は、何かの利益のために、たとえばお金を目当てに、人を殺しているわけではない。

このような無差別的な理由なき殺人は、絶対悪以外のなにものでもない。しかし、同時に、考えてみよ。どんな利己的な利益にも屈せず、決めたことは貫き通すということは、本来の「善」の特徴、「善」が真に純粋であったときにもつはずの特徴ではないか。純粋であろうとする善が目指していることは、まさにこのことではないか。したがって、次のように結論できることになる。絶対的な悪が、純粋な善の形式を纏っているのだ、と。連合赤軍では、悪の形式（利己的欲望）が善の内容（共産主義化）を装い、己を隠そうとしていた。しかし、『No Country』が示しているのは、悪が己を隠さず、徹底し、純粋化したときには、善の高みに到達し、善の形式を奪い取ってしまうということである。そして、オウム真理教の「ポア」もまた、純粋な善、最高善の形式を奪い取った、絶対の悪である。

善の理念的な形式にまで到達してしまった絶対悪は、どんな具体的な善によっても対抗できない。どのような具体的な善も、この絶対悪ほどには純粋ではありえず、どこかにケチな欲望を隠しもっているからである。古きよき時代の善を体現している保安官が、純粋悪の権化である殺し屋に存在感において圧倒的に負けており、追跡にも失敗するのはこのためである。

＊

『実録・連合赤軍』と『No Country』を隔てているのは、三十年以上の時間でもある。善を偽装していた犯罪者の段階から、絶対悪によって善の形式を奪い取ってしまう犯罪者の段階へと、時代は推移したのだ。『No Country for Old Men』とは、「Old Men（保安官）」のための――つまり「古きよき徳」のための――「国」はもはや存在しない、という意味である。ここで確認しておきたい肝心なことは、連合赤軍事件が、本書で言うところの「理想の時代（の終結）」を象徴する出来事であったとすれば、『No Country』は、「虚構の時代（の終結）」を暗示している、ということである。

「善」は、特定の共同体において共有されている理想であると解することができる。そうであるとすれば、連合赤軍は、まだ理想の時代の範囲に属している。彼らにとっての理想の社会は、無論、「共産主義」というシニフィアンによって表現される。だが、同時に、連合赤軍事件は、理想の時代が終わろうとしているということを示す徴候でもある。たとえば、すでに述べたように、「共産主義（化）」が何を意味しているかは、もはや、メンバーすらもわかっていない。それゆえ、この語を用いて争われていることは、しばしば、極端に些細なことで、傍から見ていると滑稽ですらある（「ぬけがけで銭湯に行ったことは、共産主義化の地平のもとで正当化できるか」「ビスケットを盗み食いしたことは、共産主義化の大義の中で許されるか」等）。

映画『実録・連合赤軍』の中には、理想の時代の終結を予感させる印象的な場面が収められている。浅間山荘に立て籠もっているまさにその最中に、連合赤軍のメンバーたちは、テレビで、米・中の抜き打ち的な国交回復を伝えるニュースを見て、衝撃を受ける。彼らの「共産主義化」に多少なりとも内容があるとすれば、それは、「反・アメリカ帝国主義」だということにあった。このことは同時に、彼らが、皆、中国の共産主義や毛沢東主義、あるいは文化大革命に、彼らの理想の現実化された姿を見ていた、ということでもある。ところが、今、彼らの理想の定義していた敵と味方が、彼らに無断で、握手してしまったのである。こうして理想は、完全に効力を失ってしまう。

この後にやってくる時代は何か？　それもまた、「テレビ」が暗示する。連合赤軍のメンバーは、彼らがまさに引き起こしている事件を、つまり浅間山荘事件を、山荘内のテレビを通じて知ったのだ。彼らは、この事件が日本中にどのように伝えられ、日本人にどのようなインパクトを与えているのかといったことを、要するに、浅間山荘事件とは何かということをテレビで知る。彼らは、警察が山荘をどのように取り囲んでいるかということを、テレビで確認して、作戦を練った。要するに、彼らは、彼らがまさにそのど真ん中にいるところの現実の総体を、「虚構／現実」の差異をどうしてもあいまいなものにせざるをえないメディア（テレビ）を通じて初めて把握することができたのである。この事実は、理想の時代に取って代わろうとしている時代が、虚構の時代であったことを予兆的に示している。

＊

『No Country』における絶対悪の勝利が示唆していることは、また別のことである。先に述べたように、殺し屋シガーは、コイン投げのゲームによって、殺す者と赦す者を、呪われた者と救済された者とを区別する。これこそ、まさに神が、純粋に超越的な神が行っていることではないだろうか。神意は、人間からは推し量ることができない。神がどうしてこの者を救い、あの者を呪ったのか、どうしてこの者に恩寵をもたらし、あの者を見放したのか、人間にはわからない。そうだとすると、神の業は、人間の眼からみれば、このゲームのように、確率論的で偶然的な戯れのように見えるはずだ。『No Country』で、殺し屋は、一種の神として振舞っているのである。無論、それこそ、麻原彰晃が手に入れようとしていたポジションでもある。

シガーを連想させる、猟奇的な無差別殺人者の登場は、規範に妥当性を備給する超越性のほとんどあらゆる可能性が潰えて、人間の生の自然な過程を端的に否定すること、世界の自然な循環をトータルに破壊してしまうこと、ただそうした絶対的な否定によってのみ、かろうじて超越性を呼び戻すことができるような段階に、われわれの社会が入ったということを示している。人間と世界の自然な必要や欲望から導き出される「善」は、述べたように、いつでもより純粋で包括的な「善」のもとで相対化され、その超越的な効力を失いうる。逆に言えば、そうした必要や欲望を一切拒否し、そこから身を引き剝がす、絶対的な否定、絶対的な悪だけが、否定や悪の操作の帰属点（担い手）という形式で、超越的なものの存在を保証するだろう。超越性をこうした逆説的な仕方でしか呼び戻せないということは、さまざまな虚構の世界を現実の可能なパターンとして保持し、通覧する超越的な視点がもはや機能しなくなろうとしていることを示している。つまり、これは、虚構の時代の末期的な症状として解釈することができるのだ。

さらに付け加えておけば、悪を媒介にした超越性の措定というメカニズムは、現代社会が初めて活用したわけではない。このメカニズムの萌芽は、宗教の歴史の遥かな過去に、すでに見出されている。それこそ、ユダヤ－キリスト教の伝統の原点にある「原罪」の観念である。一般には、原罪は、神の領域から人間が疎外された原因であると解釈されている。しかし、逆に、原罪こそは、人間を動物から分かつものであって、動物からの人間の超越の基礎であるとも見なすこともできる。原罪がなければ、人間と動物はどう違うというのか。とすれば、ここでは、無意味な悪、罪への堕落だけが、人間を動物から分かつ、人間の超越性の根拠となっているのである。

3 「不可能性の時代」へ

それならば、虚構の時代の後には何が、どんな時代がやってくるのだろうか？　一九九六年に本書を書いたときには、私は、オウム事件を「虚構の時代の果て」を象徴する出来事として位置づけ、その「果て」の後の段階については、積極的には論じなかった。だが、二〇〇八年に上梓した『不可能性の時代』（岩波新書）で、私は、理想の時代／虚構の時代に後続する戦後史の第三フェーズを、「不可能性の時代」と名づけ、その様態を分析した。ここで、その内容を繰り返すことはできないが、本書との関係だけ、概括的に述べておこう。

現実の意味的な秩序の中心には反現実がある。その反現実のモードが、「理想→虚構→不可能性」と転換してきている、というのが私の考えである。「反」現実が、その「反」の度合いを、つまり現実からの距離を次第に大きくしていく過程として、この三段階を思い描くことができる。

第三の段階の中心に、不可能性という反現実があると私は認定したわけだが、その際にとりわけ注目したのは、一見、互いに背反しているように見える、現代社会の支配的な、二つの傾向である。一方では、虚構化の極端な昂進、超虚構化とでも見なすべき力学が、文化のさまざまな領域で作用している。無論、インターネットのようなサイバースペースの圧倒的な浸透やヴァーチャル・リアリティを構成する諸技術の開発・普及のようなものもこうした傾向の中に含まれるが、私がとりわけ注目したのは、デカフェ・コーヒー、ノンアルコール・ビール、セーフティ・セックス等の流行である。これらは、すべて、対象から危険な要素だけを抜き取り、快楽の部分だけを安全に享受しようとして案出されたものである。だが、いずれにおいても、実際には、快楽は、危険性と分かちがたく隣接しており、危険性だけを除去しようとすると、その対象の現実性そのものを否認し、虚構化してしまうことになる。たとえば、セックスの快楽は、死を垣間見るような危険の中にしかないので、セーフティ・セックスの理念をあまりに律儀に遵守した場合には、あらかじめシナリオのある演技のようなセックスやコンピュータ・モニタを媒介にしたヴァーチャル・セックスのようなものになってしまう。

ところが、他方で、こうしたトレンドとはまったく逆の指向もまた、現代社会では顕著である。「現実」への回帰、「現実」への逃避とでも呼ぶほかないような現象も、頻繁に見出されるのである。ここで、鉤カッコを付して「現実」と表記しているのは、日常の現実のことではなくて、現実の中の現実、「これぞ現実」と実感されるような激しく、暴力的で、ときに強い刺激を五感に直接与える現実のことである。「現実」への逃避の、最も端的な事例は、リストカットのような自傷行為である。自傷行為は、「痛みの実存」によって「実存の痛み（私がまさにここにいるという実感）」を得る技法だと言ってよいだろう。その他、「世界の中心」に行ってみたい、「戦場」等の「現場」に行ってみたいという欲望なども、こうした傾向を代表する事実として挙げておくことができる。

このように、まったく相反するベクトルをもったトレンドが迫り出してくるのは、二つのベクトルの狭間で、「何かX」が逸せられているからである。何かXが、経験の対象として措定されることなく、経験の可能性の領域から排除されているのだ。その逸せられたXこそが、「不可能性」である。

「不可能性」の詳細については、前掲書に譲ることにして、ここでは、オウム真理教の中に、すでに、「不可能性」を囲うこれら二つの背反的なベクトルがきわめて明白な形で共存していた、ということだけは指摘しておこう。本文でも記したように、オウム教団は、事件当時、「オタクの連合赤軍」などとも呼ばれた。彼らの世界観が、アニメやマンガなどから借りてきた虚構的な要素によって彩られていたからだ。また、彼らの世界の時間的・空間的な展望は、教祖麻原彰晃の幻想的な予言によって規定されていた。このような意味では、現実の虚構化への顕著な傾向を、オウム信者たちの世界に見出さないわけにはいかない。だが、他方で、ハルマゲドンの遂行や東京都心でのテロ活動が、「現実」への飛び込み、「現実」への逃避でなくて何であろうか。オウム事件は、虚構の時代の果てであると同時に、不可能性の時代の始点でもあったのである。

背反する二つのベクトルが直接に共存している状態を直感させる、些細ではあるが、一般に浸透している事実をひとつ挙げるとすれば、オタクたちの「萌え」という現象がそれに相応しい。オタクという若者風俗は、虚構の時代と不可能性の時代を接続するような位置を占めている。「萌え」は、アニメやマンガに没頭する若者たちのスラングで、対象へのある種の愛着を表現する語である。対象が主体にポジティヴな欲望を誘発するとき、「萌える」と言われる。オタクたちは、「萌え」という語、「萌え」という現象そのものにも萌えており（愛着をもっており）、「萌え」の定義をめぐって、かまびすしい議論を繰り返してきた。「萌え」という語は、一部のオタクたちの間では、一九八〇年代の最末期より使われていたと言われるが、広く普及したのは、二〇〇〇年代に入ってからである（二〇〇五年に「流行語大賞」に選ばれている）。地下鉄サリン事件があった一九九五年には、この語は、まだほとんど知られていなかった。

萌えの対象になっているのは、一般には、アニメ、マンガ、ゲーム等のキャラクターだが、見逃してはならない重要なことは、その際、対象が漠然とした全体として欲望されているわけではないということである。対象であるキャラクターは、欲望が差し向けられるべき、明確に定義された関与的な性質の集合として意識され、規定されているのである。オタクたちの欲望は、特定の関与的な性質によって誘発されているのだ。具体的には、「メイド服」「猫耳」「しっぽ」「触角のように刎ねた髪」等が、萌えを誘発する関与的な性質である。東浩紀は、こうした性質の一つひとつのことを「萌え要素」と呼んでいる（『動物化するポストモダン』講談社現代新書）。キャラクターは、それゆえ、萌え要素の中からいくつかを選び出し、束ねたものだということになる。また、特定の萌え要素に着眼すれば、作品横断的にキャラクターを整理し、分類することもできる（たとえば、メイド服のキャラクターは、さまざまな作品に登場する）。このようにしてキャラクターを享受することを、東は「データベース消費」と呼んだ。

キャラクターが限定された性質の束に還元されているということは、「萌え」という形式で現象する欲望が、虚構のフレームによって緻密に構造化され、その範囲を溢れ出ることはない、ということである。キャラクターは、萌え要素のデータベースという眼鏡を通じてのみ、欲望の対象としてたち現れるのである。この意味で、萌えとは、キャラクターという虚構の存在を再虚構化するところに成立したというべきであろう。つまり、これは超虚構化を代表する現象と解釈することができる。

だが他方で、萌え要素がオタクたちにとって重要なのは、それが、身体を直接的に刺激し、欲望（性欲）を喚起するからである。萌えを感じるのに、――何らかの関与的な性質（萌え要素）を検出する判断を別にすれば――いかなる知的な操作を媒介にする必要もない。解釈や推論等の複雑な操作を経由することなく、萌え要素は、ほとんど条件反射の直接性をもって、身体を刺激するのである。それは、リストカットが、皮膚への痛みによって、主体にアイデンティティや実存の感覚を与えるのと同じである。こういう観点からすれば、萌え要素は、「現実」の断片に他ならない（註2）。したがって、「萌え」という現象をめぐって、超虚構化と「現実」への没入とが交叉するのである。超虚構化と「現実」への接近とが相互累進的に進捗するのだ。「現実」へと肉迫しようとすればするほど、超虚構化が――より繊細な萌え要素の発見と分類が――進むのである。

＊

「現実」への逃避は、しばしば、破壊的な暴力として現出する。オウムの場合もそうであった。普通、オウムが行使した暴力は、あまりに大き過ぎたと考えられている。だが、オウムに問題があったとすれば、それは、まったく逆のところにある。オウムの暴力は、ある観点からすれば、むしろ、不十分だったのである。暴力のフィジカルなスケールについて言っているわけではない。暴力の内的な構成について述べているのだ。どういう意味か、説明しなくてはならないだろう。

本文でていねいに論じたように、オウム真理教という新宗教が登場した原因を、最も深い部分において捉えれば、われわれは、そこに（広義の）資本主義を見出すことになる。オウムの教義や暴力的な実践は、資本主義に対する反応、資本主義への抵抗として出現したと考えてよい。だが、にもかかわらず、オウムの教義や暴力は、（広義の）資本主義の根幹的な特性を維持するものだった、と見なさざるをえない。オウムの活動が、われわれの日常の規範に対していかに逸脱的なものに見えようとも、またオウムのテロが、われわれの経済活動や日々の仕事をいかに攪乱しようとも、このように主張しなくてはならない。資本主義の最も重要な性質を不変のままに保つためにこそ、オウムは、他のすべてを変えようとし、無差別テロを含むあらゆる逸脱行動にコミットしたと言ってもよいくらいだ。

資本主義の根幹的な性質とは何か？　資本主義は、規範の与え手として機能する超越的な他者――第三者の審級――を、キャンセルしては未来に再措定する繰り返しのダイナミズムによって定義される。オウムが死守しようとしたのは、まさにこの「第三者の審級の存在」である。オウム信者が、とてつもない暴力に手を染めることができたのは、彼らが、自分自身を第三者の審級の純粋な道具と見なし、自分自身の行動を第三者の審級の意志の直接の具体化と考えることができたからである。無論、彼らにとって、第三者の審級は、最終解脱者麻原彰晃として実体化されており、理論上は「真我（アートマン）」として観念されていた。これと同じことは、イスラーム原理主義の自爆テロリストに関しても言える。彼らの自爆テロが意味をもつためには、彼らを道具として位置づける第三者の審級（アッラー）の存在が不可欠である。

それゆえ、オウムの暴力は、いかに破壊的なものに見えようとも、決して、破壊されない一点を残さざるをえない。その「一点」は、資本主義を機能させる命綱と一致する。オウム信者が平然と破壊的な行動をなしえたのは、破壊されざるその一点が残されているからである。オウムの暴力が、そのスケールに関してではなく、その質的な構成に関して不十分だと述べたのはこのためである。オウムの殺人者やテロリストの行動は、その内容的な善悪の評価は別にして、いずれにせよ、たいへんな「勇気」の産物であるように見える。彼らは悪人かもしれないが、「勇敢だった」という印象をもつ。だが、彼らの「勇気」は、真に徹底した勇気とは言えない。それは、第三者の審級を手放せない臆病に支えられていたからである。

ベンヤミンは、『暴力批判論』で、暴力に関する有名な二分法を導入した。彼は、神話的な暴力と神的な暴力とを区分したのである。法を措定したり、法を維持したりする暴力として定義された神話的な暴力とは、われわれの用語で言い換えれば、第三者の審級の存在を前提にした暴力である。それに対して、神的な暴力——法を無化してしまう暴力としての神的な暴力——は、「神的」という形容詞とは裏腹に、第三者の審級の不在を決然と引き受けた上での暴力である。そうであるとすれば、オウム事件を真に〈反復〉するということは、神話的な暴力を神的な暴力へと転換することでなくてはなるまい。

註1　邦題は、『ノーカントリー』である。しかし、このように省略した場合には、タイトルの意味がまったくわからなくなってしまう。後に述べるように、「Old Men」にとっては「カントリー」がないということが重要である。

註2　私は、この点に関して、京都大学での「現代文明論基礎ゼミナール」(京都大学二〇〇七年度授業)での学生たちとの議論から多くのヒントを与えられた。とりわけ、溝口佑爾の発言が参考になった。

文庫版　あとがき

人は、ある出来事と自分自身との間に強い同時代性を感じるときがある。私にとって、オウム真理教事件は、そのような特権的な出来事であった。

社会学という知の特徴は、探究する主体が、直接に、探究されるべき対象（の一部）でもある、という点にある。こういうことは、無論、私自身、わかっていたつもりであったし、学生にもそのように教えてきたのだが、オウム事件が起きたときほど、このことを、強く実感したことはなかった。つまり、私は、自分自身もまた社会現象であるという事実を、否応なしにつきつけられたように感じたのである。

そうであるとすれば、一人の社会学者として、オウム事件を——この事件が起きた真の原因を——徹底的に分析し、対自化しないわけにはいかない。もしそうしないならば、何のための社会学であろうか？　自分自身がまさにそれ（の一部）でもあるような社会現象に対して無力であるならば、社会学という知は何であるというのか？　こうした思いから、事件の全容が次第に明らかになっていった一九九五年から翌九六年にかけて、私は、『虚構の時代の果て』（ちくま新書、一九九六年六月刊）を書いた。

だから、この本は、特別に思い入れのある本だったのだが、絶版になって、しばらく入手しにくい状況にあった。この度、増補部分を加えて、あらためて文庫版を世に送ることができることとなった。

文庫版には、見田宗介先生が解説を書いてくださった。私にとっては、自著に見田先生の解説をいただくということは、長年の夢であった。本書の「理想の時代／虚構の時代」という戦後史の時代区分が見田先生の着想に負っていることからも明らかなように、私の思考は、一八歳のときに先生にお会いしたときから今日に至るまで、先生に深く影響されてきたからである。

私のように、学問的にも、人間的にも尊敬できる師を身近にもつことができた者は幸せである。今、「学問的にも、人間的にも」と、あたかも、「学問」と「人格」とを分離できるかのように書いたが、無論、それは方便であって、両者は本来不可分である（学問と人格とを截然と分けることができると思っている人がいるとしたら、その人は、学問が何であるかを、少なくとも社会学のようなタイプの知が何であるかを、わかっていない人である）。尊敬する学者と直接に交わる機会をもたなかった者が学者として成功するのは、難しい。私が学者として成功しているかどうかはおくとして、成功のためのこの必要条件が満たされていたという意味で、私は恵まれていた。

予想通り、見田先生の解説は、実に美しかった。私の強引なお願いをお聞きくださった見田先生に、心よりのお礼を申し上げたい。

文庫版の編集実務を担当してくださったのは、筑摩書房編集部の高田俊哉さんである。『資本主義のパラドックス』を文庫化した際に、私が、『虚構の時代の果て』の文庫化の希望を軽い気持で申し上げると、高田さんは、これを、直ちに現実の企画へと仕立ててくださった。高田俊哉さんにも、この場を借りて、感謝申し上げたい。

二〇〇八年一二月四日

大澤真幸

文献表

（直接言及したものに限る。本文中では、例えば真木［1978］と略記。）

秋山英俊　1990「新・宗教ブーム」千葉大学文学部卒業論文
麻原彰晃　1988『マハーヤーナ・スートラ』オウム出版
岩井　淳　1995『千年王国を夢見た革命』講談社
M・ウェーバー　1955,62『プロテスタンティズムの倫理と資本主義の精神』岩波文庫
内田隆三　1993「資本のゲームと社会変容」『社会科学の方法1』岩波書店
――　1996「都市の現在」『社会学のすすめ』筑摩書房
大澤真幸　1990『身体の比較社会学I』勁草書房
――　1992『身体の比較社会学II』勁草書房
――　1996『性愛と資本主義』青土社
落合仁司　1991『トマス・アクィナスの言語ゲーム』勁草書房
――　1995『地中海の無限者』勁草書房
加藤典洋　1987「『世界の終り』にて」『世界』2月号
――　1994『日本という身体』平凡社
E・カントーロヴィチ　1992『王の二つの身体』平凡社
切通理作　1995a「お前が人類を殺したいのなら」『宝島30』8月号

——1995b「君と世界が一緒なら、どこに支援するの?」『イマーゴ』6巻9号
S・ジジェク 1989 *Sublime Object of Ideology*, Verso
——1993 *Tarrying with Negative*, Duke
島薗 進 1992『新新宗教と宗教ブーム』岩波ブックレット
——1995『オウム真理教の軌跡』岩波ブックレット
島薗進・石井研二編 1996『消費される〈宗教〉』春秋社
F・ショエ 1983『近代都市』井上書院
芹沢俊介 1985『「イエスの方舟」論』春秋社
——1996『「オウム現象」の解読』筑摩書房
高橋英利 1996『オウムからの帰還』草思社
多木浩二 1994『都市の政治学』岩波新書
滝本太郎・永岡辰哉編著 1995『マインド・コントロールから逃れて』恒友社
竹田青嗣 1986『陽水の快楽』河出書房新社
D・チャンドラー 1994『ポル・ポト伝』めこん
対馬路人 1995「オウムと大本」『ヘルメス』56号
鶴見 済 1993『完全自殺マニュアル』太田出版
——1995「みんなサリンを待っていた」『宝島30』8月号
鶴見済編 1994『ぼくたちの「完全自殺マニュアル」』太田出版

富永茂樹　1996『都市の憂鬱』新曜社
中沢新一　1981『虹の階梯』平河出版社
——　1995「尊師のニヒリズム」『イマーゴ』6巻9号
永沢　哲　1995「わが隣人麻原彰晃」『イマーゴ』6巻9号
永沢哲・大澤真幸　1996「『オウムの埋葬』は終わっていない」『現代』5月号
廣松　渉　1982『存在と意味』岩波書店
辺見庸・遠藤誠　1996「屈せざる者たち」『RONZA』11月号
真木悠介　1978『現代社会の存立構造』筑摩書房
——　1981『時間の比較社会学』岩波書店
見沢知廉　1995『天皇ごっこ』第三書館
見田宗介　1995『現代日本の感覚と思想』講談社学術文庫
森岡清美　1989『新宗教運動の展開過程』創文社
吉見俊哉　1987『都市のドラマトゥルギー』弘文堂
——　1995「われわれの中のオウム」『世界』7月号

解説

見田宗介

二〇〇六年にある種社会的な話題となった映画『ALWAYS——三丁目の夕日』は、一九五八年という、高度経済成長の始動期の東京を舞台としていた。「人びとが未来を信じていた時代」というのが、この作品のほとんどキャッチフレーズのように決まって用いられた評語であった。「未来を信じる」ということが、過去形で語られている。

一九五八年と二〇〇六年という半世紀ほどの間に、人びとの世界感覚の見えない大きな転回があった。

一九五〇、六〇、七〇年代までの青年たちは、たとえばアメリカ的な進歩史観にせよ、マルクス的な発展段階論にせよ、未来には現在よりも必ずよい社会、豊かな社会、すばらしい社会が開かれているということを、ほとんど当然のように前提していた。その未来がどのようによい社会、豊かな社会、すばらしい社会であるかについて、さまざまなイデオロギーや考え方が対立していた。二〇〇〇年代の現在、このように現在よりもずっとよい未来、豊かな未来、すばらしい未来が開かれていることを信じている青年は、ほとんどいない。

歴史の表層の年々の転変とはべつの層位で、時代の深層潮流は大きく方向を転換している。

本書『虚構の時代の果て』と、その続編ともいうべき近著『不可能性の時代』の中で大澤真幸は、この大きな時代の潮流の変化ともいうべきものを、「理想の時代から虚構の時代へ」そして「不可能性の時代」へとして把握している。

「理想の時代」はどのように挫折し、変質して虚構の時代に至るか。「虚構の時代」はどのように破綻し崩壊して不可能性の時代に至るか。この二つの結節点を体現する事件として、本書の著者は、一九七三年の「浅間山荘」事件に至る「連合赤軍」の問題と、一九九五年の「地下鉄サリン」事件に至る「オウム真理教」の問題に着目している。

この内の第二の結節点、「虚構の時代」の破綻と崩壊を示す事件として、「オウム真理教」という集団に焦点を当てて、徹底的な分析を遂行したものが、本書『虚構の時代の果て』である。

＊

本書に引照されているように、歴史はくり返される。ただし、二度目喜劇として反復されると、マルクスは言った。けれども二度目が惨劇であることもある。喜劇であるままで惨劇であることもある。

明日あると信じて来たる屋上に旗となるまで立ちつくすべし（道浦母都子『無援の抒情』）

これは一九六九年一月の、全共闘「安田砦」の敗北の時に、二一歳の作者が詠んで広くひそかに共感された一首である。

「明日」のあることを信じる行動の敗北の歌であり、具体的な世界の実現ではなく「旗」となるまで立ちつくすという「立ち方」の象徴性だけに決意は凝縮されているが、それでもこの時はいつかは「明日」がほんとうに来るのだという確信に近い希望は手放されていないと思う。

一九七三年の「浅間山荘」は、この「安田砦」の反復であった。けれども肝要のことは、本書の明示するとおり、浅間山荘が機動隊に敗退するよりも以前に、「連合赤軍」の内部において、すでにあの清冽な「理想」は変質し、腐敗し、崩壊していた、ということである。「連合赤軍」は、「理想」の形骸を無理矢理に貫徹しようとする虚構によって、「理想の時代」の終焉を残酷に明示しただけである。

「オウム真理教」は、「理想」の時代の崩壊の後のシニシズムをこそ、その土壌として生成し、増殖している。「すべては虚構である」という「ポストモダン」的な思考の核心でもあった相対化の徹底が、どのように直接的な「絶対性」の信仰へと反転するか、どのように短絡的な「現実性」の妄想を生むか、そのスリリングな反転の機序を本書は周到に追跡している。

オウム真理教の「破綻点」となった一九九五年三月二〇日の「地下鉄サリン」事件は本書に洞察されているように、半世紀前の現実の〈世界最終戦争〉の「反復」であると同時に、直接には二ヶ月前の「阪神・淡路大震災」という都市災害の、人為的な「反復」であった。

関東大震災を経験していなかった阪神の都市のインフラストラクチュアが、たとえば高速道路の橋脚の鉄筋ピッチが関東よりも広い等々、いわば構造的な「手抜き」工事の上に「架構」されていた、というようなこともあるが、宝塚在住であった社会学者の内田隆三は、「テレビが水平に飛ぶということを初めて見ました」と直後の電話で語っていた。マンションの隣室との壁を突き抜けて見知らぬ家具が飛来する。二〇世紀のテレビは現在のような「薄型」ではなく、どっしりとした重量のある「家具」であったけれども、この「情報」のハードウェアの根幹が基底から震撼されていた。「災害救助」に駆けつけたヴァジラヤーナの教団は、この「現実」の力の巨大に「嫉妬」にも近い感慨を抱いたはずである。虚構の教団は虚構を貫徹するために無理矢理「現実化」を強行することをとおして「外部」の現実との接点を破綻点として一挙に崩壊し、虚構のシステムの「果て」を無残に露呈する。

虚構のシステムが、虚構を貫徹しきることをとおしてついには「現実」を代位してしまうこともできる、という虚構が、「外部」の現実との接点を「破綻点」として一挙に崩壊するという光景を、われわれはたとえば二〇〇八年の「サブプライム問題」を破綻点とするグローバル・システムの危機においてもう一度見ることとなる。債券化に債券化を重層する金融操作と、「格付け機関」という先行的投射による「第三者の審級」の装置化をとおして擬似現実化した巨大なシステムが、アメリカ両岸の都市の貧しい人びとの生活収支と、住宅需給の実物的な飽和といった局所の実体の現実との矛盾を破綻点として、一挙にその虚構の臨界を露呈する。

それは虚構の「果て」を問うという本書の主題が、「現代」という社会のシステムの骨格的な構造とその矛盾のダイナミズムとの、核心を射抜く主題であるからである。

＊

冒頭にふれた『ALWAYS』の一九五八年という年は世界的にみても、現代の情報化／消費化社会の開幕を告げる年といっていいものであった。この前年五七年の大きい景気後退はアメリカを中心とする世界の人びとに、二九年大恐慌の悪夢をよみがえらせたけれども、翌五八年のアメリカ経済はこの後退を埋めてはるかにあまりある力強い反発を示し、それ以降三〇年位におよぶ未曾有の「繁栄」の時代を迎えることとなる。この長期の繁栄を支えたものは、古い資本主義の不況脱出の手段であった「戦争景気」ではもはやなく、ケインズ的／ニュー・ディール的な「大きな政府」による公共投資でさえもなく、旺盛な民間の消費需要であった。一九二七年の「GMの勝利」をもたらした、「デザインと広告とクレジット」の力、つまり〈情報による消費の創出〉というシステムが、第二次世界大戦前後の中断を経て、一九五〇年代のアメリカにおいてようやく全社会的な完成をみたからである。情報による消費の「無限空間」の創出というこの「拡大のサイクル」は、やがてこの世紀の終期に、そのいわば地球的な臨界に直面するまで永続する。巨視的にみれば、それは人間の歴史の中で、「近代」の最後の輝きというべき時期であった。『ALWAYS』の時代の日本の高度経済成長の力強い始動もまたこのような、アメリカを中心とする、世界資本主義の成功と繁栄の一環として成立していた。

大澤真幸は、この〈現代〉の開幕の年というべき一九五八年にその生を享けている。現代社会のあらゆる領域の可能性が大胆な開花を示す一九七〇年代という躍動の時期にその一〇代を経験している。ミネルヴァの森のふくろうは夕暮れに飛び立つというが、〈近代〉という一つの巨大な時代の総体の意味をようやくふり返って見晴らすことのできる地点に歴史が到達する一九八〇年代に、仕事を開始することとなる。同年の、あるいは一つちがいの仲間には、佐藤健二、吉見俊哉、平賀（落合）恵美子、上田紀行、宮台真司、酒井啓子たちがいてその妍を競い、いや研究を競って切磋琢磨していた。彼らが一堂に会するゼミナールや研究会は、その場で触発される着想や批評や構想を語ってだんだんと早口となり、それでも終了の時間割が度々無視されて続行し、廊下やロビーでまた続行するという壮絶なものだった（特に、大澤vs宮台の時の早口のエスカレートはすさまじかった）。このグループとはまた別のゼミナールだが、夏の合宿の夜中に学生たちはトランプの「大貧民」という社会学的なあそびをやっていた。大澤は、ほとんど「一人勝ち」をしたあとで、このゲームの論理の構造を明快に解き明かしてその勝利の方法論を提示し、すぐれた理論というものが実践的にも有効であるということを実証してみせた。

大澤の最初に公刊された仕事は、スペンサー゠ブラウンの『形式の法則』という高度に論理的な抽象の極致というべき著作の邦訳であった（宮台真司との共訳、一九八七、朝日出版）。三年後大澤は、この論理を社会学に応用してその透徹した方法論を展開した『行為の代数学』（一九八八、青土社）によって、東京大学の社会学研究科の日本人としては第一号の課程博士を取得している。同時並行的に書き進められていた最初の大著『身体の比較社会学I』(一九九〇、勁草書房)において、その「審級論」「先行的投射」の論理、等を機軸とする重層的な社会学理論の具体化がなされることとなる。

この最初期の仕事において獲得された透徹度の高い論理の骨格は、本書『虚構の時代の果て』において、実践的に切実な問題意識と、重厚な実証作業を統合することをとおして、記念碑的なモノグラフとして結実している。

本書は一九九六年六月、筑摩書房より刊行された。

柄谷行人講演集成 1995-2015 思想的地震 柄谷行人

根底的破壊の後に立ち上がる強靭な言葉と思想——。この20年間の代表的講演を著者自身が精選した待望の講演集。学芸文庫オリジナル。

増補 広告都市・東京 北田暁大

都市そのものを広告化してきた80年代消費社会。その戦略と、90年代のメディアの構造転換は現代を生きる我々に何をもたらしたか、鋭く切り込む。

インテリジェンス 小谷賢

スパイの歴史、各国情報機関の組織や課題から、情報との付き合い方まで——豊富な事例を通して「情報」のすべてがわかるインテリジェンスの教科書。

20世紀思想を読み解く 塚原史

「自由な個人」から「全体主義的な群衆」へ。人間という存在が劇的に変質した世紀の思想を、無意味・未開・狂気等キーワードごとに解読する。

緑の資本論 中沢新一

『資本論』の核心である価値形態論を一神教的に再構築することで、自壊する資本主義からの脱出の道を考察した、画期的論考。（矢田部和彦）

反＝日本語論 蓮實重彦

仏文学者の著者、フランス語を母国語とする夫人、日仏両語で育つ令息。三人が遭う言語的葛藤から見えてくるものとは？（シャンタル蓮實）

橋爪大三郎の政治・経済学講義 橋爪大三郎

政治は、経済は、どう動くのか。この時代を生きるために、日本と世界の現実を見定める目を養い、考える材料を蓄え、構想する力を培う基礎講座！

フラジャイル 松岡正剛

なぜ、弱さは強さよりも深いのか？ 薄弱・断片・あやうさ・境界・異端……といった感覚に光をあて、「弱さ」のもつ新しい意味を探る。（高橋睦郎）

言葉とは何か 丸山圭三郎

言語学・記号学についての優れた入門書。ソシュール研究の泰斗が、平易な語り口で言葉の謎に迫る。術語・人物解説、図書案内付き。（中尾浩）

フーコー文学講義
ミシェル・フーコー
柵瀬宏平訳
シェイクスピア、サド、アルトー、レリス……。フーコーが文学と取り結んでいた複雑で、批判的で、戦略的な関係とは何か。未発表の記録、本邦初訳。

ウンコな議論
ハリー・G・フランクファート
山形浩生訳/解説
ごまかし、でまかせ、いいのがれ。なぜ世の中、こんなものがみちるのか。道徳哲学の泰斗がその正体とカラクリを解く。爆笑必至の訳者解説を付す。

21世紀を生きるための社会学の教科書
ケン・プラマー
赤川学監訳
パンデミック、経済格差、気候変動など現代世界が直面する諸課題を視野に収めつつ社会学の新しい知見を解説。社会学の可能性を論じた最良の入門書。

世界リスク社会論
ウルリッヒ・ベック
島村賢一訳
迫りくるリスクは我々から何を奪い、何をもたらすのか。『危険社会』の著者が、近代社会の根本原理をくつがえすリスクの本質と可能性に迫る。

民主主義の革命
エルネスト・ラクラウ/シャンタル・ムフ
西永亮/千葉眞訳
グラムシ、デリダらの思想を摂取し、根源的で複数的なデモクラシーへ向けて、新たなヘゲモニー概念を提示した、ポスト・マルクス主義の代表作。

鏡の背面
コンラート・ローレンツ
谷口茂訳
人間の認識システムはどのように進化してきたのか、そしてその特徴とは。ノーベル賞受賞の動物行動学者が試みた抱括的知識による壮大な総合人間哲学。

人間の条件
ハンナ・アレント
志水速雄訳
人間の活動的生活を《労働》《仕事》《活動》の三側面から考察し、《労働》優位の近代世界を思想史的に批判したアレントの主著。（阿部齊）

革命について
ハンナ・アレント
志水速雄訳
《自由の創設》をキイ概念としてアメリカとヨーロッパの二つの革命を比較・考察し、その最良の精神を二〇世紀の惨状から救い出す。（川崎修）

暗い時代の人々
ハンナ・アレント
阿部齊訳
自由が著しく損なわれた時代を自らの意思に従い行動し、生きた人々。政治・芸術・哲学への鋭い示唆を含み描かれる普遍的人間論。（村井洋）

メディアの文明史
ハロルド・アダムズ・イニス　久保秀幹 訳
粘土板から出版・ラジオまで。メディアの深奥部に潜むバイアス＝傾向性が、社会の特性を生み出す。大柄な文明史観を提示する必読古典。（水越伸）

重力と恩寵
シモーヌ・ヴェイユ　田辺保 訳
「重力」に似たものから、どのようにして免れればよいのか……ただ「恩寵」によって。苛烈な自己無化への意志に貫れた、独自の思索の断想集。ティボン編。

工場日記
シモーヌ・ヴェイユ　田辺保 訳
人間のありのままの姿を知り、愛し、そこで生きたい――女工となった哲学者が、極限の状況で自己犠牲と献身について考え抜き、克明に綴った、魂の記録。

青色本
L・ウィトゲンシュタイン　大森荘蔵 訳
「語の意味とは何か」。端的な問いかけで始まるこのコンパクトな書は、初めて読むウィトゲンシュタインとして最適な一冊。（野矢茂樹）

法の概念〔第3版〕
H・L・A・ハート　長谷部恭男 訳
法とは何か。ルールの秩序という観念でこの難問に立ち向かい、法哲学の新たな地平を拓いた名著。批判に応える「後記」を含め、平明な新訳でおくる。

生き方について哲学は何が言えるか
バーナド・ウィリアムズ　森際康友／下川潔 訳
倫理学の中心的な諸問題を深い学識と鋭い眼差しで再検討した現代における古典的名著。倫理学はいかに変貌すべきか、新たな方向づけを試みる。

思考の技法
グレアム・ウォーラス　松本剛史 訳
知的創造を四段階に分け、危機の時代を打破する真の思考のあり方を究明する。『アイデアのつくり方』の源となった先駆的名著、本邦初訳。（平石耕）

ポパーとウィトゲンシュタインとのあいだで交わされた世上名高い10分間の大激論の謎
デヴィッド・エドモンズ／ジョン・エーディナウ　二木麻里 訳
このすれ違いは避けられない運命だった？　二人の思想の歩み、そして大激論の真相に、ウィーン学団の人間模様やヨーロッパの歴史的背景から迫る。

言語・真理・論理
A・J・エイヤー　吉田夏彦 訳
無意味な形而上学を追放し、〈分析的命題〉か〈経験的仮説〉のみを哲学的に有意義な命題として扱おう。初期論理実証主義の代表作。（青山拓央）

大衆の反逆
オルテガ・イ・ガセット
神吉敬三訳

二〇世紀の初頭、《大衆》という現象の出現とその功罪を論じながら、自ら進んで困難に立ち向かう《真の貴族》という概念を対置した警世の書。

近代世界の公共宗教
ホセ・カサノヴァ
津城寛文訳

一九八〇年代に顕著となった宗教の〈脱私事化〉。五つの事例をもとに近代における宗教の役割と世俗化の意味を再考する。宗教社会学の一大成果。

死にいたる病
S・キルケゴール
桝田啓三郎訳

死にいたる病とは絶望であり、絶望を深く自覚し神の前に自己をすてる。実存的な思索の深まりをデンマーク語原著から訳出し、詳細な注を付す。

ニーチェと悪循環
ピエール・クロソウスキー
兼子正勝訳

永劫回帰の啓示がニーチェに与えたものは、同一性の下に潜在する無数の強度の解放である。二十一世紀にあざやかに蘇る、逸脱のニーチェ論。

世界制作の方法
ネルソン・グッドマン
菅野盾樹訳

世界は「ある」のではなく、「制作」されるのだ。芸術・科学・日常経験・知覚など、幅広い分野で徹底した思索を行ったアメリカ現代哲学の重要著作。

新編 現代の君主
アントニオ・グラムシ
上村忠男編訳

労働運動を組織しイタリア共産党を指導したグラムシ。獄中で綴られたそのテキストから、いま読み直されるべき重要な29篇を選りすぐり注解する。

孤島
ジャン・グルニエ
井上究一郎訳

「島」とは孤独な人間の謂。透徹した精神のもと、話者の綴る思念と経験が啓示を放つ。カミュが本書との出会いを回想した序文を付す。（松浦寿輝）

ハイデッガー『存在と時間』註解
マイケル・ゲルヴェン
長谷川西涯訳

難解をもって知られる『存在と時間』全八三節の思考を、初学者にも一歩一歩追体験させ、高度な内容を読者に確信させ納得させる唯一の註解書。

色彩論
ゲーテ
木村直司訳

数学的・機械論的近代自然科学と一線を画し、自然の中に「精神」を読みとろうとする特異で巨大な自然観を示した思想家・ゲーテの不朽の業績。

倫理問題101問
マーティン・コーエン
榑沼範久訳
何が正しいことなのか。医療・法律・環境問題等、私たちの周りに溢れる倫理的なジレンマから101の題材を取り上げて、ユーモアも交えて考える。

哲学101問
マーティン・コーエン
矢橋明郎訳
全てのカラスが黒いことを証明するには？　コンピュータと人間の違いは？　哲学者たちが頭を捻った101問を、譬話で考える楽しい哲学読み物。

解放されたゴーレム
ハリー・コリンズ／トレヴァー・ピンチ
村上陽一郎／平川秀幸訳
科学技術は強力だが不確実性に満ちた「ゴーレム」である。チェルノブイリ原発事故、エイズなど7つの事例をもとに、その本質を科学社会的に繙く。

存在と無（全3巻）
ジャン＝ポール・サルトル
松浪信三郎訳
人間の意識の在り方（実存）をきわめて詳細に分析し、存在と無の弁証法を問い究め、実存主義を確立した不朽の名著。現代思想の原点。

存在と無 I
ジャン＝ポール・サルトル
松浪信三郎訳
I巻は、「即自」と「対自」が峻別される緒論「存在の探求」から、「対自」としての意識の基本的在り方が論じられる第二部「対自存在」まで収録。

存在と無 II
ジャン＝ポール・サルトル
松浪信三郎訳
II巻は、第三部「対他存在」を収録。私と他者との相剋関係を論じた「まなざし」論をはじめ、愛、憎悪、マゾヒズム、サディズムなど具体的な他者論を展開。

存在と無 III
ジャン＝ポール・サルトル
松浪信三郎訳
III巻は、第四部「持つ」「為す」「ある」を収録。この三つの基本的カテゴリーとの関連で人間の行動を分析し、絶対的自由を提唱。（北村晋）

公共哲学
マイケル・サンデル
鬼澤忍訳
経済格差、安楽死の幇助、市場の役割など、私達が現代の問題を考えるのに必要な思想とは？　ハーバード大講義で話題のサンデル教授の主著、初邦訳。

パルチザンの理論
カール・シュミット
新田邦夫訳
二〇世紀の戦争を特徴づける「絶対的な敵」殲滅の思想の端緒を、レーニン・毛沢東らの《パルチザン》戦争という形態のなかに見出した画期的論考。

政治思想論集
カール・シュミット
服部平治／宮本盛太郎訳
現代新たな角度で脚光をあびる政治哲学の巨人が、その思想の核を明かしたテクストを精選して収録。権力の源泉や限界といった基礎もわかる名論文集。

神秘学概論
ルドルフ・シュタイナー
高橋巖訳
宇宙論、人間論、進化の法則と意識の発達史を綴り、シュタイナー思想の根幹を展開する――四大主著の一冊、渾身の訳し下し。（笠井叡）

神智学
ルドルフ・シュタイナー
高橋巖訳
神秘主義的思考を明晰な思考に立脚した精神科学へと再編し、知性と精神性の健全な融合をめざしたシュタイナーの根本思想。四大主著の一冊。

いかにして超感覚的世界の認識を獲得するか
ルドルフ・シュタイナー
高橋巖訳
すべての人間には、特定の修行を通して高次の認識を獲得できる能力が潜在している。その顕在化のための道すじを詳述する不朽の名著。

自由の哲学
ルドルフ・シュタイナー
高橋巖訳
社会の一員である個人の究極の自由はどこに見出されるのか。思考は人間に何をもたらすのか。シュタイナー全業績の礎をなしている認識論哲学。

治療教育講義
ルドルフ・シュタイナー
高橋巖訳
障害児が開示するのは、人間の異常性ではなく霊性である。人智学の理論と実践を集大成したシュタイナー晩年の最重要講義。改訂増補決定版。

人智学・心智学・霊智学
ルドルフ・シュタイナー
高橋巖訳
身体・魂・霊に対応する三つの学が、霊視霊聴を通じた存在の成就への道を語りかける。人智学協会の創設へ向け最も注目された時期の率直な声。

ジンメル・コレクション
ゲオルク・ジンメル
北川東子編訳
鈴木直訳
都会、女性、モード、貨幣をはじめ、取っ手や橋・扉にまで哲学的思索を向けた「エッセーの思想家」の姿を一望する新編・新訳のアンソロジー。

私たちはどう生きるべきか
ピーター・シンガー
山内友三郎監訳
社会の10％の人が倫理的に生きれば、政府が行う社会変革よりもずっと大きな力となる――環境・動物保護の第一人者が、現代に生きる意味を鋭く問う。

自然権と歴史
レオ・シュトラウス
塚崎智／石崎嘉彦訳
自然権の否定こそが現代の深刻なニヒリズムをもたらした。古代ギリシアから近代に至る思想史を大胆に読み直し、自然権論の復権をはかる20世紀の名著。

生活世界の構造
アルフレッド・シュッツ／トーマス・ルックマン
那須壽監訳
「事象そのものへ」という現象学の理念を社会学研究で実践し、日常を生きる「普通の人びと」の視点から日常生活世界の「自明性」を究明した名著。

哲学ファンタジー
レイモンド・スマリヤン
高橋昌一郎訳
論理学の鬼才が、軽妙な語り口ながら、切れ味抜群の思考法で哲学から倫理学まで広く論じた対話篇。哲学することの魅力を堪能しつつ、思考を鍛える！

ハーバート・スペンサーコレクション
ハーバート・スペンサー
森村進編訳
自由はどこまで守られるべきか。リバタリアニズムの源流となった思想家の理論の核が凝縮された論考を精選し、平明な訳で送る。文庫オリジナル編訳。

ナショナリズムとは何か
アントニー・D・スミス
庄司信訳
ナショナリズムは創られたものか、それとも自然なものか。この矛盾に満ちた心性の正体を、世界的権威が徹底的に解説する。最良の入門書、本邦初訳。

日常的実践のポイエティーク
ミシェル・ド・セルトー
山田登世子訳
読書、歩行、声。それらは分類し解析する近代的知が見落とす、無名の者の戦術である。領域を横断し、秩序に抗う技芸を描く。（渡辺優）

反解釈
スーザン・ソンタグ
高橋康也他訳
《解釈》を偏重する在来の批評に対し、《形式》を感受する官能美学の必要性をとき、理性や合理主義に対する感性の復権を唱えたマニフェスト。

声と現象
ジャック・デリダ
林好雄訳
フッサール『論理学研究』の綿密な読解を通して、「脱構築」「痕跡」「差延」「代補」「エクリチュール」など、デリダ思想の中心的〝操作子〟を生み出す。

歓待について
ジャック・デリダ
アンヌ・デュフールマンテル序論
廣瀬浩司訳
異邦人＝他者を迎え入れることはどこまで可能か？ギリシャ悲劇、クロソウスキーなどを経由し、この喫緊の問いにひそむ歓待の（不）可能性に挑む。

省察
ルネ・デカルト
山田弘明訳
徹底した懐疑の積み重ねから、確実な知識を探り世界を証明づける。哲学入門者が最初に読むべき、近代哲学の源泉たる一冊。詳細な解説付新訳。

方法序説
ルネ・デカルト
山田弘明訳
「私は考える、ゆえに私はある」。近代以降すべての哲学は、この言葉で始まった。世界中で最も読まれている哲学書の完訳。平明な徹底解説付。

社会分業論
エミール・デュルケーム
田原音和訳
人類はなぜ社会を必要としたか。社会はいかにして発展するか。近代社会学の嚆矢をなすデュルケーム畢生の大著を定評ある名訳で送る。（菊谷和宏）

公衆とその諸問題
ジョン・デューイ
阿部齊訳
大衆社会の到来とともに公共性の成立基盤は衰退した。民主主義は再建可能か？ プラグマティズムの代表的思想家がこの難問を考究する。（宇野重規）

旧体制と大革命
A・ド・トクヴィル
小山勉訳
中央集権の確立、パリ一極集中、そして平等を自由に優先させる精神構造——フランス革命の成果は、実は旧体制の時代にすでに用意されていた。

ニーチェ
ジル・ドゥルーズ
湯浅博雄訳
〈力〉とは差異にこそその本質を有している——ニーチェのテキストを再解釈し、尖鋭なポスト構造主義的イメージを提出した、入門的な小論考。

カントの批判哲学
ジル・ドゥルーズ
國分功一郎訳
近代哲学を再構築してきたドゥルーズが、三批判書を追いつつカントの読み直しを図る。ドゥルーズ哲学が形成される契機となった一冊。新訳。

基礎づけるとは何か
ジル・ドゥルーズ
國分功一郎／長門裕介／西川耕平編訳
より幅広い問題に取り組んでいた、初期の未邦訳論考集。思想家ドゥルーズの「企画の種子」群を紹介し、彼の思想の全体像をいま一度描きなおす。

スペクタクルの社会
ギー・ドゥボール
木下誠訳
状況主義——「五月革命」の起爆剤のひとつとなった芸術＝思想運動——の理論的支柱で、最も急進的かつトータルな現代消費社会批判の書。

論理哲学入門

E・トゥーゲントハット／U・ヴォルフ
鈴木崇夫／石川求訳

論理学とは何か。またそれは言語や現実世界とどんな関係にあるのか。哲学史への確かな目配りと強靱な思索をもって解説するドイツの定評ある入門書。

ニーチェの手紙

茂木健一郎編・解説
塚越敏／眞田収一郎訳

哲学の全歴史を一新させた偉人が、思いを寄せる女性に綴った真情溢れる言葉から、手紙に残した名句まで——書簡から哲学者の真の人間像と思想に迫る。

存在と時間 上・下

M・ハイデッガー
細谷貞雄訳

哲学の根本課題、存在の問題を、現存在としての人間の時間性の視界から解明した大著。刊行時すでに哲学の古典と称された20世紀の記念碑的著作。

「ヒューマニズム」について

M・ハイデッガー
渡邊二郎訳

『存在と時間』から二〇年、沈黙を破った哲学者の後期の思想の精髄。「人間」ではなく「存在の真理」の思索を促す、書簡体による存在論入門。

ドストエフスキーの詩学

ミハイル・バフチン
望月哲男／鈴木淳一訳

ドストエフスキーの画期性とは何か？《ポリフォニー論》と《カーニバル論》という、魅力にみちた二視点を提起した先駆的著作。（望月哲男）

表徴の帝国

ロラン・バルト
宗左近訳

「日本」の風物・慣習に感嘆しつつもそれらを〈零度〉に解体し、詩的素材としてエクリチュールとシーニュについての思想を展開させたエッセイ集。

エッフェル塔

ロラン・バルト
宗左近／諸田和治訳
伊藤俊治図版監修

塔によって触発される表徴を次々に展開させることで、その創造力を自在に操る、バルト独自の構造主義的思考の原形。解説・貴重図版多数併載。

エクリチュールの零度

ロラン・バルト
森本和夫／林好雄訳註

哲学・文学・言語学など、現代思想の幅広い分野に怖るべき影響を与え続けているバルトの理論的主著。詳註を付した新訳決定版。（林好雄）

映像の修辞学

ロラン・バルト
蓮實重彦／杉本紀子訳

イメージは意味の極限である。広告写真や報道写真、そして映画におけるメッセージの記号を読み解き、意味を探り、自在に語る魅惑の映像論集。

ちくま学芸文庫

増補　虚構の時代の果て

二〇〇九年一月十日　第一刷発行
二〇二二年七月五日　第三刷発行

著者　大澤真幸（おおさわ・まさち）
発行者　喜入冬子
発行所　株式会社　筑摩書房
東京都台東区蔵前二―五―三　〒一一一―八七五五
電話番号　〇三―五六八七―二六〇一（代表）
装幀者　安野光雅
印刷所　三松堂印刷株式会社
製本所　三松堂印刷株式会社

ISBN978-4-480-09197-0　C0136